Alfons Rosenberg

Zeichen am Himmel

Das Weltbild der Astrologie

Königsfurt

Die Deutsche Bibliothek – CIP-Einheitsaufnahme
Ein Titeldatensatz für diese Publikation ist bei Der
Deutschen Bibliothek erhältlich.

Taschenbuchausgabe
Krummwisch 2001

Königsfurt Verlag
D-24796 Krummwisch bei Kiel
www.koenigsfurt.com

© Kösel-Verlag GmbH & Co, München

Umschlaggestaltung: Init, Bielefeld
unter Verwendung eines Motivs von AKG, Berlin

Druck und Bindearbeiten: Elsnerdruck, Berlin

ISBN 3-89875-013-2

INHALTSVERZEICHNIS

EIN BIBLISCHES LEITWORT

Es gibt für alles eine Zeit | für jedes Ding da unterm Himmel eine Stunde | Für das Geborenwerden gibt es eine Zeit | und eine Zeit fürs Sterben | Fürs Pflanzen gibt es eine Zeit | und eine Zeit Gepflanztes auszureißen | Fürs Töten gibt es eine Zeit | und eine Zeit fürs Heilen | Fürs Niederreißen gibt es eine Zeit | und eine Zeit fürs Aufbauen | Fürs Weinen gibt es eine Zeit | und eine Zeit fürs Lachen | Fürs Klagen gibt es eine Zeit | und eine Zeit fürs Tanzen. BUCH DES PREDIGERS, KAP. 3, 1–4

Das Herz erforscht Er und die Urflut | durchschaut darinnen die geheimen Gänge | Denn alles Wissen kennt der Herr | und schaut der Zeiten Zeichen | Er kündet die Vergangenheit und Zukunft an | und deckt die Spuren des Verborgenen auf.

JESUS SIRACH, KAP. 42, 18, 19

EINLEITUNG

DIE WIEDERKUNFT DER ASTROLOGIE

Das zwanzigste Jahrhundert, das vielleicht einmal unter ähnlichen Aspekten wie die Zeit der punischen Kriege, der antiken Weltmachtsentscheidung im Mittelmeer, oder der Epoche des Dreißigjährigen Krieges, des Religionskrieges, in die Geschichte eingehen wird, verzweigt sich, wenn man vereinfachen will, in zwei einander widersprechende Grundtendenzen. Die eine ist eine unbeschreibliche Sucht nach Neuem. Das Wort «neu» hat seit fünfzig Jahren einen faszinierenden Klang angenommen und ist die Losung geworden, die die Massen auf der Straße, wie den Gelehrten im Laboratorium oder den Kaufmann im Büro vorwärts drängt. «Neu» wird geradezu mit «wahr» als identisch gesetzt. Was neu ist, kann den höchsten Preis verlangen und erwirbt sich die Bewunderung des ganzen Erdballs. Es mag noch so absurd, noch so verbrecherisch, noch so verderblich, aber auch kühn und eigenartig und vielleicht sogar tief sein – wenn es neu ist, hat es wenigstens für einen Tag des Zeitungsschreis das Ohr und das Auge des Menschengeschlechts. Die Sucht nach dem Neuen, nach noch Ungekostetem, nach noch unbetretenen Räumen, nach Unerhörtem, Ungesehenem, nach immer schnellerer Bewegung peitscht die Menschheit heute vorwärts – so ungestüm, ja schneller als der Schall, daß der Menschheit weder Zeit noch Besinnung gegönnt ist, Gewißheit darüber zu erlangen, wohin die Jagd nach dem Neuen, wohin die Leidenschaft zu schnellster Bewegung sie hintreibt.

Und im Gegensatz zu dieser geistigen und körperlichen Bewegungssucht steht eine gleichzeitige Tendenz, sich dem Allerältesten zuzuwenden. Dicht neben der Parole «Neu» wird ebenso dringlich die Parole «Ur» vertreten. Nichts kann alt genug sein – alle längst von Jahrtausenden überwachsenen Kulturen werden zurückgeholt. Auf der ganzen Erde wird ausgegraben, werden die Schutthügel durchwühlt – Troia und Babylon, das Ur der Sintflut und die Opferstätten der Steinzeit, Altindien und Altchina erstehen wieder. Bald werden jene Museen, welche die Reste der vorchristlichen Kulturen bergen, umfang- und zahlreicher sein als jene, die das sichtbare Erbe der christlichen Kulturen hüten. Eine ungeheure Begierde nach immer Älterem, nach «Ur» hat die Menschheit ergriffen. Und ebenso intensiv wie die Erforschung der sichtbaren Kulturen wird auch die Aufdeckung der längst versunkenen geistigen Güter betrieben. Die Götter aller Zeiten auferstehen, sei es als Elemente wissenschaftlicher Forschung oder als bewegende seelische Mächte: die alten Mutterkulte, Magie und Geheimwissenschaft aller Zeiten und Rassen drängen sich in das begierig geöffnete Bewußtsein ein. Die Gnosis aller Völker, Jogha und Kabbalah, I-Ging und «atlantische Weisheit», althebräische Theosophie und die schamaistische Urweisheit der Neger, Tantra-Buddhismus und die Geheimnisse der Mysterien, die Arkandisziplin eines versunkenen Urchristentums – all das wirbelt, angezogen durch die Sucht nach Altem, nach den apokryphen Weistümern und geistigen Tiefenschichten – mitten durch unsere Zeit.

Ist das nur Teufelsspuk, diese so gegensätzlichen, dissonierenden Tendenzen der gegenwärtigen Menschheit? Gewiß, Zahllose entlaufen dem göttlichen Ruf, der sie in der Mitte jeder Stunde anruft. Der eine stopft sein Bewußtsein und die immer reizhungrigen unbewußten Seelenschichten voll von den echten und falschen Edelsteinen des «Alten», um den reizlosen, aber wirklichkeitstiefen Anruf der Stimme Gottes aus dem Jetzt und Nun nicht hören zu müssen – und der andere läuft dieser Stimme, mit Radio- und Düsenjägergeschwindigkeit, um den Erball herum davon. Kein Zweifel: seltsam und krankhaft ist diese Sucht nach Neuem und Altem – dieses Janusgesicht, mit dem unsere Zeit zugleich nach Vergangenem und Kommendem ausschaut. Und doch muß in diesem schizophrenen Aspekt unserer Zeit auch ein Element der Konstruktion liegen – eine rational zwar noch schwer faßbare geheime Sehnsucht nach Einheit – nach Vereinigung der Gegensätze im Punkte des ewigen Nu der Seelenmitte. Denn so gespalten auch unsere Zeit ist, so sehr auch der Diabolus – wörtlich: der Durcheinanderwerfer – am Werke immer neuer Aufspaltung der Menschheit in Parteien, Weltanschauungen, Weltreiche und Spezialwissenschaften ist – so groß ist auch die Sehnsucht dieser Zeit nach Einheit, nach einer Synthese ihrer innern Widersprüche – seien sie nun politisch, religiös, wirtschaftlich, weltanschaulich. Die Ahnung ist erwacht, daß die Welt, das Leben, der Mensch unteilbare organische Einheit bedeuten – und gerade weil der gegenwärtige Status der Menschheit schizophrenieartig in scheinbar unvereinbare Gegensätze auseinanderfällt, bedeutet eine, wenn auch noch als eine erste ferne Morgenröte in den edelsten Geistern sich ankündigende, Synthese aller bisherigen menschlichen Erfahrungen die lebensrettende und heilsame Wende des Menschengeschlechtes. Möge ihr Kommen sich schneller ereignen als die verzehrenden und aufspaltenden Kräfte die Substanz der Menschheit abzubauen vermögen.

In der Entfaltung dieser Doppelrichtung des heutigen menschlichen Geistes wurde auch die verschollene und längst totgeglaubte Astrologie wieder entdeckt, ausgegraben, und in das Scheinwerferlicht der wissenschaftlichen Analyse gestellt. «Bewundert viel und viel gescholtten» – das war sie einst und das ist sie auch heute wieder. Sie verdankt ihre staunenswerte Auferstehung eben dieser Doppelrichtung der Zeit: dem Zuge zum Alleraltesten und dem Hunger nach dem «Neuen». Ist doch die Astrologie die älteste Wissenschaft der Menschheit, und ihre Anfänge fallen mit den Anfängen der Menschenkultur zusammen. Doch ebenso wird sie auch durch alle ihre Untergänge und Auferstehungen hindurch, die sich schon öfter im Laufe der Geschichte wiederholt haben, die allerjüngste, allerzukünftigste bleiben. Denn nie wird sie endgültig abgeschlossen sein können – mit der Bewußtseinserweiterung, welche die Menschheit im Laufe ihrer Wanderung zur «Menschwerdung» und zur «Vergöttlichung» vollzieht, erweitert sich auch die Erkenntnismöglichkeit der Astrologie, vertieft sich auch ihre Einsicht in das Wesen des Weltganzen, in dem sich unaufhörlich und in jedem Augenblick geistige und dingliche Kräfte und Gestalten einander durchdringen.

Da aber die Astrologie ihre Auferstehung den Tendenzen des Zeitgeistes, dessen Grab- und Zukunftssucht, verdankt, so ist nicht verwunderlich, daß diese wiedererwachte Lehre auch dessen Stigma an sich tragen wird. Denn im Wirken des Zeitgeistes ist immer das Göttliche und sein Widersacher, Gott und der Teufel, zugleich tätig. Ja, der Zeitgeist, oder, wenn man die Geschichte als seine Kontinuität betrachtet, die Geschichte ist das Schlachtfeld, auf dem sich der blutige Kampf des Fürsten dieser Welt gegen deren Urheber und Vollender abspielt. Und insofern die Astrologie als Astrosophie nicht nur eine Weisheitslehre ist, sondern auch durch den Zeitgeist mitbedingt und genährt ist, hat sie ebenso eine dämonische dunkle, durch die Süchte der Gegenwart befleckte Seite, wie eine lichte zu einer höheren Ordnung des Menschseins weisende. Der Unglaube vermag sich ihrer für begrenzte Zeit zu bemächtigen, wie sie selber ihrem Wesen nach danach streben muß, dem Glauben zu dienen. Und so erscheint sie einerseits als ein Strohhalm, an dem eine dekadent und glaubenslos gewordene Welt sich in ihrem Untergange klammert – und andererseits als ein konstituierendes Element für eine neue erweiterte, sich demütig unter die Sinnerfülltheit rhythmischer Schöpfungsgesetzlichkeit beugende Lebensschau.

Was aber ist eigentlich Astrologie, von der wir nun als eines Elementes im Flusse der Zeit und der Weisheit gesprochen haben? Befragen wir die heute Wissenden darüber. Goethe schreibt an Schiller am 8. Dezember 1798: «Der astrologische Aberglaube ruht auf dem dunklen Gefühl eines ungeheuren Weltganzen. Die Erfahrung spricht, daß die nächsten Gestirne einen entschiedenen Einfluß auf Witterung, Vegetation usw. haben; man darf nur stufenweise immer aufwärts steigen, und es läßt sich nicht sagen, wo diese Wirkung aufhört. Findet doch der Astronom überall Störungen eines Gestirns durch andere. Ist doch der Philosoph geneigt, ja genötigt, eine Wirkung auf das Entfernteste anzunehmen. So darf der Mensch im Vorgefühl seiner selbst nur immer etwas weiter schreiten und diese Entwicklung aufs Sittliche, auf Glück und Unglück ausdehnen. Diesen und ähnlichen Wahn möchte ich nicht einmal Aberglauben nennen, er liegt unserer Natur so nahe, ist so leidlich und läßlich als irgendein Glaube.»

Der deutsche Arzt und Astrologe Dr. Schwab sagt in seinem Buch «Sternenmächte und Mensch»: «Astrologie bedeutet die Lehre vom Einfluß der Gestirne auf das Schicksal des Menschen, auf die Ausgestaltung seiner körperlichen, seelischen wie geistigen Verfassung.» Nach Frh. von Klöckler ist Astrologie «die auf Erfahrung gegründete Lehre von den Beziehungen zwischen den Funktionen der Himmelskörper und zwischen Seiten und Teilen der physikalisch-chemisch-biologischen und psychologischen Prozesse auf der Erdoberfläche». In anderer Form lautet Klöcklers Definition der Astrologie: «Der von der Astrologie behauptete Grundsachverhalt kann dahin formuliert werden, daß zwischen Konstellationen der uns umgebenden Himmelsräume einerseits und den Vorgängen auf der Erde (in die auch der Mensch gestellt ist) andererseits bestimmte Beziehungen bestehen, welche eindeutig formulierbar und registrierbar sind.» (Freiherr v. Klöckler: Grundlagen für astrologische Deutung, und Klöckler, Astrologie als Erfahrungswissenschaft).

Fritz Wehrle umschreibt in: «Wesen und Ethik der Astrologie» diese folgendermaßen: «Man kann aus dem makrokosmischen Bilde eines genauesten Geburtsdatums alle Anlagen eines Charakters, alle Fähigkeiten, Lebensumstände, bestimmte Schicksalsschläge, alle Krankheiten Jahr für Jahr und Tag für Tag erforschen und Zukünftiges ergründen... Aber dies alles bleibt Horoskopie... Darüber hinaus ist Astrologie... der in Symbolen manifestierte Rhythmus... Lehre und Wissen von der Urwesenheit, von jenem ungeheuren Rätselgebiet der Modernen, der Kosmogenie, der Entstehung des All... Das unermeßliche Gebiet der Astrologie ist die Quintessenz des Erkennens aller räumlichen und zeitlichen Bedingnisse!»

Für Oskar H. A. Schmitz ist in seinem «Geist der Astrologie» diese durchaus Erfahrungswissenschaft, und das Vieldeutige ihrer Urteile hat nichts verworren Mystisches, sondern entspricht vielmehr der Vieldeutigkeit ihrer Gegenstände... Die Geburts- sowie die progressive Astrologie sagt nur aus über das Irdische und zwar in persönlicher Prägung. Was darüber oder darunter liegt, steht nicht im Horoskop. Jenseits des Horoskopes liegt das höhere Selbst, unterschieden von der Menschlichkeit, in der es sich derzeit verkörpert hat... Rasse und Milieu sind aus keinem Horoskop zu erkennen».

«Das wahre Gesicht der Astrologie» glaubt A. Fankhauser «einerseits als die aus dem Gesamtdasein begründete sittliche Ordnung des Lebens, andererseits mit der Sättigung des Naturhaften mit den Merkmalen einer alldurchdringenden Harmonie» erkennen zu können als eine «universale Kombination von Ethik und Naturgesetzlichkeit»... Das astrologische Restgut des heutigen Wissens bedeutet immer noch «eine Lehre von Kräften, die zyklisch wirken».

F. S. Sindbad und Dr. A. Weiß beginnen ihre «Astrologische Elemente» mit den Worten: «Man kann Astrologie kurzweg als die Wissenschaft vom Einfluß der Sterne auf das irdische Geschehen bezeichnen... Wir werden die astralen Einflüsse, soweit sie sich im physikalischen Erdgeschehen ausdrücken, als Astro-Meteorologie, soweit sie im organischen Reich wirksam sind, als Astrologie im engeren Sinn zu begreifen haben.» Ein dritter Teil wäre als esoterische Astrologie oder Astrosophie in das Gesamtgebiet einzugliedern.

E.C.Kühr (Psychologische Horoskopdeutung) befaßt sich hingegen mehr mit der Erfassung des Sinns bzw. des Ausdrucksgehaltes der jeweilig gegebenen Konstellationen. Für ihn ist Astrologie Psychologie, und von einer Psychologie des Schicksals ausgehend, sieht er die Aufgabe der Astrologie darin, aus der psychischen Anlage das Schicksal zu enthüllen. Astrologie ist für ihn astrale Schicksalspsychologie – ein Weg zum «Erkenne dich selbst», der von der Forderung gefolgt ist: Sei du selbst.

Edgar Dacqué erkennt in seinem «Verlorenen Paradies» die Astrologie als Ausdruck für die seelenhafte Wirklichkeit des Kosmos. «Wenn der Mensch eine mikrokosmische Wesensenthüllung des gesamten von ihm innerlich erlebten Kosmos ist, so muß jeder Wesensimpuls dieses Ganzen in ihm fühlbar sein und wenigstens grundsätzlich ihm zum Bewußtsein kommen können. Geschieht dieses, so hat er ein mythisches Bild, aber er hat zugleich auch eine magische Berührung mit entsprechenden Kräften. Und er sieht, bald deutlich, bald weniger deutlich, wie sich alle die Dinge in der Schöpfung nach innern Entsprechungen aufeinander beziehen und zugleich auf ihn, den Menschen selbst beziehen... Dies ist die erkenntnistheoretische Grundlage und Sinngebung des astrologischen Wissens.»

Diese so unterschiedlichen Aussagen über Wesen und Anliegen der Astrologie mögen widersprüchlich erscheinen – in ihrem Zentrum, wie in ihrem Ausgangspunkt und in ihrem Ziele sind sie aber einig. Ein Wirklichkeitskern bricht sich in den verschiedenen Schulen und Forschungsmethoden fazettenartig in die verschiedenartigsten Aspekte und eben daran erweist sich, daß die Astrologie nicht eine doktrinäre Lehre ist, sondern innerhalb ihrer Sphäre ebenso der freien Forschung bedarf, wie sie auch über ein Traditionsgut verfügt, das allen Forschenden gemeinsam ist. Zudem gehört die Astrologie nicht diesem oder jenem «abergläubischen» Zeitalter an, sondern sie ist von altersher die Gefährtin des Menschengeschlechtes gewesen, die ihm auf den verschiedensten Bewußtseinsstufen das Verständnis des innern Wesens der Schöpfung aufgeschlossen hat. Sie ist es auch gewesen, die dem Menschen, der sich einstmals voll Angst in der ungeheuren Weite von Weltentag und Weltennacht als ein verlorenes Pünktchen im All erfahren hat, die Gewißheit gab, daß er ohne Willkür einbezogen sei in das rhythmische Spiel des sich in Lichtern, Gestalten und Gedanken ausprägenden Weltgeistes. Die Astrologie war einst Offenbarung des Göttlichen durch die beglückende Erkenntnis, daß der Mensch mütterlich umfangen ist von einer sinnvoll verknüpften Schöpfung, in welcher der Geist als ein väterliches Prinzip wirksam ist. Und ist auch der Mensch nicht das «Maß aller Dinge», wie er sich in den Hoch-Zeiten der Kultur wähnen mochte, so leuchtet doch in ihm und durch seinen messenden, wägenden, verknüpfenden Geist, durch ihn als der geschöpflichen, geistigen – nicht geographischen – Mitte des Weltalls, dieses als nach geistigen Maßen gefügt auf. Denn im Menschen wird der Kosmos aus bloßem Dasein zu geistigem Sinn verklärt.

Der große Astronom und Astrologe Johannes Kepler hat diesen bedeutungsschweren Sachverhalt, gleichsam als Summe seines Lebens, das er im Jahre 1630 zu Regensburg beschloß, auf seinen Grabstein schreiben lassen:

Himmel durchmaß mein Geist
Nun meß ich die Tiefen der Erde.
Ward mir vom Himmel der Geist
Ruht hier der irdische Leib.

Im lateinischen Original dieser seiner selbstverfaßten Grabschrift tritt der Gleichklang der Worte mensus und mens, d. h. von messen und Geist, deutlicher hervor als in deutscher Umschreibung. Und er besagt: dem menschlichen Geist sind dieselben Maße eingeschrieben wie dem Kosmos – und darum erkennt er durch mens dem ihm verliehenen Geist, und mit ihm messend, mensus, den Himmel:

Mensus eram coelos, nunc terrae metior umbras,
Mens coelestis erat, corporis umbra iacet.

Maß also ist aller Schöpfung eingemessen; im Menschen, dem Messenden werden diese Maße bewußt. Wer aber ist der Erfinder und Urheber dieser Maße, in denen sich der Rhythmus des Lebens offenbart? Darauf antwortet die Schrift: «Gott schuf die Welt nach Zahl und Maß.» Gott, als der erste Geometer, ist der Urheber jener der Weltgestaltung, wie gleicherweise dem Geiste eigentümlichen Maße. Und von diesem Geometergott spricht Milton in seinem Epos «Verlorenes Paradies» (4. Buch, Vers 225–230):

> ... nahm die Hand des Herrn
> den goldenen Zirkel, der bereitet
> In Gottes ewgem Vorrat war, das All
> Und die geschaffnen Dinge abzumessen.

Und so messend sich dem dunklen Nichts, aus dem die Schöpfung erstehen sollte, zuwendend, hat ihn der große englische Maler-Mystiker
William Blake in einer Bildvision sichtbar gemacht, in Anlehnung an
jene Verse Miltons. Jedoch auch das Mittelalter, das inniger als die
neuere Zeit das Schöpfungs- und Erlösungsgeheimnis ineinander zu
schauen vermochte, war mit der Erscheinung dieses deus geometricus
vertraut. Eine herrliche Miniatur aus einer französischen Bible moralisé des 13. Jahrhunderts (Tafel 1) will ein Zeugnis sein für die welt-
schaffende Tat Gottes, der durch den Kreuznimbus als der Erlöser
gekennzeichnet ist, «nach Maß und Zahl».

II

DIE ENTWICKLUNG DES ASTROLOGISCHEN WELTBILDES

DAS ALTERTUM

Die Astrologie ist so alt wie die Anfänge der menschlichen Kultur. Sobald die Menschheit sich auf den Weg machte, um durch das Mittel der Kultur zur Bewußtwerdung und Erschließung ihres eignen Wesens zu gelangen, versuchte sie geistig-symbolisch wie physikalisch alles Irdische zum Himmel und seinen Bewegungen in Beziehung zu setzen. Dies geschah durch eine Wissenschaft, für die wir heute im Grunde keinen Namen besitzen, in der sich Astronomie und Astrologie innig vereinten und die am sinnvollsten Astrosophie zu nennen wäre. Ihr Alter ist unabschätzbar. Weiß doch Aristoteles von um 2400 v.Chr. gemachten astronomischen Aufzeichnungen, und Berossos spricht – glaubwürdig oder nicht – von Sternbeobachtungen der Babylonier, die 473 000 Jahre zurückreichen sollen. Jedoch jene alte Astrologie war eine andere als die heutige. Denn Astronomie und Astrologie bildeten bis an die Schwelle des Aufklärungszeitalters, des 18. Jahrhunderts, eine einander ergänzende Einheit, in der die Astronomie die rechnerischen Unterlagen und die Astrologie als Wissenschaft vom Sinn der Welt, eine Sinndeutung des rhythmischen Geschehens am Himmel vollzog. Das Bedeutungsvolle dieses durch Jahrtausende sich erstreckenden Unternehmens sehen, im Gegensatz zu der Stoffbefangenheit des 19. Jahrhunderts, Forscher unserer Zeit wieder ein. Der Astrologieforscher Prof. Fr. Boll muß zugestehen, daß die Astrologie «das Streben nach einem großen Weltbild als Trieb und Frucht in sich trägt» und daß es notwendig sei, «aus dem Unverständlichen ursprüngliche Vernunft wieder aufleuchten zu lassen» (Astronomische Beobachtungen im Altertum, 1917). Und der Lektor für Astronomie an der Universität Basel, Dr. M.Knapp, ist der Überzeugung, es habe sich immer gelohnt, «den Alten dieselbe Vernünftigkeit wie uns selbst zuzumuten, auch wo sie in Rätselworten uns Wahrheiten geborgen haben».

Freilich bestand ursprünglich die Astrologie noch nicht als ein so weitgehend ausgewogenes mathematisches, mit mythischen Elementen durchsetztes System, sondern sie offenbarte sich vielmehr zuerst in Form einer astralen Frömmigkeit. Haben doch die frühen Völker ihre Gotteserkenntnis, ihre Weihen und Mysterien am Himmel, seinen Lichtern, deren Bewegungen und Konstellationen abgelesen. Denn der sichtbare Himmel war ihnen Ausdruck unsichtbarer Geist- und Gottmächte. Zu einer einheitlich geprägten systematischen Lehre hat sich Astrologie erst in dem an Kulturen und Völkerschicksalen so reichen Zweistromland zwischen Tigris und Euphrat ausgebildet. Besonders vollzog sich dies in den Kulturschöpfungen der Babylonier und Assyrer, die, als sie um 4000 v. Chr. erobernd in das Zweistromland eindrangen, bereits die Kultur einer Urbevölkerung, der Sumerer und Akkader vorfanden. Von diesen übernahmen sie die Grundlagen ihres Götterglaubens und ebenso diejenige ihrer Sternenweisheit. Auf Sternglauben und Sterndeutung beruhte sodann die ganze spätere Kultur des Zweistromlandes und von dort aus ergoß sich die groß und machtvoll geformte Lehre nach allen Himmelsrichtungen, sich jeweils färbend nach der Art der Volksindividualität, nach Ägypten, Judäa und Griechenland, nach Persien, Indien und selbst nach China. Denn auch das religiöse Denken der Chinesen war seit dem frühesten Altertum – auch unabhängig von dem Astralmythos der Babylonier – astrologisch begründet. Eine ähnlich wie in Alt-Babylon ausgebildete Lehre von der Entsprechung des Makrokosmos und Mikrokosmos gehörte zum Kern der chinesischen Weltschau. Und wenn man bedenkt, daß der Polarstern als Sitz des Schangti, des Himmelsherrn, die Nordorientierung sowohl Pekings, wie auch jeder, auch der kleinsten, Zeremonie bestimmte, so wird dadurch anschaulich, wie sehr das Grunderlebnis der chinesischen Religion und Kultur astrologisch bestimmt war (siehe Frei-Beckmann: Altes und neues China.).

Wie schon zuvor die Akkader, bauten auch die Babylonier ihre Tempel als riesige, aufeinandergetürmte Würfel, als siebenstufige und mit den sieben Planetenfarben bemalte Tempeltürme nach der Zahl der Planeten und Himmels-Hierarchien: zugleich Kult- und Sternforschungsstätten. In großen Bruchstücken ist uns jene astrologische Lehre überkommen durch das um 1900 ausgegrabene Tontafelwerk aus der Bibliothek Assurbanipals (668–626 v. Chr.), dem letzten großen assyrischen König, das sich heute im Britischen Museum in London befindet. Astrologische Keilschrifttexte sind bisher fast nur aus dieser Bibliothek bekannt. Ihre große Zahl – es sind dies etwa 25 000 Stücke – ist ein Beweis für die Wichtigkeit der Astrologie und ihrer Sterntafeln in jener Kultur. Wenn auch diese Tontafeln erst aus etwa dem 7. Jahrhundert v. Chr. stammen, so reichen doch die Traditionen, auf denen sie beruhen, wohl bis in das 3. Jahrtausend v. Chr. zurück, so daß aus ihnen das Zeugnis einer Urtradition der Menschheit zu uns spricht. Wir erkennen in diesen Tontafeln die Astrologie als die älteste Theologie der Menschheit, als die gemeinsame Wurzel von Religion, Kunst und Wissenschaft, ja jeder sinnvollen Ordnung auf Erden. «Alles Babylonische gründet sich auf eine Harmonielehre, welche die Erscheinungen des irdischen Lebens und der Natur aus einem Weltsystem erklärt, das sich auf die Beobachtung der Gestirne gründet. Die Babylonier sind in diesem Sinne die Lehrmeister des Altertums in der Beobachtung der Sterne gewesen.» (Winkler.) Auf den astralen Charakter der babylonischen Religion weist auch die aus einer Bilderschrift entstandene Keilschrift hin: das uralte Zeichen für Gott stellt darin einen Stern dar – und andererseits ist ein dreimal gesetzter Stern das Zeichen für Sternbild, Gestirn. Außer Sonne und Mond kannten die Babylonier fünf Wandelplaneten. Da ist Ischthar, die heilende Helferin der Vegetation, die Göttin des Venussternes; sie ist die Liebes- und Muttergöttin, die zwar Liebe für ihr Land hegt, aber Säuglingen schädlich ist. Jupiter, der Planet des allweisen Weltschöpfers und totenerweckenden Heilgottes Marduk, hat einen günstigen Einfluß auf das Leben und bewirkt z. B. in einem Mondhof sich befindend, männliche Geburten. Saturn, der «alte König», zugleich Repräsentant der Sonne, der Bewirker der gerechten Weltordnung, galt als Planet des Gottes Ninurti. Der schnell wandelnde Merkur steht für den Schreiber und Weisheitsgott Nabu, «der den Stift der Schicksalstafeln ergreift», auf welche die guten und schlimmen Werke des Menschen und sein daraus folgendes Geschick verzeichnet stehen. Er kann seiner Doppelnatur nach, wie später der griechische Götterbote Hermes, Böses wie Gutes bewirken. Mars ist der Planet des Pest- und Totengottes Nergal, dem Unruhstifter unter den Wandelsternen, der Getreide und Früchte schädigt, der Krieg bringt und den Tod des Königs verursacht. Im Gegensatz zur späteren Astrologie wurden aber auch die wechselnden Farben und die «Höfe» der Planeten zur Deutung mit in Betracht gezogen. Es entsprach aber der erdgebundenen Art des Menschen und seines Bewußtseins im Stierzeitalter, etwa 4000–2000 v. Chr. (siehe Kapitel Weltjahr), dem damals noch unreflektierten Gemeinschaftsgefühl und der noch wenig individuierten Persönlichkeit des Einzelnen, daß die Sternenschrift immer auf das ganze Land, oder doch wenigstens auf dessen Repräsentanten, den König oder den Kronprinzen, bezogen wurden. Bis zum 4. Jahrhundert v. Chr. ist kaum eine Spur von Vorausberechnung der Schicksale eines einzelnen gewöhnlichen Menschen nachzuweisen. Eine individuelle Astrologie und Horoskopie gab es damals nicht. Die Sternenkunde und Weisheit lag einzig in den Händen von Priestern, die den Namen «Tafelschreiber» führten, und die auf den siebenstufigen Tempeltürmen jahrtausendelang ihre Beobachtungen in lapidaren Worten auf die Tontafeln schrieben. Als die geistigen Hüter des Landes hielten sie ihre in Archiven aufgespeicherten Urkunden profaner Nutzung fern. Sie hüteten und regulierten den Kalender, der stets Fest-, Staats- und Bauernkalender zugleich war: Verkünder des himmlischen Willens für das irdische Geschehen. So war der Priester-Astrologe Prophet des Kommenden und zugleich Hüter der Tradition, der Kunde brachte von den drei Welten: vom Himmel (Anu), von der Erde (Inlil) und dem Ozean, der Tiefe der Welt oder der Unterwelt (Ea), und ihren Verbindungen mit allem Irdischen, mit der Fruchtbarkeit, wie mit der Geschichte, mit Land und Volk. Er war der Wissende um Maß und Rhythmus im Himmel wie auf Erden. Und am Nachthimmel entschleierten und offenbarten sich den Priester-Astrologen die Gesetze des Weltalls, erforschten sie den Willen der Götter und die Schicksale der Lebenden.

Der griechische Geschichtsschreiber Diodoros von Agyrion (Sizilien, um 21 v. Chr.) berichtet in seiner «Historischen Bibliothek» von den Chaldäern, wie der «Fach-Name» der Astrologen-Priester lautete: «Sie lehren, ... daß alles, was im Himmel vorfalle, nicht zufällig oder mechanisch geschehe, sondern nach bestimmter und fest beschlossener göttlicher Entscheidung. Über die Gestirne haben sie uralte Beobachtungen angestellt und sind die besten Kenner und Beobachter eines jeden, wonach sie viel von dem zukünftig Geschehenden voraussagen können. Die größte Anschaulichkeit und Kraft finden sie aber bei den fünf sogenannten Planeten, welche sie mit gemeinsamen Namen ,Verkünder' (Dolmetsch des göttlichen Willens, Befehlsübermittler) nennen. Sie nennen sie so, weil sie im Gegensatz zu den übrigen, die unbeweglich sind und nur eine festbestimmte Umdrehung haben, allein ihren eigenen Weg gehen und so die Zukunft erkennen lassen, indem sie den Menschen die Absicht der Götter verdolmetschen. Denn durch Auf- und Untergang, sowie durch ihre Farbe verkündeten sie denen, die darauf achteten, die Zukunft.» Ursprünglich kannte die alte Zweistromlandkultur nur fünf Planeten, aus der eine Fünftagewoche hergeleitet wurde – erst aus der Verbindung der Planeten mit Sonne und Mond zu einer Siebenheit, spätestens 700 v. Chr. entstand die Siebentagewoche. Und dadurch, daß der Siebenerrhythmus sich zum alles beherrschenden Welt-, Lebens- und Geistrhythmus der Hebräer und des alten Testamentes ausbildete –, wurde durch die erdumspannende Verbreitung der Heiligen Schrift das kosmische Siebenerprinzip (z. B. in der Siebenerwoche) zum Zeit- und Lebensprinzip der heutigen Menschheit.

Doch das wichtigste Grundgesetz, das die Babylonier allen späteren Völkern und Kulturen vererbten, ist die Entsprechung des Oberen und des Unteren. Wenn wir später bei dem griechischen Arzte Hippokrates (460–377 v. Chr.), dem Begründer der abendländischen Medizin, den Gedanken finden: «Alles auf der Erde Befindliche, Körper und Bäume, hat eine der ganzen Welt ähnliche Beschaffenheit, und zwar das Kleinste wie auch das Große» – und wenn die Überlieferung des «Hermes Trismegistos», des Dreifachgroßen, dem alles kundigen Gott der Weisheit, in der «Tabula smaragdina» verkündet wird: «Unumstößlich sicher und wahr ist es: Das Untere gleicht dem Oberen und umgekehrt, wenn es gilt, das Wunder einer Sache zu durchdringen», so sprechen hier noch in späterer Zeit die Babylonier in den Worten der Erben. Und da im alt-orientalischen Weltbild alles Irdische Widerspiel des Himmels, und die Erde als ein Spiegelbild des großen Weltalls erscheint (wie fern ist doch dieses Zeugnis von der himmlischen Herkunft alles Irdischen jedem Materialismus!) – so spiegelt sich auch in der Geographie der Erde und der Länder eine Himmelsgeographie wieder. Die Länder des Erdreiches, jede Stadt, ja sogar jeder Stadtplan des Altertums, wurden als Abbild himmlischer Örter und einer himmlischen urbildhaften Raumordnung geschaut und gebaut. Denn nach der Anschauung der Babylonier beherrscht jeder Gott oder Sterngeist einen Abschnitt am Himmel und darum auch auf Erden das ihm zugeordnete Land, und in ihm wiederum den Tempel, der als irdisches Abbild des himmlischen Thronsitzes nach kosmischen Maßen erbaut wurde. Ohne die Kenntnis dieser Anschauung bleiben manche Texte des Alten und Neuen Testaments rätselhaft, so z. B. die Anordnungen für den Bau des Stiftzeltes (2. Mose, 25. 1–9), das Messen des Tempels beim Propheten Ezechiel (Ezechiel, 40, 41), die Maße und der Bau des himmlischen Jerusalem (Off., Kap. 21). Doch was von der ganzen Erde gilt, die als Mikrokosmos von den Weltkräften und Weltmaßen geographisch signiert ist, was von Ländern, Städten, Tempeln gilt, das muß auch noch bedeutungsvoller von dem Mikrokosmos schlechthin, vom Menschen, Gültigkeit haben. Auch sein Leib ist gleich dem der Erde signiert von den kosmischen Weltbaukräften, von den Planeten und jenen zwölf Teilen des Tierkreises, die die Jahresstationen der Sonnenbahn darstellen.

Jedoch etwa um die Wende des 6. Jahrhunderts v. Chr. vollzog sich in allen Kulturen und bei allen Völkern eine geistige Wende, durch die auch die Astrologie eine einschneidende Wandlung erfuhr. Damals standen die großen jüdischen Propheten auf: Jeremias, Jesaias und Ezechiel, für die der Kult nicht mehr im eigentlichen Mittelpunkt ihres Sinnens und Kündens stand. Sie waren Reformatoren mit betont ethischer Ausrichtung. Damals zog auch der nordindische Königssohn Gautama, späterhin genannt der Buddha, fort von seinem Schloß und seiner Familie, um die Wahrheit zu suchen. Und er fand sie als ein Reformator des Brahmaismus in einer atheistischen Religionsphilosophie, in der es weder einen Schöpfer- noch einen Erlösergott gab. Er lehrte, daß der Mensch kraft seiner Einsicht in das Weltgefüge und in das Gefüge seiner Triebe sich selbst zu erlösen vermöge. Damals rettete in China der gewaltige Philosoph und Reformator Kung-fu-tse (551 v. Chr.–479 v. Chr.) gewissermaßen der Pythagoras des Ostens, die durch den politischen Zerfall Chinas dem Untergang geweihten religiösen und Weisheits-Überlieferungen seines Landes, indem er die Lieder, Riten, Offenbarungen und Orakelbücher des Altertums sammelte und sie neu redigiert der Nachwelt überlieferte. Und in jener Epoche einer geistigen Wende erstand im Mittelmeer, vor allem im Raum von Großgriechenland, das sich damals vom Rande Kleinasiens bis nach Sizilien erstreckte, ein revolutionäres Geschlecht von religiösen Denkern, Philosophen und Forschern. Sie gerieten bald in Gegensatz zu den Priestern und Priesterärzten, in deren Händen Heil und Heilung der Menschen, das Wissen von Mensch und Kosmos, vom Weg der Götter zu den Menschen, wie auch von des Menschen Weg zu den Göttern, lag. Griechische Philosophen, wie Pythagoras, Heraklit, Thales, Anaximandros, Anaximenes, sind die Zeugen der tiefen Wandlung der Seelen- und Denkstruktur dieser Epoche, durch deren Erkenntnisse und Impulse das Weltbild des Abendlandes wesentlich mitbestimmt wurde.

Das Gemeinsame jener in den Kulturen des Mittelmeergebietes und Asiens anhebenden denkerischen und religiösen Umschichtung war die Wendung vom mythischen Weltbild zu einem rationalen in verschiedenartigster Mischung: der Weg vom Mythos zur Ratio. Die rationalen Seelenschichten überlagerten von Jahrhundert zu Jahrhundert mehr die mythischen; und die große Bildschau vom Göttlichen und vom Weltganzen, die man als den Mythos bezeichnet, wurde abgelöst durch immer schärfer begrifflich gefaßte rationale Denksysteme. Die alte Frömmigkeit, die auf dem gläubigen Schauen der göttlichen Offenbarungen beruhte und ihre Realisierung im Kulte fand – sie sei in Analogie zu einem ähnlichen Prozeß im christlichen Zeitalter «vorreformatorische Frömmigkeit» genannt – wandelt sich zu einer Frömmigkeit, die ihren Ausdruck in denkerischer Weisheit fand. Der Weise anstatt des Priesters beginnt nun als neuer Typus das Zeitalter zu prägen.

Man war im 19. Jahrhundert geneigt, diese Wandlung als einen Fortschritt zu betrachten, man begrüßte, freilich aus einer unfrommen rationalen Gesinnung heraus, jene immerhin frommen Weisen als Vorläufer des eigenen Rationalismus. Und erst in den letzten Jahrzehnten, schon mit dem Schweizer Mythenforscher Bachofen (1815–1887) und mit Nietzsche (1844–1900) beginnend, entdeckte man, welch einen gewaltigen Verlust an Seelensubstanz und an «religio», was da heißt: an Kraft der Rückverbindung zu der oberen uranfänglichen vollkommenen Welt, dies Zeitalter der Aufklärung durch Abbau der religiösen mythenbildenden Kräfte bewirkt hat. Geistige Weltprozesse können freilich nur aus den großen Zusammenhängen verstanden werden, und vielleicht erst heute, aus der geschichtlichen Rück- und Überschau, verstehen wir ganz die Größe, aber auch die Dämonie jenes in seinen Anfängen noch religiös fundierten antiken Rationalismus. Gewaltige Erkenntnisse strömten durch diese, den Mythos abbauenden Aufklärer und Denker in den Geist des Menschengeschlechtes ein. Das rationale Wissen desselben wuchs so schnell und in solcher Vielfalt, daß sich ein großer Rausch des Glücks, aber auch die Hybris der Selbstüberhebung, der Völker und ihrer prometheischen «Vor-Denker» und Führer bemächtigte. Denn Prometheus, der dem Mythos nach für die Menschen das Feuer vom Himmel stahl und damit die menschliche Kultur begründete, die auf der Kenntnis der wiederholbaren Erzeugung des Feuers beruht – Prometheus heißt ja wörtlich: «Vor-Denker», oder dem inneren Sinne nach: der Erfinder. Diese Hybris aber führte allmählich zu einer immer größeren Entleerung des griechischen und spätantiken Gesamtseelentums, zu einer Wissens- und Machtanhäufung einerseits und zu einem Zerbrechen der antiken Menschlichkeit, zu einem Auseinanderfallen, zu einer Atomisierung der Mittelmeerkultur anderseits, dem Synkretismus genannten Kulturprozeß. Erst das werdende Christentum vermochte diesem seelischen Entleerungs- und sittlichen Verfaulungsprozeß einen Damm entgegenzusetzen, die schauenden Kräfte der Seele, deren Sprache der Mythos bildet, wieder zu erwecken und die Menschheit aus der Hybris und Größe des Rationalismus wieder in eine geistige, heilsame himmlisch-irdische Doppel-Ordnung zurückzuführen.

Dies ist der Ausklang jener in ihrer Art gewaltigen, in ihrem geistigen Elan bewundernswerten Epoche rationaler Entdeckung und Erforschung von Kosmos und Mensch. In ihr erfuhr auch die Astrologie eine folgenschwere, bis heute wirksame Umwandlung: aus einer mythischen Bildschau und einer astralen Religiosität wurde sie allmählich zu einer immer mehr als rechnerisches und rationales System handhabbaren Sterndeutekunst.

Am Beginn des 6. Jahrhunderts v. Chr. leuchteten freilich noch morgenfrisch neue Möglichkeiten der Verbindung von menschlicher Erkenntnis und Frömmigkeit auf. Und der hohe Name, mit dem dieses aufgehellte Lebensgefühl im griechischen Mittelmeergebiet erstmals ertönte, hieß Pythagoras (582–507 v. Chr.). Mit diesem Namen wird nicht nur eine persönlich geprägte, nur in geringen Bruchstücken erhaltene Lehre überliefert, sondern auch eine weithin in der Entwicklung des griechischen Geistes wirksame Schul- und Denkrichtung und darüber hinaus auch der Typus einer Seelenhaltung bezeichnet. «Pythagoras ist eine einheitliche Erscheinung: Mensch und Idee zugleich... ein führender Geist, von dessen Wirkung wir viel mehr wissen als von seinem Leben...» In der zweiten Hälfte des 6. Jahrhunderts kam Pythagoras von seiner Heimatinsel Samos unter der Herrschaft des Tyrannen Polykrates nach der unteritalienischen

Griechenstadt Kroton, dem heutigen Cotrone (Kerényi, Pythagoras und Orpheus). Hier gründete er einen aristokratischen Geheimbund, der über eine eigenartige politische und religiöse Lehre verfügte. Wie der große chinesische Religionsphilosoph Kung-fu-tse wollte Pythagoras mit seiner Philosophie Staat und Religion reformieren, nicht als ein weltabgewandter Gelehrter, sondern als geistig-politischer Weltgestalter. Jedoch schlug des Pythagoras Unternehmen, wenigstens politisch, fehl, ähnlich wie ein gleichgearteter Versuch des Philosophen Kung-fu-tse in China. Wahrscheinlich gingen er und der Hauptteil seines Bundes bei einem von seinen Feinden angelegten Brande zugrunde. Wie sehr es diesem aristokratischen Weisheits-bunde auf die Geheimhaltung seiner Lehren ankam, erweist das Beispiel des griechischen Philosophen und Dichters Empedokles von Akragas (Agrigent) auf Sizilien, einer eindrucksvollen Persönlichkeit des griechischen Westens im 5. Jahrhundert. Die Überlieferung beschuldigt diesen Pythagoräer, er habe in seinen Gedichten pythagoräische Geheimlehren mitgeteilt, darum sei er aus dem Bunde ausgestoßen worden.

«Die pythagoräische Schule stellte eine Beziehung zwischen Zahlen und Tönen her durch den Nachweis der einfachen Zahlenverhältnisse, die zwischen den Saitenlängen bestehen. Diese Untersuchungen wurden am Monochord gemacht, einem einfachen, mit einem beweglichen Steg und wohl auch mit einer Meßskala versehenen Brett oder Gestell, das mit einer durch herabhängende Gewichte verschieden stark zu spannenden Saite bespannt war», so berichtet E. Hommel über die musikalisch-symbolische Grundlage der pythagoräischen Geheimlehre. «Aus den einfachen, am Monochord abhörbaren Zahlengesetzen stifteten Pythagoras und seine Schule jene eigenartige Verbindung zwischen Musik und Mathematik, die typisch für den griechischen Geist und seine Nachwirkungen geblieben ist. Mit dieser Lehre verband sich die Anschauung, daß das ‚Oben‘ die Stätte der Ruhe, des Friedens, das Reich des Lichtes und des Guten sei, der ‚Himmel‘, ‚unten‘ hingegen das Gebiet der ewigen Bewegung, des unruhvollen Streites. Darum bei Pythagoras die Lobpreisung der Harmonie, welche die Gegensätze ausgleicht und seine Liebe zur Musik.» Zudem betrachteten die Pythagoräer die Gestirne mit religiöser Andacht; sie waren ihnen als Träger des lebensschaffenden Feuers heilig und galten als die «Wohnsitze der Seligen», eine Anschauung, die ihre Wirkungen noch bis in Dantes Göttliche Komödie erstreckt. Die Wechselwirkung zwischen Mensch und Gestirnswelt, von Mikro- und Makrokosmos entwickelten die Pythagoräer aus jenen geometrischen Gesetzen, die sie musikalisch am Monochord gewonnen hatten. Eine Wiedergeburt erfuhr diese Lehre in unserer Zeit im Werk des Berner Harmonikers Hans Kayser und in den Forschungen der verstorbenen Lucie Wolfer-Sulzer. Pythagoras fand auf seine Weise eine tönende Brücke zwischen der kosmischen und der menschlich-seelischen Welt. «Die Materie erhielt eine psychische Tektonik und das Geistige, das Reich der Ideen, einen konkreten Halt in den harmonikalen Gestalten und Formen: eine Brücke zwischen Sein und Wert, Welt und Seele, Materie und Geist war gefunden.» (Hans Kayser, Akroasis). Diese pythagoräische Lehre sollte unabsehbare Folgen für die Neugestaltung einer im wesentlichen nicht mehr auf mythischer Bildschau beruhenden Astrologie haben. Wie Pythagoras, wagt es auch der als «dunkel», d. h. schwer verständlich gescholtene Philosoph Heraklit (540–480 v. Chr.) wenn auch noch innerhalb einer geschlossenen, einheitlichen und göttlichen Welt, den Schritt zur Erforschung der Natur und ihrer immanenten Gesetze zu vollziehen, wobei er die Natur noch anders als die Heutigen, als vom Feuer und vom Geist des Göttlichen durchwaltet erkennt. Doch ist sie für ihn bereits auch jenes Gemeinsame, Universelle in bezug auf den Menschen, wovon er die Einheit des Menschengeschlechtes und die Möglichkeit, die Natur nach den Menschen zu deuten, ableitet. Denn «die Natur ist gleichsam der Allmensch, regiert von der Allseele», sagt Karl Joel von Heraklit in seinem «Ursprung der Naturphilosophie aus dem Geiste der Mystik». Heraklit hat insofern eine kosmologische Psychologie angestrebt, als er das Wesen der Seele, das will sagen: des ganzen Menschen, aus dem Kreislauf des Werdens und Entwerdens, aus dem polaren Spannungscharakter des Lebensganzen deutet. Doch andererseits deutet er die Welt ebenso nach dem Wesen der Seele: nach ihrem Schwanken zwischen Mangel und Sättigung, nach ihren Gegensätzen, die sich bedingen und durch die Innen- und Außenwelt zusammengehalten werden, durchflutet von einem schöpferischen Urstoff, den er symbolisch Feuer nennt. Dies ist das Symbol einer Kraft, die im alten Testament als das sich bezeugende Wesen Gottes verstanden wurde.

Heraklit kam aus dieser seiner paradoxalen Philosophie zu einer ähnlichen Idee von der Entsprechung des Großen Menschen, dem

Kosmos – und des Kleinen Menschen, dem Mikrokosmos – wie der griechische Arzt Alkmaion von Kroton, ein Schüler des Pythagoras und berühmt als der «Vater der Medizin». Da der Organismus des Menschen für Alkmaion nach den Formen und Funktionen des Weltganzen gebaut ist, entwirft er demgemäß das System einer kosmischen Anatomie. Und indem er die Lehre Heraklits von den Gegensätzen und jene von der Harmonie des Pythagoras, die vom kreisförmigen Wandel des Lebens und von der Entsprechung des Makro- und Mikrokosmos zu einer Einheit zusammenschließt, kommt er zum Schluß: der Kosmos ist ein Mensch, wie der Mensch auch ein Kosmos ist. Diese schon altbabylonische und indische Lehre vom göttlichen Kosmosmenschen prägt sich in einer Antwort aus, die Nikrokrean, König von Cypern, erhielt, als er das Orakel nach dem Wesen des ägyptischen Gottes Serapis befragte: «Des Himmels Raum ist mein Haupt, mein Bauch das Meer und die Erde meine Füße, meine Ohren stecken im Äther, und mein Auge ist der weithin leuchtende Sonnenschein.» Durch alle Jahrtausende bis auf unsere Zeit ist diese Anschauung überliefert worden und lebendig geblieben. So findet sie sich wieder in der platonisch-pythagoräischen Denkweise Goethes, für den das Auge des Menschen eine Entsprechung der Sonne im Kosmos bedeutet: «Wäre nicht das Auge sonnenhaft, wie könnten wir das Licht erblicken?» In solcher Anschauung wirkt die antike Entsprechungslehre nach, welche die Körperteile und Organe den Planeten gleichsetzte. Sie ist auch in das imaginative Denken der Kirchenväter eingegangen. Und so finden sich z. B. die makro-mikrokosmischen Entsprechungen von: Himmel gleich Kopf, und Sonne, Mond gleich Augen, beim hl. Ambrosius von Mailand (339–397), in seinem Lobpreis der Zweckmäßigkeit des Körpers (Hexam, 6, 9), wie bei zahllosen Philosophen, Ärzten, Dichtern und Mathematikern der Antike und des Mittelalters. Diese weite Verbreitung ist zurückzuführen auf einen allen Völkern gemeinsamen Urmythus vom «Großen Menschen», vom Kosmosmenschen, aus dessen Leib die Teile der Schöpfung gebildet sind. In Babylon ist es das Ungeheuer Tiamat, das von Marduk gespalten und aus dessen Leib und Gliedern das Weltall aufgebaut wird. Oder es ist der Gott Ninurti (d. i. Saturn), aus dessen Leib der Kosmos gebildet wird.

In der Ausfaltung dieses Urmythologems ergab sich die Anschauung, daß die Teile des einen Kosmosgottes oder die verschiedenen in ihm zu einer Einheit zusammengefaßten Götter die Herrschaft über jene Körperteile des Menschenleibes ausüben, denen sie zugeordnet sind. Denn dieser «Große Mensch» ist als der «Gott Kosmos» mit seinen einzelnen Gliedern über den Tierkreis hingelagert; sein Leib erscheint zwölfgeteilt und findet darum seinen Ausdruck in den 12 Teilen und Zeichen des Tierkreises. Noch bevor in der spätgriechischen Zeit die Lehre vom Menschen als eines Abbildes des am Himmel im Tierkreis hingelagerten Gottes Kosmos, und der darum auch alle Kräfte des Kosmos in sich trägt, allgemeine Anschauung wird, war es schon Platons (427–347 v. Chr.) Überzeugung, auf Grundlage seiner Ideenlehre, daß jede irdische Erscheinung und darum auch jeder Teil des menschlichen Organismus sein Vorbild am Himmel habe. Ähnlich lehrte auch der große griechische Astronom und Astrologe Hipparch (190–125 v. Chr.) die Aufteilung des Menschenleibes nach den Abteilungen und Bildern des Tierkreises. Und diese planetarische Aufteilung des Körpers stellt späterhin Claudius Ptolemäus als Lehre dar in seiner Astrologenbibel «Tetrabiblos» (3, 12).

Auch der Kirchenvater Origenes (185–254) erörtert in «Contra Celsum» 8, 58 die Entsprechung des menschlichen Körpers und der Tierkreise. «Und wie auch die Tiere ihr Urbild in den Sternen haben und von dort stammen, so hat auch jeder einzelne Mensch, ja jedes einzelne Glied seines Körpers... sein getreues Abbild am Himmel in den zugehörigen Sternen», formuliert der Neuplatoniker Proklos (410–485 n. Chr.), der Zeitgenosse des Engelslehrers Dionysius Areopagita, in Parm. 3, 55, die alte Lehre: «wie oben so unten» und «der untere kleine Mensch ein Typus vom Archetypus des oberen Menschen». Denn nicht ist der «Kosmische Mensch» oder der Gott Kosmos nach dem Bilde des Menschen geformt – nicht hat der Mensch den Kosmos vermenschlicht – vielmehr ist es Überzeugung der alten Kosmologen, daß der Mensch seine Gestalt, Glieder und Organe, entsprechend der Form und Art des Großmenschen erhalten hat. Jedoch im weiteren Ausbau wurde die Lehre noch viel tiefsinniger entfaltet. Nicht nur der Leib mit seinen Gliedern stammt seinem Typus nach vom Himmel, sondern vor allem die leibgestaltende Seele, die bei ihrer Herabkunft, ihrem Herabstieg vom Himmel durch die Tierkreisbilder und die Planeten, mit den verschiedenen Kräften begabt, aber auch durch sie eingeschränkt wird. Diese ihr verliehenen Kräfte sind jedoch nicht ihrem innersten Wesen zugehörig, das nicht eine kosmische Vielheit, sondern eine unsterbliche, «überhimmlische» Einheit bildet. Nach ihrem Tode, so besagt diese alte Lehre von der Seelenreise, steigt die Seele wieder durch alle Planetensphären hinauf, durch die sie herabgestiegen ist und legt in jeder derselben den Sternenstoff ab, der dieser Sphäre zugehört und von dem sie beim Abstieg imprägniert worden war. Nach einer andern Überlieferung strebt die abgeschiedene Seele zu jenem Planeten, unter dessen Haupteinwirkung ihr Leben im Leibe gestanden hat. Auf diesen Planeten leben sodann die Seligen – jeder von diesen Planeten ist gleichsam das Paradies für einen Typus Mensch. Die Voraussetzung für diese Lehre ist jedoch die Überzeugung, daß die Seele vom Himmel als ihrem Heimatlande herstammt und nach dem Tode wieder dorthin zurückkehrt. Denn nach den von Alexander Polyhistor von Milet (100 v. Chr.) erwähnten «Pythagoräischen Schriften» ist die Seele dem Äther zugehörig als ein abgetrennter Teil desselben. Ebenso war es ein Glaubenssatz der Stoa, jener um 300 v. Chr. gegründeten Philosophieschule, daß die Seele ihrer Substanz nach himmlischer Natur und daß sie darum auch mit den Gestirnen verwandt sei. Da aber nach der Lehre des Pythagoräers Empedokles (490 v. Chr.) nur Gleiches Gleiches zu erkennen vermag und Gleiches wieder nach Gleichem strebt, so zieht es die Seele nach dem Tode ihres Leibes wieder nach dem Himmel und nach dem besonderen Ort in ihm, von dem sie herstammt. Eine ähnliche Geisteshaltung spricht 2000 Jahre später aus den Worten des berühmten Gelehrten und Visionärs Emanuel Swedenborg (1688 bis 1772), der in seiner Abhandlung: «Von den Erdkörpern der Planeten und des gestirnten Himmels Einwohner» verkündet: «Man muß wissen, so viel Geister und Engel sind, alle waren Menschen, denn das menschliche Geschlecht ist die Pflanzstadt des Himmels.» Ein Beispiel für die Erfahrung einer Seelenreise in unserer Zeit enthält das Buch von Marcelle de Jouvenel: «Au Diapason du Ciel», Paris 1948, herausgegeben und eingeleitet von dem katholischen Existentialisten Gabriel Marcel.

Eine christliche Weiterbildung der antiken Erfahrung der Seelenreise ist Dante im «Paradiso» seiner Göttlichen Komödie geglückt. Sie führt ihn im Flug der Sehnsucht durch die sieben Planetenhimmel und den Tierkreishimmel bis vor des Himmels ewige Mitte, die Himmelsrose. Dante begegnet auf diesen Planeten jenen Seligen, die in der Kraft und im Typus des Sterns ihr Leben vollbracht haben und nun dort Gott lobpreisen. Am Ende der griechischen Antike hat am nachdrücklichsten der Mystiker und Philosoph Plotin (205–270 n. Chr.) das Fortleben der Seelen als Sterne oder in den Sternensphären vertreten. Jedenfalls haben die bedeutendsten Geister des philosophischen Griechenlands in vielfältiger Schichtung eine kosmische Anthropologie entwickelt, die bis auf unsere Zeit hin ihre Wirkungen erstreckt (siehe den Abschnitt über Hildegard von Bingen), und die graphisch sich das ganze Mittelalter hindurch in dem sogenannten Tierkreismännchen darstellte – einer nackten Menschenfigur, deren Teile mit den zwölf Tierkreiszeichen bezeichnet sind und zu ihnen in einer Beziehung der Entsprechung stehen.

Die Hebräer und die Griechen betonten in ihren Weiterbildungen des babylonischen astrosophischen Erbes je einen anderen Teil desselben: die Griechen mehr die kosmische Anthropologie, die Hebräer mehr die kosmische Geographie. An vielen Stellen des Alten Testamentes (so z. B. 2. Moses, 20, 9; 5. Moses, 4, 19; 2. Kön. 17, 16, 21, 3 ff.; Amos 5, 26) ist der Gebrauch der Astrologie, freilich stets im Zusammenhang mit fremden Götterkulten, bezeugt. Die Verehrung des «Himmelsheeres» und der Himmelslichter blieb eben für die Hebräer eine dauernde Versuchung. Ihr standgehalten zu haben, rechnet sich darum Hiob zum Ruhme an (31, 26), wenn er sagt: «Wenn ich das Gestirn erblickte und den Mond prächtig dahinziehen, ließ mein Herz sich nicht insgeheim verlocken und ich warf ihnen keine Kußhand zu.» (lat. adorare – anbeten, verehren, heißt wörtlich, die Hand zum Munde führen: eine Kußhand dem Gestirn zuwerfen.) Daß die Völker und die ihnen zugeteilten Länder von Gott nach himmlischen Vorbildern eingeteilt und unterschieden wurden bezeugt eine Stelle im 5. Buch Moses 23, 8, nach dem griechischen Text der Septuaginta: «Als der Höchste den Völkern ihr Erbe gab / als er die Menschenkinder schied / da setzte er fest die Gebiete der Völker / nach der Zahl der Engel.» Diese «Engel», die die Überlieferung mit den Bene Elohim, den Gottessöhnen, gleichsetzt, amten gewissermaßen als die Minister Gottes, als seine Dolmetscher und Befehlsübermittler. Und zugleich stellen sie die himmlischen Urbilder und Fürsten der verschiedenen Völker und Länder dar (Daniel 10, 13): Nach der Art dieser Engel und nach ihrer «Zahl» ist die Ordnung der Völker und Länder festgesetzt. Der Begriff der «Zahl» aber weist wiederum auf die Planeten hin, deren Wesen jeweils durch eine Zahl, d. h. ihre

Umlaufzahl, ausgedrückt wird, woraus im Altertum Pythagoras, 2000 Jahre später Kepler, die Elemente ihrer kosmischen harmonikalen Philosophie ableiteten. Denn Zahlen sind im Sinne der alten Weisheit lebendige schöpferische Wesenheiten. In der alttheosophischen Weisheitslehre der Kabbalah spielen die zehn Sephirot als Träger der Weltkräfte eine zentrale Rolle. Und Sephira (Mehrzahl: Sephirot) bedeutet eben: Zahl (Urzahl), aber auch Sphäre, Urpotenz, Abglanz oder Licht. Zudem werden nach spätjüdischer, griechischer und auch christlicher Überlieferung die Engel als jene Sterngeister gedeutet, welche die Planeten bewegen. Die «Engel» sind demnach vielfältig: Sterngeister, Zahlen und zugleich die Urbilder von Völkern und Ländern.

Ein Zeuge der althebräischen biblischen Anschauung der Entsprechung vom Himmel und Erde in der Spätantike ist der jüdische Geschichtsschreiber Josephus Flavius, der zur Zeit der letzten Zerstörung des Tempels zu Jerusalem im Jahre 70 n. Chr. lebte. So schreibt er in seinen «Jüdischen Altertümern»:

«Wer über den Bau der Stiftshütte vorurteilsfrei und mit gehöriger Überlegung nachdenkt, wird finden, daß darin die ganze Welt abgebildet ist.» Josephus enthüllt mit seinen Worten die hintergründige Bedeutung jenes Textes im 2. Buch Mose (25, 8, 9), der von dem göttlichen Bauauftrag für das Stiftszelt an Mose handelt, und der einen tiefen Einblick gewährt in das Weltbild der Hebräer. «Ein Heiligtum sollen sie mir machen, daß ich in ihrer Mitte wohne. Genau nach dem Urbild der Wohnung und nach dem Urbild aller ihrer Geräte, das ich dir (hier oben auf dem Berge) zeige, so sollt ihr es machen.» Der Bau dieses von Gott angeordneten Heiligtums, für das er Mose Formen, Maße, Farben und Symbole in der oberen Welt vorbildet und sie ihn schauen läßt, erstreckt sich durch 7 Monate, die als symbolische Perioden den sieben «Tagen» der Weltschöpfung entsprechen. Ist doch der Pentateuch (die 5 Bücher Mose) von einem einheitlichen Zahlensystem durchzogen, wie Oskar Goldberg nachgewiesen hat, in dem jede Zahl ihren tiefsinnigen Stellenwert besitzt und jeweils auf ähnliche Zahlen bezogen ist. Darum entspricht dem siebenmaligen Schöpfungsruf «Es werde», bei der Weltschöpfung durch den Elohim Jahwe, die siebenfache Formulierung, «wie Mose befohlen hat», beim Bau des Stiftszeltes, dem Abbild des oberen Heiligtums. Denn Mose tritt hier nicht als eine Privatperson auf, er ist vielmehr in seinen

Eigenschaften als Richter und Prophet, als Gesetzgeber und Bauherr Träger der Gotteskraft auf Erden – er wird genannt der «Elohim Mose» (2. Mose 4, 16), was nicht bedeutet, «der Gott Mose» sondern der «Vikarius Gottes». In diesem von Mose in Vollmacht dem Himmelsvorbild nachgeschaffenen Weltentempel steht vor dem Allerheiligsten der Bundeslade, auf der zwischen Cherubim Jahwe gegenwärtig thront, der Weltenbaum des siebenarmigen Leuchters als ein goldener Mandelbaum. Es ist dies das Abbild der sieben Lichtwesen, die vor Gottes Thron stehen, wie auch der sieben Himmelslichter der Planeten, in denen sich diese wiederum abbilden.

In einer ähnlichen Gesinnung wie Josephus in seiner Deutung des göttlichen Bauauftrages an Mose, besingt der Prophet Amos (ca. 750 v. Chr.) den Weltenbau als das kunstvolle Haus Jahwes, der im Himmel sein Obergemach gebaut und dessen Gewölbe auf die Erde gegründet hat (Amos 9, 6). Himmel und Erde gehören in der Schau des Alten Testamentes zusammen – die Welt bildet eine untrennbare Zweieinheit – wie dies im «Uneingeschränktes Weltall» von St. E. White mit den Mitteln unserer Zeit erneut ausgesprochen worden ist. Das Untere, die irdische Welt, ist im Sinne der Bibel eben nicht nur ein Anhängsel der oberen, himmlischen Welt, sondern deren andere Seite – die weiblich-geschöpfliche zugeordnet der männlich-schöpferischen, sie abbildend. Die irdische und kosmische Welt bedeutet darum die Sichtbarwerdung des Unsichtbaren.

Eine auf das Einzelschicksal bezogene Astrologie wird im Alten Testament nicht erwähnt. Denn wie bei den Babyloniern stand auch bei den Hebräern die Kult- und Volksgemeinschaft im Mittelpunkt des gesamten Lebens – und erst durch sie empfing der Einzelne Sinn und Form seiner Existenz. Auch das Wirken der Bene Elohim, der Archetypen aller Volksgestalt und der Befehlsübermittler Jahwes, ist darum nur auf Völker- und nicht auf Einzelschicksale bezogen. Und so ist auch die Verurteilung der Astrologie durch den Propheten Jesaias (Kap. 47) allgemein gegen das Treiben der «Chaldäertochter» Babylon gerichtet. «Verbleibe nur bei deines Bannes Sprüchen, bei deinen vielen Zauberkniffen. Du mühtest dich mit ihnen schon von Jugend an... Wenn du das Spiel verloren gibst trotz deiner vielen Pläne, dann mögen diese Himmelskundigen zu deiner Hilfe kommen, die nach den Sternen sehen und an den Neumonden verkünden, was dir begegnen wird» (Jes. 47, 12, 13).

TAFEL 1. Gott schafft die Welt nach Maß und Zahl

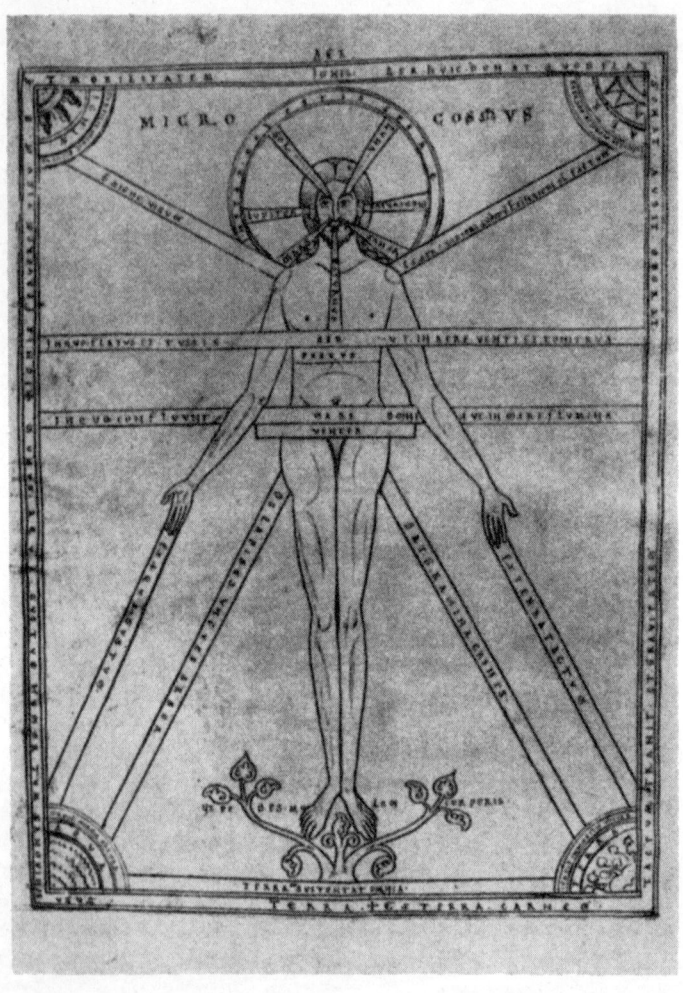

TAFEL II. Der Kosmosmensch nach Honorius von Autun (12. Jahrhundert)

In dieser schroffen Verurteilung der babylonischen Astrologie wird diese der Zauberpraktiken angeklagt zur Abwendung von Schicksals-fügungen. Jedoch insofern ist diese Gleichsetzung der babylonischen Astrologie mit Zauberei durch den Propheten ungerecht, weil wir aus Keilschrifttexten wissen, daß sich Volk und König in Babylon, bei drohenden, durch die Himmelsschau der Priester vorherverkündeten allgemeinen Verhängnissen, Sühneriten unterzogen. Bußtage wurden ausgerufen, Gebete und Fasten angeordnet, nicht anders wie in christ-licher Zeit bei gleichen Anläßen durch Päpste und Bischöfe (siehe Kapitel: Die Päpste und die Astrologie). Erst in der Dekadenz der astrologischen Weisheit im Zeitalter des Hellenismus schlichen sich jene Zauber-Praktiken in die Astrologie ein, die der Prophet mit Recht verurteilt. Jedoch da die Astrologie im Altertum religiös gegründet war, und das will für damals besagen: mit einem Götterkult verbun-den war, warnen die Propheten und Lehrer des Volkes in der Schrift vor ihrem Gebrauch, da dieser die Gefahr des Abfalls von dem Gotte Israels in sich schloß.

Zudem verfügte der jüdische Kult über ein eignes Orakel in Fragen des allgemeinen Wohls. Es waren dies die «Urim und Tumim» ge-nannten Edelsteinwürfel in einer edelsteinbesetzten, in 2. Mose, 28, 30 genaustens beschriebenen Orakel-(Los-)Tasche. Die Verurteilung einer an einem fremden Kult gebundenen Astrologie hatte auch den Sinn, den Vorrang des Jahwe-Orakels zu wahren. Jedoch hatte sich ja seit dem Beginn des Christentums und unter seinem Einfluß die Astrologie gewandelt, indem sie ihre einstige Verbindung mit den Götterkulten aufgab, und insbesondere in der Weltschau Dantes zu einer christ-lichen Prägung gelangt war. Damit fallen auch die Vorwürfe des Pro-pheten, die sich auf eine ganz bestimmte kulturelle und historische Situation beziehen, dahin. Daß die Astrologie einen realen Hinter-grund hat, weiß freilich der Prophet Jeremias, wenn er den Juden zu-ruft: «Erschrecket nicht vor den Zeichen des Himmels» (Jer. 10, 2). Er leugnet damit nicht, daß der Himmel durch Zeichen zu den Menschen spricht, aber er weist zugleich auf die diesen Zeichen übergeordnete Instanz, auf Gott selber hin: Gebet und Opfer sind die Wege, unmittel-bar zu ihm und zu seinem Willen zu gelangen. Andererseits erscheint im babylonischen Exil der Prophet Daniel als der oberste Vorsteher aller Weisen Babylons (Daniel 2, 48) und als der Oberste der Chaldäer und Sterndeuter (Dan. 5, 12). Ebenso tritt die alte babylonische Ent-

sprechungslehre, die mit im Fundament des Alten Testamentes einge-
baut ist, am Ende des antiken Judentums in einem apokryphen Werke,
der «Himmelfahrt Jesaia» (7, 10), wieder deutlich hervor: «So wie dro-
ben, ist es auch auf Erden – das Abbild dessen, was im Firmament ist,
ist hier auf Erden.»

Zu den Griechen drang die Astrologie im engeren Sinn durch den
Priester des Bel zu Babel, Berossos, und dessen berühmtes Werk
«Babylonische Geschichten», das er um 280 v. Chr. dem König Antio-
chus von Syrien widmete. Die Griechen besaßen eine gewisse Emp-
fänglichkeit für diese Lehre durch ihre Astralmythen (siehe Metmann,
Mythos und Schicksal, Leipzig 1936). Berossos schuf die erste griechische Astrologenschule auf der griechischen Insel Kos, die für die
Formung der griechischen Astrologie zu einer, schließlich durch
Claudius Ptolomäus überlieferten, klassischen Lehre richtungsweisend
wurde. Freilich waren schon früher durch Pythagoras und seine Schule
die Grundlagen einer symbolischen Kosmologie, einer Erkenntnis des
Weltalls nach Zahl und Maß geschaffen worden. Und wenn der spätantike Römer Cicero davon spricht, daß «am Himmel nicht Zufall
noch Ungefähr, noch Irrweg, noch Eitelkeit, im Gegenteil durchaus
nur Ordnung, Wahrheit, Vernunft und Dauer» herrsche – so vertritt
er als Stoiker einen Grundsatz, der zu den Voraussetzungen der astrologischen Anfänge in Griechenland gehörte.

Aber erst in der Blütezeit der griechischen Philosophie, in der Zeit
zwischen dem Auftauchen des Pythagoras und der Bildung der Akademie Platons entfaltete sich die astrale Theologie der Griechen allmählich zu einem immer feiner verästelten astrologischen System. Der
Ansatzpunkt liegt durchaus im Umkreis Platons, denn besonders in
der Spätzeit der platonischen Akademie wurden Elemente der orientalischen Astralsymbolik in das griechische Denken aufgenommen. Platon
(427–347 v. Chr.) selber war mit den Theorien babylonischer Sterndeutung vertraut und spricht von ihnen in seinem «Timaios», so z. B. von
der Ereignisse auslösenden Wirkung von Planetenkonjunktionen. Mit
Platon vollzieht sich eine Wende im astrologischen Denken Griechenlands, weil er, wohl als erster, die Anteilnahme der Sterngötter
am Individualschicksal des Menschen vertrat und damit diese dem
griechischen Individualismus entsprechende Anschauung, die im Gegensatz stand zu derjenigen der persischen und babylonischen «Bar-
baren», in Griechenland heimisch machte. Sein Schüler Philippus von

Opus fügte nach seinem Tode folgerichtig den zwölf Büchern seiner «Gesetze» ein dreizehntes hinzu, in dem die Sternenweisheit des Ostens noch weitgehender als es Platon selber unternahm, in das griechische Denken eingefügt wird.

Jedoch der Philosoph Aristoteles (384–322 v. Chr.), der Lehrer Alexander des Großen – eher ein Gegner denn ein Schüler Platons zu nennen – zeigt sich an der Astrologie uninteressiert. Und doch hat er die Grundlage des gesamten spätantiken und mittelalterlichen astrologischen Weltbildes geschaffen durch seine These, daß alle Bewegung ursächlich von der Fixsternsphäre als dem ersten Bewegten ausgehe, und daß im Gebiet der Unvollkommenheit, der Erde, jede Veränderung durch die zahlenmäßig bestimmten Bewegungen in der vollkommenen oberen Welt bewirkt werde. Wir treffen hier mitten in dem philosophischen Rationalismus des Aristoteles Gedankengänge, die Anschauungen des Pythagoras weiterbilden. Jedoch auch er konnte den Siegeslauf der Astrologie nicht hemmen; selbst sein Schüler Theophrastus von Eresos (380 v. Chr.) ist voll Bewunderung und Verständnis für die «Kunst der Chaldäer», wie die Astrologie genannt wurde.

Die Geistesströmung des Hellenismus oder Synkretismus, die mit Alexanders des Großen Zug nach dem Osten (334 v. Chr.) anhebt, die Vereinigung griechischen und östlichen Denkens, wird nun der rechte Pflanzboden für die weitere Ausbreitung der Astrologie und für ihre Umformung im Sinne des griechischen Humanismus. Denn, hat das Griechentum durch Alexanders gewaltsame Eröffnung des Ostens seine Philosophie, seine Sprache und seine Kunst bis an die Grenzen Indiens ausgebreitet, so flutet nach dem Tode dieses «Napoleons der Antike» die jahrtausendalte kosmische Weisheit des Ostens unaufhaltsam in das offene Gefäß des werdenden Römerreiches hinein, nach dem Gesetz, daß der Besiegte geistig immer den Sieger erobert und ihm sein Wesen aufprägt. Später wurde ein ägyptisches Werk, unter dem Namen eines ägyptischen Königs aus dem 7. Jahrhundert, Nechepso, und eines Priesters Petosiris bekannt. Dies Werk, in Wirklichkeit aus dem 2. Jahrhundert v. Chr. stammend, übte einen großen Einfluß auf die Mit- und Nachwelt aus. Es ist aber noch nicht als ein astrologisches Lehr- und Nachschlagebuch für das Volk oder für jedermann gedacht, sondern erhebt den Anspruch, Offenbarungsweisheit für «königliche Geister», für Fürsten und Priester, für Völkerführer zu sein, die allein zum Empfang solcher Erleuchtungen befähigt sind.

Und die Verfasser berufen sich zu ihrer Legitimierung als Glieder einer nie abgerissenen Urtradition, auf Überlieferungen des Thot, des ägyptischen Hermes, dem Schreiber der Götter und Künder der Weisheit. Wie Nostradamus (1503–1566) zwei Jahrtausende später in dunkler Nacht seine astrologischen Prognosen und visionären Schauungen in die Folge seiner Zenturien faßte, so berichtet der Priester Petosiris, daß er «aus dem dunklen Gewand des Nachthimmels», nach vorbereitendem Gebet, die unvergängliche Ordnung und die Bewegung des Weltalls erfahren habe. In diesem griechisch verfaßten ersten synkretistischen Werk strömen die Traditionen mehrerer Kulturen zusammen: babylonische, griechische und ägyptische Lehren der Astrologie werden in ihm verbunden und künftigen Geschlechtern weitergegeben.

Hingegen erstand, ebenfalls im 2. Jahrhundert, in dem glänzenden griechischen Dialektiker Karneades der Astrologie ein ernsthafter Gegner, dessen Argumente gegen sie auch noch in späterer römischer Zeit benützt wurden. Anders verhielt sich freilich die philosophische Schule der Stoa, die weitverbreitete Philosophie unmittelbar vor der Zeit des entstehenden Christentums, von deren Seelenlehre auch Einflüsse in die Psychologie und in die Jenseitsvorstellung desselben eingedrungen sind. Da aber die Frömmigkeit der Stoa durch ihr Gefühl der Abhängigkeit von den göttlichen Mächten deterministisch gesinnt war, so war es naheliegend, daß schon früh astrologische Gedankengänge in die stoische Lehre aufgenommen wurden. Es waren denn auch Vertreter dieser Schule, die in Rom die Astrologie verbreiteten und ihr eine philosophische Grundlage schufen. Und mit dem Haupt der Stoa im 1. Jahrhundert v. Chr., dem Syrer Póseidonios, dem umfassendsten und weitwirkendsten Geist jener Zeit, der vor allem den Einfluß der Fixsterne auf die Erde vertrat, setzte sich die Astrologie im gesamten griechisch-römischen Mittelmeergebiet durch.

Jedoch erst durch eine wissenschaftliche Leistung ersten Ranges wurde die Astrologie der Spätantike derart systematisiert, daß sie für über einundeinhalbtausend Jahre ein unerschütterbares Fundament gewann. Diese systematische Grundlage wurde der Astrologie gegeben durch das Werk eines hervorragenden Gelehrten des hellenistischen Alexandrien im 2. Jahrhundert n. Chr., durch den Astronomen Claudius Ptolomäus und seiner «Tetrabiblos», dem klassischen Astrologielehrbuch bis zum Anbruch der Neuzeit. Dies Werk, das auf Philosophen, Theologen und Astrologen, ja auf die gesamte spätere Kultur und ihre Geisteswissenschaften eine unermeßliche Wirkung gehabt hat, versucht, aufgebaut auf der Physik des Aristoteles, die Kunst der Sterndeutung gewissermaßen als eine Art Kosmos-Physik neu zu begründen. In der klaren und durchsichtigen Prosa dieses Werkes wurde das gesamte babylonische, griechische und ägyptische Wissen von der Wirkung der Sterne zusammengefaßt und als ein Kompendium dem Abendlande überliefert. Der Reformator Melanchthon gab es aus einer geistigen Verwandtschaft 1300 Jahre später in «Erinnerung an Ptolomäus, dessen Geist Gott entflammt hat», wie er in der Vorrede seiner Ausgabe schreibt, neu heraus.

In der römischen Kaiserzeit zeigte freilich die Astrologie ein doppeltes Gesicht. Einerseits sank sie zu einer bedenklichen Wahrsagerei herab. Es wurde kein Fest veranstaltet, kein Bad genommen, kein Ausflug unternommen, ehe nicht der Astrologe oder das Planetenstunden-Armband, das die Damen trugen, um eine günstige Stunde angefragt worden war. Die entartete, genußsüchtige Gesellschaft der römischen Kaiserzeit, die von dem bedenkenlosen Aussaugen der vergewaltigten römischen Provinzen lebte, betrachtete die astrologische sogenannte «Stundenwählerei» als eine Art Sicherungsmaßnahme gegen jede Störung ihres Vergnügens und ihres Genießens. Der Astrologe, einst Lehrer religiöser Weisheit, sank herunter zum Kurpfuscher und Bediensteten. Für das gemeine Volk trieben sich astrologische Wahrsager auf dem Forum oder vor den Eingängen des Zirkus herum. Jedoch wandten sich auch edle Geister der Astrologie zu. So unter anderm der römische Dichter M. Manilius (geb. um 9 n. Chr.), ein frommer Mann im Sinne der Stoa. Er verkündete die Astrologie als eine göttliche Offenbarung, deren Sinn und Wesen er in seiner, dem Kaiser Tiberius gewidmeten, großen Dichtung in makellosen Versen darlegte. Ihm war als Stoiker bewußt, daß die Seele des Menschen von den Sternen stamme oder ihnen doch verwandt ist. Ihr ist ein Wissen um die Sternsphären darum zu eigen, weil deren Erkenntnis dem menschlichen Geiste von der Gottheit selber geschenkt worden ist. Darum vermag Manilius vom Menschen zu sagen: «Und sieghaft hebt er zu den Sternen auf die Sternenaugen.» Dies Wissen um das «Sternverwandte» des Auges kehrt 1800 Jahre später wieder in dem «sonnenhaften» Auge Goethes.

Machtrausch, Genußgier und Materialismus verheerten damals bei den Römern weitherum die Völker. Doch im Gegensatz dazu drängte es die Besten jener Zeit, in die Tiefe des Lebens einzudringen, um dieses aus dem Innern heraus zu verstehen und um die göttliche Weisheit durch die Einweihung in die Mysterien, die gerade damals eine neue Blüte erlebten, zu erfahren. Aus dieser Gesinnung wurden der Neu-Pythagoräer Nigidius Figulus wie auch der römische Geschichtsschreiber Varro (116–27 v. Chr.) Verkünder astrologischer Frömmigkeit. Vor allem aber war Virgil (70 v. Chr. bis 19 n. Chr.), der bedeutendste Dichter der römischen Kaiserzeit, den Dante als einen Propheten des «göttlichen Kindes» zu seinem Begleiter durch «Inferno» und «Purgatorium» erwählte, der Astrologie zugeneigt, gleich seinem Schutzherrn, dem ersten römischen Kaiser Augustus (63 v. Chr. bis 14 n. Chr.), der auch als erster sein Horoskop veröffentlichen und sein Sternbild, den Steinbock, auf Münzen prägen ließ.

Jedoch der Kaiser Tiberius (Kaiser von 14–37 n. Chr.) war der Astrologie bereits sklavisch verfallen – wie überhaupt immer mehr die niedrigen Sterndeuter ihr Unwesen trieben und die Tag- und Stundenwählerei zu einer alle innere Freiheit und sittliche Entscheidung tötenden allgemeinen Manie des späten Rom geworden war. Kaiser Titus (Kaiser von 79 bis 81 n. Chr.), wie später Hadrian (Kaiser von 117 bis 138) konnten jede drohende Gefahr aus dem Sternstande ablesen. Freilich erstand noch einmal der Alten Welt in der Abendröte ihrer Kultur ein Mann lautersten Geistes, der echte Sternenweisheit von fatumverfallenem Sternglauben zu scheiden wußte: es war der mystische griechische Philosoph Plotin (205–270 n. Chr.). Er weiß wieder den tiefen Sinn der Entsprechung von Himmel und Erde, und er erkennt die Gestirne als eine himmlische Schrift, in der die Schicksale der Menschen verzeichnet sind. Aber er begrenzt doch die Wirkung der Sterne, weiß sie im Letzten nicht allmächtig und hält den Weg offen für die sittliche Entscheidung des Menschen.

Der letzte große Zeuge der antiken Astrologie ist der sizilianische Senator Firmicus Maternus, ein bedeutender sammelnder Geist, der durch sein großes Handbuch der Astrologie auf Mit- und Nachwelt nachhaltig wirkte. Er bekehrte sich zum Christentum kurz nach der Zeit, da der Kaiser Konstantin das Christentum 313 durch das Mailänder Edikt zur Staatsreligion erhoben hatte und schreibt dann seine scharfe Kritik des Heidentums.

Es ist begreiflich, daß das junge Christentum die spätantike, mit mechanisierter Magie gemischte und verfälschte Astrologie nicht einfach übernehmen konnte. War doch am Ausgang der Antike die Astrologie wiederum zu einer Religion geworden, freilich im Gegensinn ihres frommen und von seelischen Tiefenkräften, dem Visionären, bewegten Anfangs in der Frühe der Menschheitsgeschichte. Denn nun hatte der astrologische Gedanke sogar die alte Götterfrömmigkeit verdrängt und das unerbittliche Fatum zum obersten Gott erhoben. Diesem Zeichen geistigen Verfalls gegenüber mußte das junge Christentum, wenn es mit dem Evangelium ernst machen wollte, Gottes Allmacht und Weltregierung, die Freiheit seiner Verfügung in den Vordergrund stellen und sich mit allen Mitteln gegen die falschen Ansprüche einer entarteten Astrologie wehren. In dem Maße aber, als die Astrologie gereinigt werden konnte von den in sie eingedrungenen fremden Elementen, beginnt sich bei den Apologeten und Kirchenvätern eine vorsichtige und schrittweise Wandlung ihrer Haltung der Astrologie gegenüber zu vollziehen. Man darf darum die Meinungen der frühen Väter nicht voreilig verabsolutieren. Der Kampf um die Reinigung der Astrologie, ihre Einschmelzung in das christliche Denken hat Jahrhunderte gedauert und ist nicht in einer eindeutigen gradlinigen Entwicklung erfolgt. Aber langsam klärt sich die Stellung der christlichen Denker und es bildete sich ein sicherer Kern in bezug auf die Anerkennung dieser astralen Lebenskunde heraus, der bis ins Mittelalter hinein stetig erweitert wird.

Eine ohne Affekt unterscheidende Stellungnahme hat sich bereits bei Origenes herausgebildet. Er gesteht zu, daß die Gestirne im voraus das Kommende anzeigen, nicht aber bewirken (in Hieremiam Homil. 4, cap. 16, Eusebius, Praep. Evang. 6, 11). Jedoch daß die Gestirne Ursachen des menschlichen Geschickes seien, verwirft er entschieden, da sonst die menschliche Verantwortung eingeschränkt würde und für die Erhörung des Gebetes keine Möglichkeit mehr bliebe. Ähnlich denkt Clemens von Alexandrien (150–215 n. Chr.). Der Kirchenvater Augustinus (354–430 n. Chr.) verwirft insofern die Astrologie, weil sie die Willensfreiheit des Menschen aufhebe (De civitas Dei 5, 1 ff.). Hingegen hält er eine Einwirkung der Gestirne auf die äußeren Ereignisse des menschlichen Lebens und der Natur für durchaus möglich (De civitas Dei 5, 6).

Aber schließlich wurde die Astrologie, insbesondere in Byzanz, in das christliche Weltbild eingeschmolzen, ähnlich wie die heidnischen Feste nicht abgeschafft, sondern als geistige Vorformen der vollen

Wahrheit und des umfassenden Kultes in das christliche Kultmysterium eingegangen sind. Der letzte amtliche Kultus und Glaube des späteren Römerreiches galt dem unbesieglichen Sonnengotte, dem Lenker jener Planeten, die wiederum im menschlichen Leben wirken. Dieser sol invictus wurde von Kaiser Aurelian 273 n. Chr. zum Reichsgott erhoben und sein Hauptfest am 25. Dezember, dem Tag der Wintersonnwende, als dies natalis solis gefeiert. Im Kampf mit dieser letzten großartigen und tiefsinnigen Form antiker Solar-Frömmigkeit stellte die kämpfende und werdende Kirche jenem beinahe schon monotheistischen Sonnengott Christus als die wahre «Sonne der Gerechtigkeit» (Maleachi 3, 20), als den sol salutis, die Sonne des Heils, gegenüber. Die Sonne wurde zum Symbol Christi und sinngemäß wurde darum das Geburtsfest des «Lichtes der Welt» auf jenen wichtigsten Festtag der Spätantike gelegt. Das christliche Weihnachtsfest erhöht damit das alte Sonnenfest aus dem Kosmischen ins Ewige. Heilsgeschichtlich war dies schon dadurch nahegelegt, daß die Auferstehung Christi, entsprechend dem Bericht der Evangelien, am Tag der Sonne, dem Sonntag, sich ereignete und seitdem allwöchentlich an diesem gefeiert wird. Darum belehrte der Kaiser Konstantin, wie sein Zeitgenosse, der Kirchenhistoriker Eusebius (263–339) berichtet, als er das Christentum zur Staatsreligion erhob, sein ganzes Heer, mit Eifer den Tag des Erlösers zu feiern, der auch nach dem Licht und nach der Sonne benannt wird.

Der Stern von Bethlehem

In der großen und jahrhundertelangen Auseinandersetzung des frühen Christentums mit der Astrologie konnten sich freilich deren christliche Verteidiger auf jenen Bericht in den Evangelien vom «Stern von Bethlehem» berufen, durch dessen Erscheinen in der Sternenwelt die Epiphanie und die Ankunft des Welterlösers auf Erden angezeigt wurde.

Leuchtet doch an einer gewichtigen Stelle der Evangelien ohne Vorklang und Nachklang, das Wissen um diese voraussetzend, die Astrologie auf. Es handelt sich um jenen Text des zweiten Kapitels des Matthäusevangeliums, der berichtet: «Als Jesus in Bethlehem in Judäa geboren war, in den Tagen des Königs Herodes, erschienen Magier aus dem Morgenlande in Jerusalem und fragten: Wo ist der neugeborene König der Juden? Wir haben seinen Stern aufleuchten gesehen (oder im Frühaufgang) und sind gekommen, ihm zu huldigen. Als der König Herodes dies hörte, geriet er in Erregung, und mit ihm ganz Jerusalem. Und er berief alle Priester und Schriftgelehrten des Volkes und erkundigte sich, wo der Messias geboren werde. Sie antworteten ihm: Zu Bethlehem in Judäa. Denn also steht geschrieben beim Propheten:

,Und du, Bethlehem im Lande Juda, bist nicht die geringste unter Judas Fürstenstädten, denn aus dir wird der Hirt hervorgehen, der mein Volk Israel leiten soll.'

Da bestellte Herodes heimlich die Magier zu sich und befragte sie genau nach der Zeit der Sternerscheinung. Darauf wies er sie nach Bethlehem und sprach: Ziehet hin und suchet eifrig nach dem Knäblein, und wenn ihr es gefunden habt, so meldet es mir, damit auch ich komme, ihm zu huldigen.

Als sie dies vom König vernommen, machten sie sich auf den Weg – und siehe: der Stern, den sie bei seinem Aufleuchten gesehen, zog vor ihnen her, bis er über dem Ort stillstand, wo sich das Kind befand. Als sie den Stern erblickten ward ihre Freude übergroß. Sie traten in das Haus, sahen das Kind mit Maria seiner Mutter, fielen nieder und huldigten ihm...»

Dieser eigenartige Bericht, der die Geburt des Messiaskindes mit der Erscheinung eines Sternes und mit der Weisheit orientalischer Sterndeuter verbindet, wurde zu allen Zeiten von der Astrologie als einer ihrer wichtigsten Beweise innerhalb der Evangelien in Anspruch genommen. Andererseits fürchteten aber die frühen Väter und Apologeten der Kirche, daß dieser Bericht die Christen zu der in der Spätantike dekadenten und blind fatumverfallenen Astrologie hinleiten könne und so die Einzigkeit des christlichen Heilsweges geschmälert werde. Aus dieser Sorge, entgegen dem sachlich klaren Text, verharmlosten die Väter dies Sternphänomen, deuteten es als Kometenerscheinung, oder gar als einen nicht dem Naturreiche angehörigen Wunderstern. Erst viel später, als die antike, an die Götter gebundene Astrologie nicht mehr zu fürchten war, wandelten sich auch die Anschauungen der Theologen über die Natur des Sternes. So sind die Werke der Kirchenväter voll von Polemik gegen eine astrologische Deutung des Sternes von Bethlehem. Doch indem diese eine falsche Sterngläubigkeit oder eine müde Schicksalsverfallenheit abzuwehren suchten und ebenso jene Kurzschlüssigkeit, die Gott selbst, oder in der Sprache jener Zeit: die Götter, dem Schicksal unterwirft, wie dies in spätrömischer Kaiserzeit geschah – übertrieben sie ihre These derart, daß ihnen häufig keine logische Überzeugungskraft mehr innewohnt.

Aus welchem Teil des «Morgenlandes» die Magier kamen, sagt das Evangelium nicht unmittelbar. Der Kirchenlehrer Petrus Chrysologus (um 400 bis ca. 450 n. Chr.) nennt sie zum Beispiel in Sermo 156 «sternkundige Chaldäer», was nahe lag, da Chaldäa als die Heimat und die klassische Stätte der Sterndeutekunst galt; war doch in der Spätantike «Chaldäer» zu einem allgemeinen Fachausdruck für Astrologen geworden. Basilius der Große, Bischof von Cäsarea, nimmt in seiner Predigt von Christi Geburt, 5. Abschnitt, die persische Herkunft der Magier an, die er ebenfalls als Astrologen bezeichnet. Und dies liegt nahe, da ursprünglich die Magier (maghusch: Mächtige) Priester der persischen Lichtreligion Zarathustras und, wie Herodot von ihnen berichtet, im Besitze von mancherlei Geheimwissenschaft waren.

Auch die Deutung der Natur des Sternes war bei den Vätern eine verschiedene. Origenes hielt ihn für einen Kometen und erklärt in contra Celsum I, 59, im Anschluß an eine Doktrin des Stoikers Chairemon, solche würden gesichtet beim Entstehen neuer Reiche und universaler Ereignisse. Darum, fährt er fort, könne es nicht erstaunlich sein, daß ein solcher die Geburt jenes anzeige, der eine Neugestaltung des Menschengeschlechtes vollzogen habe, als ein Zeichen, weniger für die Juden als für die Griechen und die barbarische Welt. Der Apologet und Kirchenschriftsteller Tertullian (etwa 150–222 n. Chr.) ließ freilich nur eine Astrologie bis zum Erscheinen Christi gelten, von da an könne es nur noch eine Sternkunde von Christus anstatt von Mars und Saturn geben (De idol, Kap. 9), während der Bischof von Hyppo, Augustinus (354–430 n. Chr. Civ. Dei V, 9), und Lactantius (um 300 n. Chr. Divin. Instit. II, 16) zwar nicht an der Einwirkung der Sterne vor allem auf den Leib zweifelten, aber ihre Wirkung den Dämonen zuschrieben.

In einem geradezu dichterischen Hymnus, in dem sich antike Sternfrömmigkeit christlich verklärt, deutet Ignatius (um 110 n. Chr.), Bischof von Antiochien, (an die Epheser, 19. Kap.) die unter den frühen christlichen Apologeten verbreitete Ansicht an, daß jener Stern übernatürlicher Herkunft sei: «Ein Stern strahlte auf am Himmel, heller als alle Sterne, und sein Licht war unbeschreiblich, und seine Neuheit rief Staunen hervor; alle übrigen Sterne aber samt Sonne und Mond führten einen Reigen vor diesem Sterne auf, und sein Licht überstrahlte sie alle; und es herrschte Bestürzung darüber, woher diese unter ihnen neue Erscheinung sei.»

Hingegen weist der Kirchenvater Basilius der Große (331–379 n. Chr.), Bischof von Cäsarea, in seiner schon erwähnten Predigt von Christi Geburt darauf hin, daß wohl die alte Prophezeiung des Bileam (Num. 24, 15–27), aus mosaischer Zeit – vom Erscheinen des Messias: «es wird ein Stern aufgehen aus Jakob», auch im Osten bekannt gewesen sein mag. «Und da die Magier die Bewegungen der Himmelskörper studierten, betrachteten sie jene wunderbare Erscheinung am Himmel, den neuen ungewöhnlichen Stern, der bei der Geburt des Herrn aufgegangen, nicht gleichgültig.» Freilich wünscht sodann Basilius im 6. Kap. seiner Predigt, man möge nicht die Methoden der Astrologie anwenden, um den Aufgang des Sternes zu erklären. Denn dieser sei weder ein Komet noch unter die von Anfang an erschaffenen Sterne zu rechnen. Papst Leo der Große (Papst von 440–461) nimmt an, daß die Magier es ebenso astrologischen Kenntnissen wie der Belehrung durch den Heiligen Geist verdankten, daß sie den Stern als den Messiasstern erkannten. Johannes Chrysostomus (354–407) jedoch, der sich gegen eine astrologische Deutung des Sternes von Bethlehem wendet, lehrt, daß in dem Stern von Bethlehem ein Engel Sterngestalt angenommen habe. Um so erstaunlicher ist es, daß sich Petrus Chrysologus (400–450 n. Chr.) in seiner Erklärung des Matthäus-Evangeliums, Sermo 156, dem Wesen antiker Sternfrömmigkeit näherte. Diese bestand ja nicht in einer Anbetung der Sterne, sondern im Wissen um die Gesetze der Weltharmonie und um die sichtbaren Zeichen der Mitteilung des göttlichen Willens in der Sternenwelt. So vermag Petrus Chrysologus zu sagen: «Nun sieht mit einem Male der Weise (der Magier) den, der den Stern hält, aber nicht gehalten wird durch den Stern, der nicht bestimmt wird durch den Lauf des Sterns, sondern selber den Lauf des Sternes bestimmt; der den Lauf des Sternes am Himmel so leitet, so sein Kommen und Gehen regelt..., daß dieser dem Magier als Diener erscheint und ihm gesandt als Wegweiser. – So nun sieht der Weise, daß dem Stern ist auferlegt der Zwang des Gehorsams in gleicher Weise, wie ihm auferlegt ist die Reise (nach Jerusalem) ...»

In ähnlicher Gesinnung deutet ein theologischer Denker unserer Zeit aus dem Geiste der Väter christliche Wahrheit im Medium kosmischer Schau: «An Sonne und Mond liest der Christ wie an ‚himmlischen Buchstaben' (Origenes, Genesisfragmente) den Text von der Schönheit Gottes, und was sich an den kosmischen Gestirnen begibt, ist ihm göttliche Andeutung dessen, was sich im Mysterium des menschgewordenen Logos enthüllt und vollendet hat.» (Hugo Rahner: Griechische Mythen in christlicher Deutung.)

In dieser Synthese, zu der Petrus Chrysologus die alte kosmische Sternenfrömmigkeit und christliches Erlösungsmysterium zusammenführt, drückt sich nochmals die Überzeugung des Altertums aus, daß die Sterne Zeichen sind für den Rhythmus der Wandelzustände im Kosmos, auf Erden und in der Seele. Doch nicht die Sterne zwingen das Geschöpf, sondern Gottes Wille bewegt die Sterne und die Menschenseele im gleichen Rhythmus. In den Sternen aber ist zu lesen, was die vielschichtige Seele bewegt, die infolge ihrer Dunkelheit sich selber ohne ein anschauliches Medium nicht erfassen kann. Ähnlich dachte auch Origenes, dessen Überzeugung, die Sternenschrift sei durchaus lesbar, wenn auch in erster Linie für Engel und selige Geister, der Kirchenhistoriker Eusebius mitteilt. Für Origenes und ihm gleichgesinnte Geister sind die Sterne, ihre Kräfte und Sphären von Gott gelenkte Mittelwesen, die nicht nur anzeigen, sondern auch in die unterste sublunare Welt hinab wirken. Obwohl der Mensch die Wirkung der Sterne erfährt, sind diese dennoch nicht unsere Herren, sondern, durch sie wirkt derjenige, der sie geschaffen und sich ihrer als Zeichen bedient, der aber zugleich den Seinen jenes «Königtum des Himmels» eröffnet hat, jenseits von Gestirn und Schicksal. Denn dem von der Sonne des Heils Erleuchteten wird dies irdische, vom Schicksalsgesetz bestimmte Leben, transparent auf das wahre und unvergängliche Leben hin. Und darum sind die so Erleuchteten frei (die Taufe wird im Osten «Erleuchtung» genannt), auch in den Ketten des Schicksals. In diesem – und nur in diesem Sinne – sind wir «erhaben über das Fatum, und statt der Planetendämonen kennen wir nur noch den einen, nicht umherirrenden Herrn der Welt». (Tatian, der Apologet, 2. Jh. n. Chr., Rede gegen die Griechen, 9).

Waren aber die Magier Astrologen, was der Text des Evangeliums zuläßt und was er keinesfalls negativ beurteilt, so müssen wir uns fragen, wieso es möglich war, daß diese im «Aufleuchten des Sternes» die

Geburt eines Königs und Heilands erkennen konnten. Welch eine Himmelskonstellation muß gesichtet worden sein, daß den Sternweisen die Gewißheit von der Geburt eines damals allgemein erwarteten Messias werden konnte? In der orientalischen Astralsymbolik war Gott und Stern innig aufeinander bezogen, wurde doch in der babylonischen Keilschrift der Himmel und die Gottheit mit dem Zeichen Stern dargestellt. Gott oder der Gottgesandte wurde astralmythologisch geschaut im Symbol des «großen Sternes». Im selben Sinne wurde in der Prophetie des Bileam (Num. 24, 15–27) der Messias als Stern bezeichnet, ein Symbol, das sich im Spätjudentum darin auswirkt, daß der Führer des letzten großen jüdischen Aufstandes zur Zeit des Kaisers Hadrian, Bar Sosima, von dem damaligen geistigen Haupt der Judenzeit, Ben Akiba zum Bar Kochba, zum «Sternensohn», das will besagen: zum Messias, ausgerufen worden ist. Darum ist es für Heiden und Juden zur Zeit der Geburt Jesu gemeinsame Tradition, daß der Messias im Zeichen des «großen Sternes» erscheinen wird und daß eine solche Sternkonstellation seine Epiphanie und damit die Weltwende bedeuten werde.

Doch erst seit Kepler ist ausreichende Klarheit geschaffen worden, auf welche astronomische Sternerscheinung der Text des Evangeliums bezogen ist. Kepler hatte nämlich im Jahre 1603 eine Konjunktion von Jupiter und Saturn unter Hinzutreten eines überaus leuchtenden fixsternartigen Körpers beobachtet, was zusammen eine ganz ungewöhnliche Lichterscheinung ergab. Das veranlaßte ihn nachzurechnen, ob nicht um die mutmaßliche Geburtszeit Jesu sich etwas ähnliches ereignet haben könnte. Und tatsächlich fand er, daß im Jahre 7 v. Chr. (dem Jahr 747 nach der Gründung Roms) sich eine der wichtigsten Konjunktionen des Saturn mit dem Jupiter im Tierkreiszeichen der Fische ereignet hatte – und dies gleich dreimal in einem Jahre, eines der seltensten Himmelsphänomene. Aus dieser mehrmaligen Konjunktion erklärt es sich auch ohne weiteres, warum der «Stern» im Heimatland der Magier auftauchen und verschwinden konnte, um dann wieder den Magiern auf dem Weg von Jerusalem nach Bethlehem voranzuleuchten. Dieses Wechselspiel hatte einige der Väter veranlaßt, weil scheinbar gegen jede Regel, ihn zum Wunderstern zu erklären. Daß diese große Konjunktion im klassischen Land der Sternkunde beachtet wurde, dafür haben wir seit einigen Jahrzehnten den Beweis durch datierte Keilschrift-Tontafeln der damaligen Sternwarte Sippar bei Babylon, sog. Ephemeriden, die mit knappen Worten von jener Zeit berichten: «Jupiter und Saturn stehen in den Fischen.» Dies ereignete sich um das Jahr 7 v. Chr., nach unserer Zeitrechnung, als auch eine ganze Versammlung von Planeten, die von alters her als Willensträger der Gottheit in der östlichen Welt galten, am Himmel zu sehen war. So standen westlich von den Fischen, dicht beieinander in gerader Linie Merkur, Mars und Venus. Dies alles zusammen mußte die babylonischen Sternkundigen tief erregen.

Daß diese Konjunktion in den Fischen stattfand, mußte damals besonders bedeutungsvoll erscheinen. Wußten doch die Sternkundigen jener Zeit, daß man am Beginn eines neuen sogenannten Weltjahres von etwa 2100 Jahren stand, hervorgerufen durch die Präzession des Frühlingspunktes der Sonne. 26 000 Jahre benötigt sie zur Vollendung dieser Bewegung, des sogenannten großen Weltjahres Platons. Nun sollte mit dem zu Ende gehenden Weltjahr des Widders ein solcher großer Zyklus sich vollenden, und ein neuer Aeon wurde von den Wissenden allerorten erwartet: die Welt lag in Wehen und sehnte sich nach Neugeburt. Mit den Fischen, umgekehrt wie im Monatsrhythmus des siderischen Jahres, das mit dem Zeichen Widder beginnt, sollte nun nicht nur ein neues Weltjahr von 2100, sondern ein großes von ca. 26 000 anheben – wahrhaftig ein kosmischer Wendepunkt, der welterschütternd, weltumwälzend wirken mußte. So mußte in den Augen der Astrologen jener Zeit eine solche Konjunktion im Zeichen Fische, deren epochale Ausprägung bevorstand, zu den äußersten Erwartungen anstacheln. Nicht zufällig hatte dann das junge Christentum das Symbol des Fisches zum Ausdruck seines Glaubens erhoben. Die von Kepler für das Jahr 7 v. Chr. beschriebene und seitdem wissenschaftlich immer genauer berechnete Konjunktion des Jupiter mit dem Saturn galt in allen Jahrtausenden als ein Aspekt von höchster Wichtigkeit für das Menschengeschlecht. Jupiter galt in Babylon als der Stern des Lichtgottes und Weltschöpfers Marduk. In babylonischen Quellen wird er «Hirt der Sterne», oder auch Regent der Planeten, der Königstern genannt, der dem irdischen König entsprechend als der Heil- und Friedensbringer, der aus der Fülle Schenkende, Gnade und Segen bewirkt.

Aber auch der Saturn birgt einen königlichen Aspekt, denn er wurde als «Stern der Sonne», als ihr Stellvertreter gedeutet. Seiner Funktion nach war er der Stern der Gerechtigkeit, der Inbegriff einer gerechten göttlichen Weltordnung «im Himmel wie auf Erden». Als Stern der Sonne galt er als der Allsehende und Allweise, und darum als der Stern der Weisheit und Weissagung. Durch ihn wurde nach babylonischer Auffassung die geistige Zeugung bewirkt. In unserm Zusammenhang erscheint er aber schon darum als von Wichtigkeit, weil er als der Planet des Volkes des Westlandes (Syrien und Palästina) galt: Saturn ist der Planet und Schutzherr des jüdischen Volkes, wie auch das Symbol des Sabbaths, des Saturntages.

Da nun Saturn und Jupiter infolge ihrer königlichen Art als die «großen Zwillinge» galten, mußte ihre Vereinigung einen Höhepunkt des Königtums des Himmels und der Erde nahelegen. Insbesondere mußte dann aber das Königtum Israels, dessen Stern ja Saturn darstellte, eine Erhöhung erfahren. Und dies Königtum mußte mehr als nur politische Bedeutung beinhalten – es wies in seiner Bedeutung über die Erde hinaus. Hatte doch eine Vereinigung von Jupiter und Saturn in den Fischen seit etwa 900 Jahren nicht mehr stattgefunden. Nun aber verbanden sich Jupiter und Saturn in dreimaliger «großer Konjunktion» als eine Vereinigung von Gnade und Gesetz, Liebe und Gerechtigkeit, Vergangenheit und Zukunft, Weisheit und Fülle. Und diese Vereinigung fand statt im Tierkreiszeichen der Fische, die in der geographischen Astrologie damals als das Zeichen des Westlandes amurru, d. i. Palästina, galten. Die Fische aber, das zwölfte und letzte Feld in der Zwölfteilung der Himmels- und Seelenkräfte, das Feld der Verborgenheit und des Exils, das Feld des Endes der irdischen Welt und darum die Grenzstelle des Transitus, des Hinübergehens ins Jenseitige, der Auflösung aller irdischen Gebundenheit, der Loslösung – dies zwölfte Feld, in dem Jupiter als in seinem Nachthaus residiert, gab der in seinem Bereich stattfindenden Konjunktion den Charakter. Denn in den Fischen wirkt Jupiter in priesterlicher Kraft – als heimlicher König oder als Hohepriester. Die Fische künden von äußerer Ohnmacht aber verborgener Vollmacht. Sie künden von Dienst und selbstloser Hingabe, vom Selbstopfer des Ich: dem innersten Wesen des Religiösen. Und aus dem Wissen um diese Zusammenhänge konnten die Magier gewiß sein, daß das mächtige dreimalige Aufleuchten der Königskonjunktion in den Fischen das Erscheinen eines messianischen Priesterkönigs auf Erden, im Westlande amurru, in Palästina, ankünde. Darum brachen sie auf nach Palästina, nicht geführt von dem Stern, wie eine spätere Legende annimmt, sondern in der Gewißheit, dort das Messias-Königskind zu finden, in dem sich Altes und Neues vereinen wird (Matth. 13, 52). An welchem Ort des Landes, konnten sie nicht wissen. Darum frugen sie in der Hauptstadt des Westlandes amurru nach dem neugeborenen König der Juden und erfuhren das Nähere aus der alten Prophetie durch die Priester und Schriftgelehrten des Landes. Noch nach etwa 1500 Jahren erwartete der berühmte Rabbi Arbabanel, Mathematiker und Astrologe in Spanien, die Geburt des Messias von einer Jupiter-Saturnkonjunktion in den Fischen des Jahres 1464. Denn der «Fisch» ist in altjüdischer Überlieferung das Zeichen des Messias, weshalb noch heute bei jeder jüdischen Freitagabend-Feier, am Beginn des auf die messianische Endzeit weisenden Sabbaths, der Fisch als messianische Speise, als ein Vorkosten des Paradieses genossen wird.

Diese «große Konjunktion», deren Dauer 9 volle Monate betrug und nach dem Wissen und Glauben jener Zeit als Weltwende angesehen wurde, begann erstmals gegen Ende Februar des Jahres 7 v.Chr. Damals verließ Jupiter das Zeichen des Wassermanns und bewegte sich auf den Saturn in den Fischen zu. Am 12. April gingen beide Planeten unter einer Längendifferenz von 8 Grad in den Fischen helikanisch auf. Am 29. Mai fand die erste exakte Konjunktion statt im 21. Grad der Fische. Sie war zwei Stunden am Morgenhimmel sichtbar. Am 3. Oktober fand die zweite Konjunktion im 18. Grad Fische statt, von morgen bis abends sichtbar, und am 4. Dezember die 3. und letzte große Konjunktion im 16. Grad Fische. Ende Januar des Jahres 6 endete die Konjunktion: Jupiter verließ die Fische.

Es ist zu vermuten, daß die Magier bei der zweiten Konjunktion aus dem Zweistromland zu ihrer Suche nach dem Messiaskinde aufbrachen in der Annahme, daß dieser bei der dritten Konjunktion, anfangs Dezember, 9 Monate nach dem helikanischen Aufgang der Planeten in den Fischen, geboren werde. Fragten sie doch in Jerusalem nach dem «neugeborenen Könige». Der Stern, den sie das erste Mal am Morgenhimmel gesehen hatten, erschien ihnen in Jerusalem nun am Nachthimmel, im Süden, d. h. in der Richtung auf Bethlehem hin kulminierend und darum heilverkündend, weil die Kulmination des Jupiter den Chaldäern als glückhaftes, friedekündendes Zeichen galt. In dem kleinen Bethlehem war es gewiß nicht schwierig, das vor kurzem geborene Kind zu finden, zumal doch dies Kind königlicher, d. h. davidischer Abstammung sein mußte.

TAFEL III. Hildegard von Bingen: Der Schöpfer, Makrokosmos und Mikrokosmos
(12. Jahrhundert)

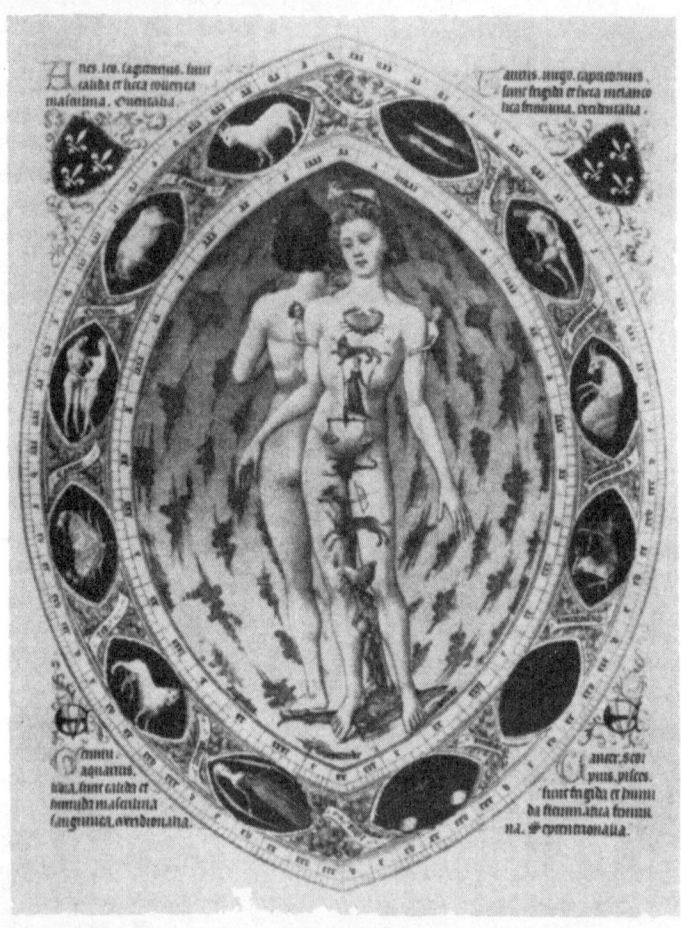

Tafel IV. Der Tierkreismensch aus dem Stundenbuch des Herzogs von Berry
(15. Jahrhundert)

Herodes frug auffällig dringlich nach dem Datum der ersten Konjunktion – er rechnete wohl damit, daß diese die Empfängnis des Königskindes bedeutet, war doch im Osten – im Gegensatz zum Geburtshoroskop des Westens – das Empfängnishoroskop üblich. Und er erläßt wohl darum den Mordbefehl gegen die Kinder zweier Jahre, da die dreimalige Konjunktion in zwei jüdischen Jahren – denn das jüdische Neujahr findet etwa September/Oktober statt – am Himmel gestanden hat.

Diese Anschauungen bestätigt in neuester Zeit der Professor für Altes Testament am Priesterseminar in Luzern, F. A. Herzog in seinem Aufsatz: «Das Horoskop des Messias» (Schweizer Kirchenzeitung, 13. Januar 1949), der sich darin der astrologischen Deutung der Sternerscheinung durch Kepler anschließt. Er beruft sich dabei auf die ausgezeichnete Arbeit von Oswald Gerhardt «Der Stern des Messias» der die Geburt Jesu auf Grund des Saturn-Jupiter-Standes in der Zeit zwischen 10. Oktober und 15. Dezember des Jahres 7 v. Chr. ansetzen möchte, weil zu dieser Zeit der «Stern» am Spätabend über Bethlehem stand. Doch nicht minder wahrscheinlich erscheint Professor Herzogs Annahme des 6. Januar des Jahres 6 v. Chr. als Geburtsdatum des Messiaskindes. Ging doch um diese Zeit die Stern-Konjunktion «hinter den Mauern von Bethlehem unter, d. h. sie hatte sich für das Auge in der Stadt des Königs niedergelassen», was in der Sprache der Bibel bedeutet: «der Stern stand still über dem Ort» (Matth. 2, 9).

Eine nüchterne Behandlung des Problems der Magier und ihres Sterns versucht Professor J. Ricciotti in seinem Standardwerk: «Das Leben Jesu». Als Historiker weiß er es wahrscheinlich zu machen, daß die Magier aus Persien stammen und der Priesterkaste der Zarathustra-Religion angehörten, die zwar nicht ursprünglich, aber doch längst vor der Zeit Jesu Sternkunde betrieb. Aus historischen Gründen legt sich ihm das Jahr 6 als Geburtsjahr Jesu nahe. Doch obwohl ihm die These Keplers von der Jupiter-Saturn-Konjunktion bekannt, erklärt er den «Stern» als ein «wunderbares Geschehnis» (S. 154), d. h. für einen Wunderstern, ohne auch nur im geringsten einen Grund dafür anzugeben.

So ist es gerade durch die experimentelle Prüfung seit der Renaissance möglich gewesen, den lapidaren Bericht des Evangeliums mit seinem mythischen Hintergrund realistisch zu unterbauen und in ihm durch die Astrologie Tiefsinn und geschichtliche Wirklichkeit zu vereinen.

Wenn man freilich die Phänomene der astrologischen Deutung des Stern von Bethlehem rein rational weiterführt, kommt man in ein umstrittenes Grenzgebiet: zum Problem des Horoskopes Jesu. Es kann wohl kaum bestritten werden, daß Jesus, da er in allem Mensch war, ausgenommen die Sünde, einem menschlichen Schicksal unterworfen war. Denn mit dem menschlichen Leib ist auch ein menschliches Schicksal verknüpft, das ebenso durch die Einmaligkeit der persönlichen Anlage wie durch die allgemeinen Umstände bedingt ist: Rasse, Familienabstammung, die wirren Zeitumstände. Insoweit Jesus Mensch war, hatte er ein Horoskop – doch davon wird freilich seine Gottheit nicht berührt, die Wesen ist von jenseits der Sterne, Schöpfer, nicht Geschöpf. Das Horoskop Jesu ließe sich errechnen, wenn die notwendigen Daten zur Verfügung stünden. Doch dies ist nun einmal nicht zuverlässig der Fall, und alle Berechnungen müßten darum auf Spekulationen beruhen. Als wahrscheinlich darf aber angenommen werden, daß eben der «Stern von Bethlehem», die Konjunktion von Jupiter und Saturn in den Fischen, einen prägnanten Punkt im Geburts- und Schicksalsbild Jesu bildet. Doch wenn wir auch das Horoskop Jesu besäßen, so wäre durch dieses nur über sein persönliches Schicksal und über dessen Verbundenheit mit der Umwelt etwas ausgesagt. Über die heilsgeschichtliche Bedeutung dieser einzigen Gestalt, über das mit ihr verknüpfte und in ihr verborgene Mysterium vermag aber kein Horoskop etwas mitzuteilen, sondern nur über irdische Anlagen, Bildungen und Wirkungen von Seele und Geist, und das auch nur insofern, als sie sterblich sind. Die Welt in der Zeit Jesu war voll von Astrologen und zumindest waren alle Griechenstädte, mit deren kulturellen Ausstrahlungen Jesus in enge Berührung kam, erfüllt von astrologischen Anschauungen. Und dennoch muß es unmöglich gewesen sein, durch dieses Mittel in dem galiläischen Zimmermannssohn und Wanderrabbi – der Jesus dem äußeren Anschein nach gewesen ist – den Messias zu entdecken.

Die Kirche hat freilich zu keiner Zeit – so günstig sich manche Päpste und auch der größte Kirchenlehrer des Mittelalters Thomas von Aquin (1225–1274) zur Astrologie eingestellt hatten – die Berechnung des Horoskopes Jesu gerne gesehen. Wohl muß die Menschheit Jesu bis in alle Konsequenzen ernstgenommen werden, wenn man nicht in den Fehler der spätantiken christlichen Gnostiker verfallen will, die Christus nur einen Scheinleib zubilligten. Doch auch wenn Christus ein echtes menschliches Schicksal durchlebt hat und gerade darin die unendliche Herablassung des Gottessohnes bestand, daß er sich nicht scheute, ein solches brüderlich mit allen Menschen zu teilen, so wird damit der Blick nur auf sein irdisches Leben gelenkt, aber nicht auf die heilsame, heilsgeschichtliche Bedeutung desselben. Zudem waren es im Mittelalter und später meist ausgesprochene Agnostiker und Rationalisten, die solche Berechnungen unternahmen. So z. B. Petrus von Abano, Astrologe, Arzt und Philosoph, ein Anhänger des arabischen Philosophen Averrhoes (1126–1198), der zu Anfang des 14. Jahrhunderts starb. Es ist bezeichnend für diesen, daß er, und zwar längst nicht als erster, die Schicksalsstunden aller Religionen – ihrer Entstehung und ihres Verfalls – zu berechnen suchte. Er verstand demnach die Religion und vor allem das Christentum als rein geistesgeschichtliche, d. h. dem allgemeinen Geschichtsablauf unterworfene Geistform, nicht aber als unzerbrechliches Gefäß heilender Offenbarungswahrheit. Um die Taten und Lehren Jesu Christi in die allgemeine Menschheitsgeschichte einzuordnen, berechnete er dessen Horoskop. In gleicher Geistesart leugnete er auch die Existenz von Dämonen und die Möglichkeit der Wunder, wie er auch rein rationalistisch-naturwissenschaftlich alles Geistige und Geheimnisvolle und jede Erscheinung auf Erden dem Einfluß der Planetenbewegungen zuschrieb. Aus einer ähnlichen Gesinnung heraus unternahm es auch der gelehrte Florentiner Cecco d'Ascoli, die Nativität Christi zu berechnen und aus ihr sein Sterben am Kreuze abzuleiten. Doch nicht deswegen kam er mit der Kirche in Konflikt, sondern wegen seiner materialistischen Geschichtsauffassung und seiner rationalistischen Philosophie, die den gesamten Grundbau des Glaubens zu zerstören drohte. Guido Bonatti, der Astrologe der florentinischen Republik, den Dante (1265–1321) wegen solch religiösem Relativismus in die Hölle versetzte (Inf. 20, 118), hatte Ähnliches gelehrt und das Wunder der göttlichen Liebe im hl. Franziskus als Wirkung der Sterne dargestellt, womit er die göttliche Freiheit des Pneumatischen mit den sternentsprechenden psychischen Kräften verwechselte. Ebenso mußte der Domherr von Bergamo, Zanino de Socia, 1459 seine Behauptung widerrufen, daß Christus nicht aus Liebe zum Menschengeschlecht, sondern unter dem Einfluß der Sterne gelitten habe. Auch der Arzt Gabrielle da Salo mußte um 1500 seine Behauptung abschwören, Christus sei nicht Gott gewesen, sondern Sohn einer gewöhnlichen Empfängnis – seine Wunder habe er nicht aus göttlicher Kraft, sondern unter Einfluß der Planetenkräfte vollbracht.

Wegen einer ähnlichen Gesinnung hat die Kirche auch den doctor mirabilis Roger Bacon (1214–1294) verurteilt und ins Gefängnis geschickt, da er rein relativistisch, im Anschluß an die arabische Lehre von den großen Planeten-Konjunktionen, das Christentum aus der Konjunktion des Jupiter mit dem Merkur herleitete. Denn insbesondere die Araber hatten gelehrt, daß die Konjunktionen der großen Planeten religiöse und weltpolitische Umwälzungen und Neugestaltungen hervorrufen. Aus dieser Anschauung hatten sie systematisch das Werden der großen Religionen aus Konjunktionen abgeleitet, so des Jupiter mit Saturn für Babylon, des Jupiter mit der Sonne für Ägypten und des Jupiter mit der Venus für den Islam. Aber durch diese Lehre von der siderischen Bedingtheit der Weltreligionen mußte im Grunde die Einzigartigkeit der christlichen Offenbarung aufgelöst und die Gefahr eines neuen Heidentums, oder eines religiösen Synkretismus, heraufbeschworen werden. Und die Offenbarung geriete in Gefahr, zu einem Element der allgemeinen Geistesgeschichte herabzusinken.

Jedoch einer ganz anderen Haltung entspricht der Versuch, den Stern von Bethlehem durch die astronomisch-astrologische Forschung mit einer großen Planetenkonjunktion zu identifizieren, wie es Kepler als erster in aller Ehrfurcht versuchte (Diskurs von der großen Planetenkonjunktion 1623). Die Astrologie war ihrem Wesen nach von jeher Religion und Wissenschaft zugleich: Philosophie nennt sie darum Kepler. Und in ihren reinsten und edelsten Vertretern einte sich frömmster Sinn und reinster Wahrheitsdrang. Das ganze Weltall ist in dieser Schau von Sinn und Vernunft durchdrungen, und nicht nur der Mensch ist beseelt, sondern auch die Kräfte des Himmels. Sagt doch selbst Origenes in contra Celsum 5, 11, daß Sonne, Mond und Sterne nicht nur feurige Klumpen seien, wie der griechische Philosoph Anaxagoras (499–427 v. Chr.) dies behauptet, und er ist überzeugt, daß Helios und Selene dem allmächtigen Gott durch seinen eingeborenen Sohn ihre Gebete darbringen. Doch so wie die Gestirne in einer Sphärenharmonie, in einer prästabilierten mathematischen Harmonie und Ordnung auf ihren Schöpfer zugeordnet sind und diese Zuwendung ihrer Existenz von Origenes als Gebet ausgedrückt wird – so sind sie auch von Anfang an in geistig-physischer Einheit auf den Menschen zugeordnet als «Zeichen» (Gen. 1, 14), als Zeichen des Willens des Schöpfers. Die in den Sternen waltenden Himmelskräfte sind die Kundgebungen einer vorhersehenden Gottheit, die nicht im All gebunden ist, sondern der Welt gebietet und in den Zeichen des Himmels den Menschen ihre Weisungen gibt. In das Innere des Himmels dringt freilich kein Erschaffener ein, es sei denn, Gott öffne in einer Gnadenstunde seinem Propheten (Jesaia), oder seinem Seher (Johannes), das innere Auge, um von dem Unaussprechlichen Kunde zu bringen. Sonst aber wird der Wille Gottes in der Zeit vorzugsweise an den kosmischen Zeichen offenkundig. Das heißt: was aus der Welt des göttlichen Urwillens zur Schöpfung, zur Erde und zum Menschen hinzieht, offenbart sich zuerst in der Großwelt, dem Makrokosmos, erscheint zuerst in der Zeit als die «Zeichen am Himmel». Von Christus, als dem Sohn des Vaters im überhimmlischen Reiche, Gott von Gott, Licht vom Lichte, kann Sternenweisheit wohl eine ferne Ahnung, aber kein sicheres Wissen bringen. Wenn sich aber dieser Christus der Erde zuneigt, wenn er gehorsam dem Willen des Vaters Mensch wird, dann leuchtet dies Faktum zuerst im Sternenreich auf und hat seine Epiphanie (was Hinableuchten, Erscheinen bedeutet), zuerst am Himmel, dann auf Erden. «Wir sahen seinen Stern aufleuchten» berichten darum die Magier. . . . «den Stern, den sie bei seinem Aufleuchten gesehen», d. h. bei seiner Epiphanie: denn die Geburt Jesu ist Epiphanie der Gottheit. Das drückt sich darin aus, daß das alte Geburtsfest des Herrn, das Fest der Heiligen Drei Könige vom 6. Januar, von altersher kurzweg Epiphanie genannt wurde. Was aber Epiphanie sei, das wußten auch die Heiden: das Erscheinen, das sich Vergegenwärtigen der Gottheit, das Aufleuchten und Hervortreten eines Gottes aus seiner Verborgenheit. So ist das alte gemeinchristliche Epiphaniefest, das sogenannte Dreikönigsfest, aufs engste verknüpft mit dem Stern, wie mit dem ersten Heraustreten des göttlichen Kindes aus seiner Verborgenheit. Das Weihnachtsfest des 25. Dezember, das vom 4. Jahrhundert an von Rom aus das ältere Epiphaniefest verdrängen sollte, ist dann herausgewachsen aus der Auseinandersetzung des Christentums mit der antiken Solarfrömmigkeit. «Denn die Kirche sah sich, vorab im 3. und 4. Jahrhundert, einem ausgebauten und von der spätantiken Theosophie (Astrosophie) unterbauten Sonnenkult gegenübergestellt.» Doch sie erkannte hinter dem heidnischen sol invictus, dessen Geburtsfest am 25. Dezember gefeiert wurde, den wahren Helios, die Sonne der Gerechtigkeit: Christus. So ist das christliche Weihnachtsfest, angeregt durch heidnische Sonnen- und Sternenfrömmigkeit, entstanden, wie nicht anders das allwöchentliche christliche Auferstehungsfest, der Sonntag, ein astrologisches Weltsystem ägyptischer Herkunft, darin die Sonne den Mittelpunkt bildete, in Wort, Bild, Symbol und Gesinnung zur Voraussetzung hat. Nach Isidor von Sevilla (Bischof und Kirchenlehrer, 560–636) ist der Sonntag, dies solis oder Herrentag, darum so genannt, weil Sol der Fürst aller Gestirne ist; mit der Sonne Christus beginnt die Woche von nun an (zitiert nach H. Rahner: Das christliche Mysterium von Sonne und Mond, Eranos-Jahrbuch 1943, S. 327).

DAS FRÜHE MITTELALTER

Als der lateinische, westliche Teil des römischen Imperiums unter dem Ansturm der Germanen zerbrach und sich das Kaisertum einen neuen glanzvollen Mittelpunkt im östlichen Byzanz, dem späteren Konstantinopel mit seiner griechischen Kulturtradition schuf, da fand auch die Astrologie Schutz und Pflege durch die christlichen Kaiser. So errichtete im 8. Jahrhundert der Kaiser Theophilos einen Lehrstuhl für Astrologie in Byzanz, auf den er den Priester und Philosophen Leon berief. Der Kaiser Manuel Komnenos (1143–1180) und seine Berater räumten der Astrologie einen wesentlichen Einfluß auf die Staatsgeschäfte ein – wie er auch öffentlich in einer Schrift für die Bedeutung und Wahrheit der Astrologie eintrat. In seinem Traktat «Hermippos oder von der Astrologie» erneuerte der Humanist Katrarios die Überlieferungen der alten griechischen Astrologie durch eine geistig-symbolische Deutung der Weltkräfte. Darin erscheinen die Planeten als der sichtbare Ausdruck der auf- und niedersteigenden Himmelskräfte, die als Mittler das Göttliche zum Irdischen herabbringen. Eine Fülle astrologischer Prachthandschriften entstanden in Byzanz und zugleich eine Unzahl von populären Texten astrologischer Natur, die bis zum 14. Jahrhundert hin die Flamme astrologischen Wissens im Westen nährten, bis diese im späten Mittelalter zu einer hohen Lohe des Geistes entfacht war.

Eine zweite Kette von Zentren astrologischer Forschung bildeten die Fürstenhöfe der aufblühenden islamischen Staaten. Dort wirkten griechische Gelehrte, die astrologische Texte aus dem Griechischen und dem Persischen übersetzten. Unter ihnen befanden sich aber auch Christen, wie z. B. der syrische Mathematiker Theophilus von Edessa (gest. 785), der als oberster Astrologe am Hofe des Kalifen Al-Madhi auf diesen einen außerordentlichen Einfluß ausübte. Der arabische Neu-Platoniker Al-Kini und sein Schüler Abu Ma'schar (um 870) galten im Osten wie im Westen als Autoritäten der Sterndeutung. Und nicht weniger der berühmte Aristoteleserklärer und Astrologe Ibn Roschd (genannt Averroes, gest. 1189), der in der Hochblüte des Arabismus im maurischen Spanien wirkte. Ihre Forschungen und Werke wurden zu Quellen der Erfahrung für eine sich bildende und sich erneuernde christliche Astrologie im Mittelalter. Und zusammen mit den spätantiken Handbüchern der Astrologie des Manilius, des Claudius Ptolomäus und des Firmicus Maternus bildeten sie ein reiches, vielgliedriges Kompendium, aus dem die Geistes- und Naturwissenschaften des mittelalterlichen Abendlandes wesentliche Impulse erhielten. Die Elemente dieser spätantiken und arabischen Astrologie bildeten sodann die Grundlage, auf der Hildegard von Bingen (etwa 1100–1179), eine der eigenartigsten und bedeutendsten Frauen des 12. Jahrhunderts, ihre kosmische Bild-Theologie errichtete.

Das kosmisch-astrologische Weltbild der Hildegard von Bingen

Die heilige Hildegard war ein seelisch und geistig hochbegabter Mensch, Visionärin von früher Kindheit an, Gründerin und Abtissin eines Klosters, Dichterin, Naturwissenschaftlerin, Ärztin, Musikerin und Politikerin aus dem Ruf Gottes. Von ihm getrieben, tritt sie selbst dem Kaiser und den Fürsten ihrer Zeit ohne Scheu und mit prophetischer Mahnung entgegen und lädt sie durch Sendschreiben oder gar auf dem Marktplatz vor das Gericht Gottes. Die bedeutendsten Männer ihrer Zeit sind ihre Freunde, so der Abt und Mystiker Bernhard von Clairvaux (1090–1153), der eigentliche geistige Führer des Abendlandes in jener Epoche des ersten Kreuzzuges. Kein Jahrhundert hat gezögert, die heilige Hildegard eine Prophetin zu nennen, als Hüterin und Verkünderin der Geheimnisse Gottes wie der Geheimnisse der Natur. In drei ihrer berühmten Schriften sind ihre Visionen vom Sinn und Gang der Heilsgeschichte, vom Kosmos und vom Menschen aufgezeichnet: im «Scivias» (Wisse die Wege), im «Liber vitae meritorum» und im «Liber divinorum operum». Sie bilden zusammen eine Art Bildtheologie vom Kosmos. Wodurch sie aber ganz besonders auf die folgenden Jahrhunderte gewirkt hat, das ist ihre visionäre und denkerische Bildschau vom Kosmosmenschen, der in ihrem Werk eine zentrale Bedeutung zukommt. Obwohl die Idee vom Kosmosmenschen zum ältesten Überlieferungsgut der Menschheit gehört (Babylon, die griechische Orphik, die Adamspekulationen des jüdischen apokryphen Henochbuches, die Deutung der ersten Erschaffung des Menschen [Genesis 1, 27] als Kosmosmensch oder als «ewiger Mensch»), findet dieser alte Gedanke von der Einheit der Schöpfung im «Menschen» bei Hildegard eine neue und ungewöhnlich originelle Ausprägung. Und da die Visionen Hildegards schon zu ihrer Zeit die Menschen tief beeindruckten, wurden diese ihre inneren Bilder bald wiederum in sichtbare Bilder zurückübersetzt – in Miniaturen von ungewöhnlicher Ausdruckskraft. Eine dieser berühmten Miniaturen ist wiedergegeben in Tafel 3. Sie stellt den Kosmosmenschen dar oder genauer «den Schöpfer, Makrokosmos und Mikrokosmos» aus dem Hildegardexemplar der Bibliotheca governativa zu Lucca.

Hildegards Weltbild ist ganz auf die alte Entsprechungslehre von Makro- und Mikrokosmos gestellt. In ihm vereint sich harmonisch die anschauliche platonische Theologie der Väterzeit, vor allem die des hl. Augustin, mit einer rationalen Kosmostheorie, entsprechend den naturforschenden Interessen Hildegards, wie mit einer mythischen Bildersprache. In diesem Weltbild – im buchstäblichsten Sinn (Tafel 3) – ist die Erdkugel umgeben von sechs konzentrischen Kreisen, dem Sphärenkosmos alter Überlieferung, die hier von außen nach innen betrachtet bedeuten: 1. lichtes Feuer, 2. dunkles Feuer, 3. reine Ätherzone, 4. feuchte Luft, die «Wasser über dem Firmament», 5. dynamisch gespannte Luft als Begrenzung der oberen Wasser und 6. die erdnächste Wolkensphäre, die zwischen Erde und den oberen Kosmossphären vermittelt. In die Mitte dieses Kosmos ist vor die Erdscheibe der «Mensch» gestellt mit ausgebreiteten Armen als der Inbegriff und das Sammelbecken, als der Erbe dieses ganzen lichten Kosmos. Durch seine Erscheinung wird der Kosmos zu einem gevierteilten Kreis, zu einem sogenannten Mandala, was bedeutet: ein kreisförmiges, gevierteiltes und zentriertes religiöses Meditationsbild für den Weg zur Seelenmitte, insbesondere in Tibet ausgebildet, aber auch im Abendland sich findend. Dieser mehrschichtige Kosmos wird im Visionsbilde umfangen von den Armen einer mächtigen Gestalt, von jenem Logos, «durch den und auf den hin alles geschaffen ist», von der Liebe, die bewegt die Sonne und die Sterne, d. h. den ganzen Kosmos. Doch über dem Sohne wird das gebietende Haupt des Vaters sichtbar, des Schöpfers alles Sichtbaren und Unsichtbaren. Und diese «göttliche Einfassung» des Kosmos und des Kosmosmenschen will besagen: die Schöpfung ruht allzeit an der Brust Gottes und wird umfangen von seinen Armen. Diese Himmelskreise sind durchwirkt von einem reichen Beziehungssystem, das «Himmel und Erde» als Liniengefüge durchzieht und letzten Grundes in all seinen Teilen auf den «Menschen» in der Mitte zielt. Da sind zuerst die «Winde», die aus den Tierköpfen verschiedener Sphären «geblasen» werden. Diese sind aber nicht im buchstäblichen Sinne zu verstehen, sondern bedeuten die lebensformenden und untereinander verschiedenen Geist- und Weltkräfte des Universums – sie sind die heilsamen oder verderblichen Wirkungen, die von den äußeren Sphären zur Mitte hinströmen. Sie bilden mit den auf die verschiedenen Sphären verteilten Sternen eine Art von Gleichgewichtssystem, durch das der Kosmos in Bewegung und am Leben gehalten wird. Durch Sonne und Mond, als die Auslöser und Vermittler, wird dieses Kraftsystem über den untersten Luftbereich auf die Erde, wie auf den Mikrokosmos den Menschen hin wirksam.

Sonne und Mond sind im Weltbild Hildegards insofern herausgehoben, als die fünf Planeten, die Hildegard den fünf Sinnen gleichsetzt – ähnlich wie Honorius (Tafel II) – sich ihre Strahlen zwar gegenseitig zuwerfen, aber mit ihnen nicht unmittelbar auf den Menschen wirken. Erst Sonne und Mond, als die Gestaltprinzipien des Gesamtleibes, dessen Elemente die Planeten bilden, vermitteln dem Menschen die Planetenkräfte – wobei die Sonne als gestaltgebendes Prinzip den ganzen Körper beherrscht, insbesondere aber das Zentrum seiner intellektuellen Kräfte, das Gehirn und die Schädelkapsel. Der Mond, der den Säftehaushalt des Leibes reguliert, beeinflußt diesen mehr von den Augenbrauen bis zum Knöchel. Der Raum zwischen Augenbrauen und Nasenende entspricht dem «reinen Äther».

Der Bezirk von der Nase bis zur Kehle findet seine Entsprechung im «wässrigen Luftbereich». Die darunter befindliche «gespannte dynamische Luft» bildet sich in den Zähnen und in der Zunge ab. Der «unteren Luft», welche die Geschöpfe auf der Erde erhält, entspricht der Bezirk zwischen Kehle und Nabel. Der von den Rippen gestützte Bauch wird der mit Steinen durchsetzten Erde gleichgesetzt. Vom Knie bis zu den Knöcheln bildet sich der Ozean ab, und die Füße entsprechen den Flüssen der Erde.

Durch dieses astrale Entsprechungssystem steht der Kosmosmensch in der Mitte des ganzen Kräftespiels der Schöpfung, wie dies schon im vierten Teil des klassischen Lehrbuches der Astrologie des Firmicus erörtert ist. Bei dieser Betrachtungsweise spielt es durchaus keine Rolle, ob dieser Mensch in das ptolomäische Weltbild eingeordnet ist, in dem sich die Sonne um die Erde dreht, oder in das kopernikanische, das die Erde sich um die Sonne bewegen läßt. Denn in jeder der beiden Standortvisierungen ist der Mensch dadurch «Mitte der Schöpfung», daß in ihm alle Schöpfungskräfte zusammengefaßt sind, und da alle in ihn einstrahlen, ist er der Erbe aller ihrer Kräfte. Dies will unter anderem wohl auch der biblische Schöpfungsbericht besagen, der berichtet, daß der Mensch als letztes Glied der Schöpfung geschaffen wurde, d. h. daß seine Schöpfung alle vorhergehenden Schöpfungen voraussetzt und daß er sie in dem eigenartigen Bericht von der Namensgebung der Tiere durch Adam (1. Mos. 2, 20) geistig in sich zusammenfaßt. So ist der Mensch nicht nur der von den Kräften des Kosmos Durchwirkte, und von ihm gleichsam als von seiner Amme Genährte – sondern zugleich auch jener, in dem sich die Synthese der auseinanderstrebenden Kosmoskräfte vollzieht. In ihm werden sie bewußt und in eine überkosmische Einheit zurückgeführt. Und so ist Adam, der Kosmosmensch, obwohl aus ihren Elementen geschaffen (Gen. 2, 7), gleichsam der Chorführer des Kosmos.

Die Sinngebung dieses Bildes vom Kosmosmenschen ist für Hildegard eine durchaus religiöse. Der Mensch ist Mitte und Inbegriff der Schöpfung, ein Abbild seines Urhebers, der in Menschengestalt erschienen ist. Als Ausdruck dessen wird der Schöpfungskreis im Bilde gehalten von der Gestalt des weltschaffenden Wortes, und von ihm gehen auch alle weltbauenden Kräfte des makro- und mikrokosmischen Lebens auf allen Stufen der Natur aus. In der Schöpfung offenbart sich das «Innere», das Herz des Welt-Schöpfers und -Erlösers, eine Überzeugung Hildegards, die vom Visionsbilde unmittelbar abgelesen werden kann. Und die Eröffnung des Innern der Gottheit – der Gedanken des Schöpfers, die da sind seine Taten – hat seine erste Stufe in der Bildung des Makrokosmos und findet Ziel und Vollendung im Mikrokosmos. Und darum ist der Mensch «Weltmaß» nach Hildegards liber div. op., 1. Vision, 2, weil er als Vereinigung von Geist, Seele und Leib ein Abbild der Trinität ist und als Bild und Gleichnis des weltschaffenden «Wortes» zugleich das Abbild jeglicher Kreatur darstellt. Durch die göttliche Rückverbindung bei gleichzeitiger kosmischer Verbundenheit ist der Mensch dem Zwang des Kosmos nicht ausgeliefert. Die naturhafte Verflechtung von Makro- und Mikrokosmos berührt nicht den Bereich der eigentlich menschlichen Handlungen, die ihre Wurzeln im Geistigen der Seele, nicht im elementar Naturhaften haben. Die Entscheidung der Einzelseele ist darum wohl im Natürlichen, nicht aber im Hinblick auf die Handlungen, die dem Heile des Menschen dienen, determiniert. Die kosmische Bezogenheit des Menschen ist von Hildegard nicht als verursachend gedacht, sondern nur als die Taten und Geschicke abbildend, widerspiegelnd – auch jene, die auf das Heilsziel des Menschen bezogen sind. Hildegard will darum in ihrem Kosmosmenschen keine Erklärung des Seelenschicksals geben, sondern ein umfassendes Sinnbild für Wesen und Wirken des Lebens – und dies gerade darum, weil die so innig aufeinander bezogenen Teile des Mikro- und Makrokosmos Einheit und Lösung in dem von allen Weisen und Heiligen gewußten «dritten Reiche» des Willens Gottes finden, der alles hervorgerufen hat und alles allzeit umfängt.

Doch wie einst die Babylonier in ihrer Hochblüte und wie die griechischen Vorsokratiker, vertritt Hildegard eine mehr allgemeine Wirkung der in den Sternen anschaubar gewordenen Weltkräfte. Diese haben nach Hildegard für das Individuum eine zeichenhafte Bedeutung. Als Ursache bewirken sie nach Hildegard nur die Veränderungen des Wetters, die Wandlungen der Gesundheit und den Gang der Geschichte. Dennoch erscheint diese Einschränkung auch innerhalb von Hildegards Denken nicht konsequent. Schrieb sie doch ein sogenanntes Empfängnislunar, da sie, entsprechend der älteren Astrologie, als Ausgangspunkt des Horoskopes die Empfängnis annimmt. Hildegard kennt sich nämlich, als eine ausgezeichnete Ärztin, recht gut aus in den Gesetzen der Zeugung und der körperlichen Liebe – ihr feuriger Geist umfaßt das Höchste wie das Irdischste in gleicher Liebe und in gleichem Wissensdurst. So spricht sie im 5. Buch ihres ärztlich-physikalischen Werkes «Ursachen und Heilungen» von den Geburten und Menschen, die unter den verschiedenen Mondstellungen empfangen, und zeichnet jeweils knapp und bestimmt deren von der Mondstellung bewirkten Typus und Charakter. Und sie fügt Bemerkungen hinzu, aus denen ihr Wissen davon hervorgeht, daß der Charakter wiederum das Schicksal des Betreffenden prägt. So z.B. wenn sie sagt: «Ein Mensch, der im ersten Monde, d. h. wenn er die erste Nacht sein Licht von der Sonne erhält, empfangen wird, wird, falls er männlich ist, stolz und hart sein, und er wird keine Menschen lieben, außer wer ihn fürchtet und ehrt. Er verrät gerne die Mitmenschen, ihren Stolz und alles, was sie haben; doch an seinem Körper wird er gesund sein und keine schweren Krankheiten haben, ein Greis wird er aber nicht lange sein.» Zweifellos finden solche Lunare und andere diagnostische astrologische Mittel, über die Hildegard verfügte, ihre Auswertung erst in der eigentlichen Horoskopie. Aber Hildegard, als visionäre kosmische Theologin, hat dies Gebiet gescheut und hinterließ darum ihr Erbe, als Vorform einer letzten Synthese aller Weltkräfte in der harmonia mundi, kommenden Forschern und Geschlechtern zur Vollendung.

Als eine andere überaus populäre Form des Kosmos-Menschen hat sich im Mittelalter das sogenannte «Tierkreismännchen» herausgebildet, das im Gegensatz zu den kostbaren Miniaturen des Hildegardkodex und den Miniaturen fürstlicher «Stundenbücher» (siehe Tafel IV) in zahllosen derben Holzschnitten im Volk verbreitet war. In Anlehnung an die griechische Schau von dem im Tierkreisgürtel hingelagerten «Gott Kosmos», dessen Glieder die zwölf Tierkreiszeichen bilden, wird im Tierkreismännchen, dem für praktische medizinische Zwecke umgebildeten kosmischen Menschen, eine Menschenfigur dargestellt, deren Körperteile entweder bezeichnet sind mit den Bildern der Tierkreiszeichen oder sich auf jene beziehen, die in einem Kreis um ihn her gezeichnet sind. Die antike Anschauung, daß verschiedene Götter die Herrschaft über einzelne Körperteile ausüben, sei es als Schutzgötter oder Krankheitsdämonen (Origenes: Contra Celsum 8, 53, 58, 63, oder Proclus: in Parminid. 3, 55), weitergebildet als Lehre vom Einfluß der in den Sternen repräsentierten kosmischen

Kräfte, findet seine mittelalterliche Ausprägung im Tierkreismann, dessen Glieder und Organe in Obhut der einzelnen Tierkreisbilder stehen. An Hand dieser Einteilung stellte man die Krankheitsdiagnosen und bestimmte die Heilmittel. Die Reihe der Sternbilder, vom Scheitel bis zur Sohle über den menschlichen Körper verteilt: Widder, Stier, Zwillinge, Krebs, Löwe, Jungfrau, Waage, Skorpion, Schütze, Steinbock, Wassermann, Fische, steht ja schon in der griechischen Astrologie frühzeitig fest und wurde von ihr dem Mittelalter und der Renaissance vererbt. Die astrologische oder Jathro-Medizin betrachtet den menschlichen Leib gewissermaßen als den ausgestreckten, aufgerollten Tierkreis. Die Planeten wirken auf die Organe des Leibes: so die Sonne auf das Herz, der «Sonne im Körper», der Mond auf Gehirn und Schleim, der Merkur auf Lunge und Sprachorgane, die Venus auf die Nieren, der Mars auf die Muskeln oder die Galle, der Jupiter auf die Leber, der Saturn auf Milz und Knochen. Darum werden die auftretenden Krankheiten als Ausdruck der Stellung der Planeten in den Tierkreiszeichen gewertet. Krankheiten der Organe oder an den Körperteilen wurden auf schlechte augenblickliche Konstellationen der Planeten oder auf schlecht aspektierte Tierkreiszeichen zurückgeführt. Und da der Menschenleib als ein aufgerollter Himmel ein Abbild des kosmischen Menschen darstellt, konnte durch Analogieschluß auf den Stand der Sterne aus den Krankheiten geschlossen werden oder umgekehrt am Stand der Sterne die sonst nicht erkennbare Krankheit entziffert werden. «Darum aus dem folgt, daß der Arzt das wissen soll, daß im Menschen sind Sonn, Mond, Saturnus, Merkurius, Venus und all die Zeichen... in Zodiako», lehrt Paracelsus. Doch da nicht nur der Mensch signiert ist durch die Planetenkräfte, sondern auch alle Geschöpfe, Mineral, Pflanze und Tier, so ergab sich aus dieser Bezogenheit eine astrologische Arzneimittelkunde: nach dem Grundsatz similia similibus galten unter gleichen Planetenkräften stehende Pflanzen und Mineralien als Heilmittel für die aus denselben Planetenkräften herrührenden Wunden und Krankheiten. Oder man verwendete zur Dämpfung eines Krankheitszustandes die unter der entgegengesetzten Planetenwirkung stehenden Heilmittel.

Das medizinische Tierkreismännchen war auch als sogenanntes «Laß-Männchen» bekannt, da es zur Bestimmung der Zeit verwendet wurde, zu welcher der bis ins 19. Jahrhundert so beliebte Aderlaß vollführt werden und des Körperteils, an dem dieser geschehen sollte. Es gab für seine Handhabung erprobte Gesetze, die vom Tierkreis und seinen Konstellationen abgelesen wurden. So darf man z. B. nicht zur Ader lassen, wenn die Sonne im Widder ist, da Sonne und Widder den Kopf regieren und dadurch Hauptweh und Schwindel sich erst recht einstellen könnten. In jedem Volkskalender waren solche Angaben verzeichnet, und erst im Laufe des 19. Jahrhunderts wurden sie allmählich durch das unermüdliche Drängen der «aufgeklärten» Ärzte aus diesen entfernt.

DAS MITTELALTER

Das Hochmittelalter, als dessen Bekrönung der große Florentiner Dichter und Philosoph Dante (1265–1321) den geistigen Riesenbau seiner «Göttlichen Komödie» schuf, gilt als das Zeitalter der großen Summen, jener großartigen Versuche, alles bisherige Wissen – das heidnische wie das christliche, das weltliche wie das geistliche – als Bausteine eines einzigen Geistesdomes zusammenzufügen. In jenem Unterfangen, als der Vollendung des gotischen Weltgefühls, aus dem auch die gotischen Dome hervorgeblüht sind, lagen aber bereits die Wurzeln der späteren Renaissance versteckt, in der das Selbstgefühl des Menschen und seine sich eigenständig setzende Ratio mit Macht hervorbrechen sollte. Aber im Zeitalter Dantes, in der Hochblüte der abendländischen Mystik, hoffte man noch auf einen harmonischen Zusammenklang des Vernünftigen im menschlichen Geiste mit der Übervernünftigkeit göttlicher Weisheit und Offenbarung; Glaube und Wissen sollten versöhnt werden, Philosophie und Theologie voneinander ebenso abgegrenzt werden, wie einander durchdringen. Denn das Wissen des Mittelalters war im wesentlichen aus heidnischen Quellen gespeist: die Philosophie von Aristoteles, die Himmelskunde von Ptolomäus, die Medizin von Galen. Und zudem geschah die Überlieferung dieses antiken Wissens weitgehend durch die geistig hochstehenden, aber dem Rationalismus verfallenen Araber und Juden Spaniens und Süditaliens.

Als Vollender dieser christlichen Synthese von Wissen, Weisheit und Offenbarung im Mittelalter muß der große Denker Thomas von

Aquin betrachtet werden, in dessen geistiger Nachfolge Dante geprägt wurde. Die Hauptwerke des hl. Thomas, des Fürsten der Scho-
lastik, die «Summa theologica» und die «Summa contra gentiles»,
stellen sich einerseits abwehrend gegen die Flut des arabischen Rationalismus und unternehmen anderseits einen philosophisch-dog-
matischen Aufbau des christlichen Denkens. Besonders die «Summa
contra gentiles» enthält die Auseinandersetzung des hl. Thomas mit
der Astrologie des Ptolomäus und der Araber, die für die späteren
Entscheidungen der Kirche wegweisend geblieben ist. So wie der
große Scholastiker die heidnische Philosophie des Aristoteles nicht ab-
lehnt, sondern diese dem christlichen Glauben einzuordnen sucht und
einer falschen, abergläubischen oder widergöttlichen Nutzung den
Weg abschneiden möchte – so verfährt er auch mit der Astrologie. Indem er deren Wesen und Möglichkeiten untersucht, kommt er zu dem
Schluß, daß, da die Himmelskörper auf die Erde und die auf ihr be-
findlichen körperlichen Gebilde einen Einfluß ausüben, der Astrologie ein begrenzter Wahrheitscharakter nicht abzusprechen sei.
   Der astrale Einfluß beschränkt sich nach Thomas zwar auf die
Körper, wirkt aber indirekt durch die so veranlaßte Disposition des
Leibes auf Verstand, Wille und Wahlentscheidung des Menschen.
Denn «man muß wissen, daß die Gestirne, obwohl sie nicht die unmittelbaren Ursachen unserer Intelligenz sein können, doch mittelbar
etwas dazu beitragen: Obwohl nämlich der Verstand keine körperliche
Kraft ist, so kann sich dennoch in uns die Verstandestätigkeit nicht
völlig ohne Mitwirkung körperlicher Kräfte vollziehen, nämlich nicht
ohne die Einbildungskraft und das Gedächtnis und die sinnliche Urteilskraft...» (III, 84, 14). «Die Verfassung des menschlichen Körpers
unterliegt nun aber offenbar den Gestirnsbewegungen, denn Augustin
sagt (Gottesstaat 5, 6, 7), ,man könne durchaus ohne Unsinn sagen,
gewisse Einflüsse der Gestirne seien dazu angetan, die Körper verschieden zu verändern'. Und Johannes von Damaskus bemerkt (Or-
thod. Glauben 2, 7): ,Die einen und die andern Planeten bewirken in
uns verschiedene Zusammensetzungen, Zustände und Verfassungen.
Daher tragen die Gestirne zur Güte der Intelligenz bei.'» (III, 84, 15).
Wie somit die Ärzte von den Komplexionen des Leibes als der nächsten Verfassung auf die Güte der Intelligenz schließen können, ebenso
kann auch der Astrologe auf solche Güte aus den Gestirnen schließen,
gleichsam wie aus der entfernten Ursache solcher Verfassung. Und

auf diese Weise lassen sich folgende Worte des Ptolomäus in seinem Centiloquium (Sentenz 38) rechtfertigen: «Sobald jemand zu der Zeit geboren wird, wenn sich der Merkur in einem der Felder des Saturn befindet und seine Kraft durchsetzt, so verleiht er dem Betreffenden einen guten Verstand, die Dinge tief zu durchdringen» (Summa contra gentiles, III, 84, 16).

Die christliche Astrologie Dantes

Die zweite große, das Erbe des Mittelalters weiter zeugende Summa ist die «poetische Summe» der Divina Commedia Dantes, der in Thomas von Aquin seinen Lehrer verehrte. Doch wenn auch manche Verse der Dichtung wie Zitate aus den Lehrbüchern des Aquinaten klingen mögen, freilich aus dürrer formaler Logik erblüht zu neuer, erlebter Wahrheit, so lebt doch Dante mehr in der Bilderwelt Platons als in der Begrifflichkeit des Aristoteles. Wie bei Thomas erscheint auch bei Dante die Weisheit der Antike, soweit sie nicht dem Glauben widerstreitet, als die Menschenweisheit schlechthin. Vor allem aber ist die Göttliche Komödie eine Schatzkammer antiker und mittelalterlicher Sternenweisheit und das vollendetste Kompendium einer christlichen Astrologie, von einer Tiefe und Vollständigkeit, wie sie seitdem kaum mehr erreicht worden ist. Die Sterne sind der Angelpunkt der drei großen Teile: «Schaun die Sterne», so schließt die Hölle (Inf. 34, 139), mit dem «Aufflug in die Sterne» endet das «Fegfeuer» (Purg. 33, 145). Doch die Sehnsucht dieses Sternenwanderers, den Raffael in seinem Disputa-Fresco unter die Kirchenlehrer eingereiht hat, erfüllt sich erst am Schlusse des dritten Teils, dem «Paradiso», als er, über jedes Schauen der Sinne und des Geistes hinaus, jene Liebe schauen darf, die «bewegt die Sonne und die Sterne» (Par. 33, 145).

Ein Sternenepos ist die Divina Commedia, die Schau einer Welt, in der der dreieinige Gott unbewegt jenseits von Raum und Zeit, im höchsten Himmel, dem Empyreum ruhend, als die erste Ursache jeder Bewegung, das kosmische und irdische Geschehen durch das Wirken und den Einfluß der Gestirne lenkt. Notwendigkeit und Freiheit, Unterworfenheit unter das siderische Kausalgesetz und die freie Hingabe der Seele an Gott werden in diesem Gedicht harmonisch vereint. Denn die dreigestaltete menschliche Seele gehört zwar als anima vegetativa und sensitiva der vergänglichen und determinierten Schöpfung an, als anima intellektiva jedoch zählt sie gleich dem obersten Himmel und den Geistern, den Engeln, zu den unmittelbaren und unvergänglichen Schöpfertaten Gottes. Der Typus der menschlichen Seele wird zwar dieser durch die Prägung der Gestirne aufgedrückt, aber ihr Wille ist frei, und so vermag sie sich durch ihn und durch ihr geistiges Erkenntnisvermögen zu der höchsten göttlichen Religion aufzuschwingen.

Die Divina Commedia beschreibt den Gang des Sehers durch Hölle, Fegfeuer und Paradies bis hin an die Grenze des eigentlichen Himmels, der Himmelsrose, und bis zur unaussprechlichen Schau des innersten göttlichen Geheimnisses – eine Seelenreise des Dichters durch den Weltraum, dessen Wesen gemäß der Welterfahrung des Altertums und des Mittelalters ein zugleich physisches und geistiges ist. Physik und Metaphysik sind in diesem Weltbild ungeschieden, Welt und Überwelt, Diesseits und Jenseits werden als die kunstvolle Einheit einer harmonia mundi geschaut, über der, sie verursachend und sie bewegend, unbewegt der Schöpfer thront als «Liebe, die bewegt die Sonne wie die Sterne.» (Par. 33, 145.) Aber das Ziel der Seelenreise wird erst im 30. Gesang des Paradiso erreicht: es ist das Empyreum, der Raum der reinen Transzendenz Gottes, und an dem das Naturgesetz seine Grenze findet.

Insbesondere die Gesänge des «Paradiso» stellen geradezu ein Lehrbuch der Sternenweisheit Dantes dar, und indem der Seher es durchwandert, vollzieht er den Aufstieg durch den geistigen Kosmos in 10 Stationen, entsprechend dem ptolomäischen Weltbilde. Die zehn Sphären sind gemäß der Kosmologie Dantes in der Divina Commedia folgende (siehe Tafel VI und Abb. 1):

1.	der Planet Luna	Par. 2, 22	–	5, 87
2.	der Planet Merkur	5, 88	–	7, 148
3.	der Planet Venus	8, 1	–	9, 142
4.	der Planet Sonne	10, 1	–	14, 66
5.	der Planet Mars	14, 67	–	18, 51
6.	der Planet Jupiter	18, 52	–	20, 148
7.	der Planet Saturn	21, 1	–	22, 99
8.	der Fixsternhimmel	22, 100	–	27, 84
9.	das Primum mobile	27, 85	–	29, 145
10.	das Empyreum	30, 1	–	33, 145

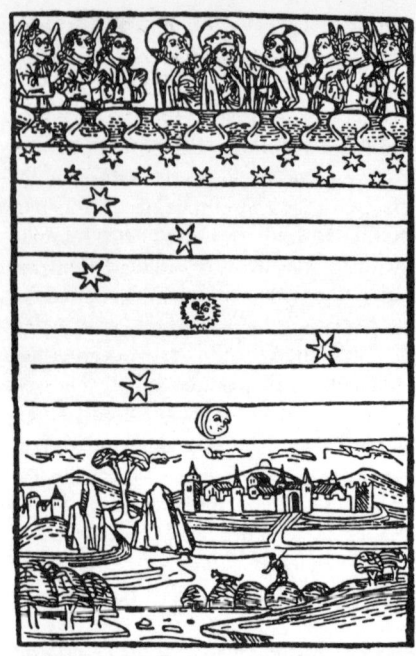

Abb. 1: Die Planetensphären mit Fixsternhimmel, Kristallhimmel und Empyreum.

Aus Konrad von Megenbergs Buch der Natur. Um 1482

Die Richtung dieses Himmels-Aufstiegs vollzieht sich von unten nach oben und nach außen, von der Erde aus, über die Stufen der Planetensphären, in die Tiefe des Gottesraumes. Umgekehrt geht die Bewegung, die all diese Himmelssphären rotieren läßt, von oben aus, vom «9. Himmel», dem Primum mobile, welcher die Bewegungen der Himmelskörper, und durch sie herabwirkend, die Sternen-Fügung und Bestimmung der Welt erzeugt. Durch diese erste Bewegung, vorgebildet im Geiste Gottes, läßt dieser seine Kraft und seinen Willen in die Welt ausstrahlen. Vom Primum mobile aus empfängt sie zuerst der Fixsternhimmel und gibt sie weiter an die jeweils nächstfolgende Planetensphäre. Vom Fixsternhimmel aber, der zahllose, jedoch in einer einzigen gemeinsamen Bewegung schwingende Gestirne umfaßt, unterscheiden sich grundsätzlich die Planetenhimmel, in denen und mit denen jeweils nur ein einziger Planet in einer Eigenbewegung rotiert, die seiner individuellen Eigenart entspricht. Darum wird durch die Wirkung des Fixsternhimmels mehr die kollektive, durch die Wirkung des Planetenhimmels mehr die individuelle Seite des Schicksals, d. h. des von Gott durch die Vermittlung der Gestirne Geschickten, ausgeprägt.

Voraussetzung ist jedoch für das Weltbild Dante's, daß in den Planeten nicht nur physikalische, sondern auch geistige Kräfte wirksam sind. In der gleichen Gesinnung hatte schon der Bischof Theodorus von Mopsuestia gelehrt, daß Sonne, Mond und Sterne von Engeln, d. h. von Geistern, belebt seien, wie dies das äthiopische Henochbuch in Kapitel 72, 3 lehrte oder später im 7. Jahrhundert n. Chr. Kosmas Indicopleustes (2, 150, S. 117, Migne). Ja selbst die großen Erneuerer der Astrologie im 17. Jahrhundert, Tycho de Brahe und Kepler, sind wieder der Überzeugung, daß jeder Stern in seinen Bewegungen durch einen Engel geleitet werde, d. h. durch die Kraft des Geistigen im Physikalischen. Doch sind diese Engel nicht bloß anonyme Kräfte, sondern vielmehr personhafte Wesen, auf den Schöpfer eingeordnet und in ihrem Willen innig dem seinen verbunden. Durch sie wird in den von ihnen bewegten Sternen die Vorsehung Gottes zur wirkenden Kraft – (Par. 8, 97):

> Er, der bewegt und stillt dies Reich, wo ihr
> Empor nun wallt, läßt, was er vorgesehn,
> Auswirken durch die Himmelskörper hier.

Die Ordnung dieser himmlisch-kosmischen Welt ist eine vollkommene, denn sie wird geformt von jenen Kräften, die, aus dem Empyreum herabströmend, sich durch alle Himmelssphären ergießen. Durch die geistige Einwirkung all dieser Planetensphären wird schließlich der menschlichen Seele der ihr eigentümliche individuelle Stempel aufgedrückt, jener Typus, dessen Ausformung die Individualität bildet, jene «geprägte Form, die lebend sich entwickelt». (Goethe, Urworte orphisch.) So wirken die Planeten als Archetypen alles menschlichen Seins, als Ur-Bilder dessen, was auf Erden in Form und Typus erscheint. Dante steht mit dieser Anschauung durchaus auf dem Boden der astrologischen Tradition wie auch der Lehre Plotins und des Neu-Platonikers Proklos (411–485), welch letzterer wiederum entscheidend auf die Sphären- und Engellehre des Dionysius eingewirkt hat. Auch Goethe in seinem «Faust», der, diese Lehren erneuernd, von den Himmelskräften spricht, die auf und nieder steigen und sich die goldenen Eimer (die Kräftebehältnisse) reichen, befindet sich in der Nachfolge dieser Geister.

Doch zugleich hat sich Dante mit tiefem Ernste zur Freiheit des Willens bekannt (so Par. 1, 127; Purg. 16, 67 f.), zur Möglichkeit des Menschen zu letzter sittlicher Entscheidung. Und dies Bekenntnis ist für ihn nicht unvereinbar mit der Überzeugung von der Wesensbestimmung und Schicksalslenkung durch die Planeten. Eine solche Synthese versucht der Dichter in Purg. 16, 73. Obwohl Dante den Hofastrologen Kaiser Friedrichs II., Michael Skotus (gest. 1234), Aristotelesübersetzer, Arzt, Philosoph, Astrologe, in den Abgrund der Wahrsager und Zauberer versetzt (Inf. 20, 114–119) und ebenso seinen Zeitgenossen, den Astrologen Guido Bonatti, dessen astrologisches Werk geradezu als der wissenschaftliche Kontext zu der dichterischen Kosmologie Dantes gelten kann – entsteht für Dante zwischen Willensfreiheit und Sternbestimmung kein Widerspruch. Denn da die Himmelssphären, in denen die Planeten sich bewegen, durch die über sie gesetzten Sternengel geleitet werden, ist für Dante der Einfluß der Sterne ein indirekt göttlicher, dem sich der Mensch fromm zu fügen habe. Insbesondere weist Dante in Inf. 26, 21–24 darauf hin, daß man das durch Sternengunst Verliehene nicht durch mangelnde Tugend und durch Zügellosigkeit verscherzen solle:

> Und strenger zügle ich noch den Geist fortan,
> Daß er mir nicht, von Tugend ungelenket,
> Hinstürme, daß nicht stört mein eigner Neid,
> Was Sternengunst, was höh're Macht mir schenket.
>
> INF. 26, 21–24

Wenn der Mensch – so scheint Dantes Gedankengang zu sein – den Anschluß an die in ihm wirkenden, von Gott geschenkten Stern- und Schicksalskräfte aufgibt, entfernt er sich eigenwillig von dem ihm von der Vorsehung Zugemessenen und lehnt sich damit gegen Gottes Willen auf. Auch dies ist eine Möglichkeit, die in der Willensfreiheit des Menschen enthalten ist, aber eine durchaus negative. Hingegen im Einklang mit dem Rhythmus des von den Engeln gelenkten Kosmos zu leben und zu streben, das bedeutet für Dante den Ausgangspunkt der Frömmigkeit. Darum soll der Mensch sich Klarheit verschaffen über die ihm zugemessene kosmische Konstellation, damit er nicht seiner Bestimmung und der Vorsehung infolge seiner geistigen Entscheidungsfreiheit zuwiderhandle. Zwar ist der unsterbliche Teil der Seele – la mente (anima intellectiva) – dem Einfluß der Sterne entzogen.

Jedoch im Hinblick auf die Entstehung der Individualität und des Charakters wirkt die göttliche Vorsehung durch die Gestirn-Einflüsse (Par. 8, 91–148). Für Dante ist das sich im Menschenschicksal abbildende Kräftespiel der Gestirne das Werkzeug Gottes zur Ausfaltung und Einprägung der schöpferischen Mannigfaltigkeit.

> Gar künstlich weiß, die ewig kreisend prägt
> All sterblich Wachs, Natur, ihr Werk zu weben.

PAR. 8, 127

Die Natur, deren aktive Kräfte im kreisenden Planetenkosmos als eine Ordnung sichtbar werden, enthält nach der Anschauung Dantes die «Siegel», d. h. alle Prägestempel und Archetypen zur Ausprägung des so unterschiedlich menschlich Individuellen. Es ist auffallend, wie Dante mit dieser Anschauung an vorchristliche astrologische Tradition anknüpft. Denn ähnlich wie Dante am Ende des 8. Gesangs des Paradieses über die Ursache der angeborenen Unterschiedlichkeit der Charaktere spricht, äußert sich auch der heidnische Astrologe, den der Kirchenvater Gregor von Nyssa in seinem Traktat «Contra Fatum» (Patr. Gr. Bd. 45, S. 153, Migne) vergebens zu widerlegen sucht, wenn dieser sagt: «Wie Siegel dem Wachs sein Bildnis eindrücken, so prägen die Strahlen der Gestirnstellung in der Stunde der Empfängnis dem Menschen sein Schicksal auf.» Die Voraussetzung dieser These, nämlich, daß alles Leben vom Himmel und von den Sternen stamme, ist im Altertum in den verschiedensten Formen ausgebildet worden. So von dem Philosophen Anaxagoras, von den Pythagoräern, im 1. Jahrhundert von dem Stoiker Poseidonios durch seine Lehre, daß die Bewegungen der Gestirne Mittel Gottes seien, um sich den Menschen zu offenbaren.

Die unerklärliche Verschiedenheit der Menschen, ihrer Charaktere und Schicksale, veranlaßten Dante zu einem Schluß auf die Verschiedenheit der diese verursachenden Kräfte (radici): diese sind die vielfältigen Bewegungen und Wirkungen der Sterne als Mittel der göttlichen Vorsehung. Aus dieser Herkunft ihrer Bewegungen können die Sterne auch nicht irren – das Reich, dem sie angehören, ist ein vollkommenes und ihre Wirkung dient darum dem Heile der Menschen (Par. 8, 102).

Der eigentliche Inhalt der Gesänge des Paradiso ist der Aufstieg Dantes durch die Planeten- und Himmelssphären unter Führung von

Beatrice, dem Sinnbild der göttlich erleuchteten Vernunft. Sie ist es, die Dante alle Himmel und deren Sinn, da dessen Augen noch irdisch gehalten sind, aufschließt.

Von ihr geleitet wandert der Pilger durch das ganze Himmelsgebäude, wie es seit Ptolemäus klassisch überliefert ist. Beim Eintritt in die jeweilige Planetensphäre entdeckt er, daß die Planeten von seligen Geistern bewohnt werden. Doch die Planeten und ihre Bewohner sind untereinander nicht gleichartig, sondern stellen vielmehr eine Art moralische Stufenleiter dar, deren Charakterisierung aus der astrologischen Symbolwelt stammt. Denn jeder Planet beherbergt nur solche Bewohner, deren Naturanlage und Erdenschicksal einst unter der Wirkung der betreffenden Planeten gestanden hat. Somit bekennt sich Dante in Par. 4, 52 zur Anschauung Platons im Timäus (42 b), daß «heim zu ihrem Stern die Seele kehrt». Platon ist ohnedies oftmals für Dante der Kronzeuge seiner Sternenweisheit und seiner Weltschau.

Auf dem Monde, dem erdnächsten und «weiblichen» Planeten (Par. 2, 19–5, 87), wohnen vor allem Frauen, die ihre Gelübde nicht erfüllen konnten. Der nächstfolgende, Merkur (Par. 5, 88–7, 148), ist wie Luna ein «feuchter» Planet und zudem von schwankender Doppelnatur. Mit ihm verbindet Dante das Bild eines Fischteiches. In seiner Sphäre wohnen Selige, die dereinst auf Erden Gesetze verbesserten. Jedoch infolge übertriebenem Streben nach Ehre und Ruhm vermögen die Bewohner des Merkur keine höhere Stelle im Himmel einzunehmen.

Der liebenden Natur der Venus entsprechend, wohnen auf ihr unter andern zwei hetärische Frauen: die biblische Rahab (Josua 2) und Cunizza di Romano. Sie bewahren keine Erinnerung an ihre Schuld und erkennen mit Beseligung die in der Sternenordnung entfaltete Vorsehung, der sie im Leben unwissentlich gehorchten. Der Engelchor der Fürstentümer ist der Venus als Geistgestalt zugesellt (Par. 8, 34).

In der Sonne erscheinen die Bewohner, dieser Lichtsphäre entsprechend, selber als Sterne – es sind die wie Sonnen leuchtenden Gottesgelehrten und die sonnengleichen Könige, die in einem Sternenreigen Dante entgegenkommen (Par. 10, 1–14, 66).

Der Mars als das kriegerische, gewalttätige Gestirn ist der Wohnort der Glaubenskämpfer und der Kreuzritter: Josua, Judas, Makkabäus, Karl der Große, Gottfried von Bouillon weilen dort. Sie leuchten entsprechend der roten Farbe des Mars wie Rubine (Par. 18, 37 ff.).

Jupiter, der gnädige, gerechte Planet, ist gekennzeichnet durch seine weise Mäßigung, wie durch seine weiße, der Helligkeit des Zinns entsprechende Farbe. Die Seelen, die ihn bewohnen, bilden Buchstaben, eine Art Himmelsschrift, die der Seher zu lesen vermag. Es sind jene, die auf Erden milde Art und Gerechtigkeit übten, fromm und gerecht zugleich.

Im Saturn sind entsprechend seinem weltfernen, kühlen, nach innen gewandten und abgeschiedenen Wesen die beiden einzigen Seelen, die zu Dante sprechen, San Pier Damiano und der heilige Benedikt, beide Einsiedler und Menschen herber religiöser Unbedingtheit, wie sie die Saturnwirkung prägt.

Nach dem Verlassen dieser letzten Planetensphäre gerät Dante in den Fixsternhimmel des Tierkreises, und zwar in die Gestirnsphäre der Zwillinge, das Geburtszeichen Dantes. Merkur, der Urheber der Redekunst und der hohen Gaben des Geistes, erfährt in diesem Zodiakalzeichen seine Erhöhung. Gelehrte Männer, Dichter, Propheten und Redner sollen der astrologischen Tradition nach geboren werden, wenn Merkur, der Herr der Zwillinge, in günstiger Stellung steht, wie es bei Dante der Fall gewesen ist. Dante liebt und verehrt darum dieses sein Schicksalsgestirn. Darum hört er auf den Rat seines verstorbenen Lehrers Brunetto, dem er im Inf. 15, 55 begegnet:

«Folg' deines Sternes Zeichen.»

Denn Dante weiß, daß er all seine Gaben, seine Berufung und all seinen Ruhm diesem seinem «glorreich Gestirn» verdankt (Par. 22, 112).

Im folgenden Primum mobile drehen sich die neun Engelchöre in ewigem Reigen um einen winzigen, Licht ausstrahlenden Punkt, wobei der dem Punkte nächste Chor ihn am schnellsten, der äußerste, neunte, am langsamsten umschwingt. Diese neun Engelchöre stellen die Kräfte der Sphärenbewegung dar und damit die Zwischenursache ihrer weiteren Wirkungen. Staunend schaut Dante diese himmlische Sphäre, in der die Engel in ewigem Reigen das Lob der Dreifaltigkeit singen. Sie ist nach Par. 28, 64 der äußerste und darum größte aller Himmelskreise, alle andern in sich einschließend. Das Primum mobile ist in jedem Sinne allumfassend, in ihm ist, gespeist vom Empyreum, die Fülle der Liebe und des Wissens enthalten. Denn der Tiefe der Gottesschau, wie der Gottesnähe, entspricht auch der Grad der Liebesglut. Doch vor der Schau des letzten Geheimnisses wird Beatrice, die von Weisheit erleuchtete Seele, abgelöst von Bernhard von Clairvaux, als dem Vorbild mystischer Betrachtung, die alleine zur Deutung des letzten Mysteriums, der Himmelsrose, gerüstet ist. Seine Gesinnung «glühen ist mehr als wissen», beruft ihn zu diesem Amt.

Hier im letzten erfüllt und enthüllt sich aber auch die eigentliche Bestimmung der Seele. Mag sie auch in ihrem vergänglichen Teile durch das Wirken der Sterne bestimmt und geprägt sein, so ist doch ihr innigster Bezirk, la mente (die Seelenspitze, das Seelenfünklein der Mystiker), dem Einfluß der Sterne entzogen. Sie verleiht dem Menschen die Möglichkeit, seine eigentliche und letzte Bestimmung zu erfüllen: zum höchsten Himmel und seiner ewigen Ruhe aufzusteigen und den eigenen Willen liebend dem Göttlichen hinzugeben. Dann ruht sie dort in seliger Schau – selber vergöttlicht. Doch alles, was indirekt erschaffen «durch der heiligen Lichter Strahl» (Par. 7, 142), auch der Mensch als Elementarwesen, ist vergänglich – nicht aber vergänglich ist, was Gott ohne Mittler erschaffen: die Einhauchung des Lebens als einer geistigen Kraft und jene ewige Liebeskraft, die stets nach ihrem Quell zurückverlangt (7, 145).

Es ist aber Dantes Anschauung, daß diese letzte und eigentliche Bestimmung des Menschen nicht in Widerspruch steht mit der Gestaltung des aufgetragenen Schicksals. Im Gegenteil – gerade durch die Annahme des Schicksals wird jener letzte Aufschwung der Seele, wird ihre Reinigung möglich. Der Hindurchgang durch das Schicksal, die Erfüllung der in diesem von der Vorsehung angelegten Aufgabe ist der notwendige Weg hierzu. Doch nicht blind als ein bloßer «Soldat des Schicksals» («miles fatis» des Vettius Valans, 2. Jh. n. Chr.) soll der Mensch sein Leben durchmessen und sein Schicksal annehmen, auch nicht als ein anonymes und dunkles Verhängnis, sondern als den Willen Gottes, gesandt an einen personhaften einmaligen Menschen. Und da dies individuelle Schicksal, dies unwiederholbare und einzigartige Geschenk, das Gott jedem Menschen als Mitgift spendet, mit Sternenschrift in den Teppich des Kosmos eingewirkt ist, so ist der Mensch durch seine Seelen- und Leibgeprägtheit ein Element, das aus dem Gesamtbau der Schöpfung nicht herauszutrennen ist. Aber wenn die Seelenspitze, die reine Geistseele, sich, dem Liebesruf Gottes gehorchend, über alle Kosmossphären erhebt, wie dies der Apostel Paulus verkündet im Römerbrief 8, 38 als Erhebung der Gottesliebe über alle Stern- und Schicksalsmächte, dann wird sie aus allen Himmeln ins Überhimmlische, d. h. aber in die Freiheit, entrückt.

Wer, entflammt in der Sehnsucht nach seinem ewigen Ursprung, in liebender Schau aufgestiegen ist durch und über alle Planetenhimmel, für den mag sodann das Wort des römischen Presbyters Hyppolitos aus dem 3. Jahrhundert gelten, das wir mit wenigen Worten auf das Paradiso hin kommentieren wollen:

«Du, der du auf Erden gelebt (ein Erdenschicksal gekostet) und den himmlischen König erkannt hast (im Glauben, wie in der visio beata), wirst ein Freund Gottes und Miterbe Christi sein (eingetreten in das Empyreum), den Leiden, Begierden und Krankheiten (des Schicksals) nicht mehr verhaftet. Denn du bist zum Gott geworden..., und alles, was zum Gottsein gehört, das hat Gott dir zu gewähren versprochen, weil du, unsterblich geworden, nun vergottet bist.» (Philosophumena X, 34.)

Die Quellen von Dantes Astrologie

In der poetischen Summe von Dantes Divina Commedia fließen alle wesentlichen Erkenntnisse und geistigen Strömungen des Hochmittelalters zusammen, denn der Dichter-Philosoph gehört zu den seltenen synthetischen Geistern, durch die das Wissen einer ganzen Epoche zu einer Einheit gestaltet wird. Zu diesem allgemein verbreiteten Wissen seiner Zeit gehörte aber auch die Astrologie, die gewissermaßen das geistige Band zwischen dem Kosmos und dem Menschen bildete. Weder Dantes Zeitgenossen noch seine ihm gleichgesinnten Nachfahren haben diese Vorzugsstellung der Astrologie in seinem Werk je bestritten.

Im 13. Jahrhundert beruhte nicht nur die Astrologie, sondern auch die ihr schwesterlich verbundene Astronomie auf dem Weltsystem des spätantiken Claudius Ptolomäus und dessen Hauptwerk, der «Tetrabiblos». In seinem durch die aristotelische Physik bestimmten System herrscht die sogenannte geozentrische Auffassung vom Bau des Kosmos: die Erde als dessen Mittelpunkt ist überwölbt von den sieben Planetensphären, konzentrischen, hohlen, durch verschiedene Abstände ineinander gestuften Kugeln, an deren Oberfläche die Planeten kreisen, drei unterhalb, drei oberhalb der Sonne. Die 8. Sphäre jenseits der Planetensphären umfaßt sodann die Fixsterne und den Tierkreis.

Astrologie und Astronomie als eine einheitliche Wissenschaft wurde im 13. Jahrhundert gemäß dem System des Ptolomäus an den Universitäten von Mantua, Padua, Ferrara, Rom, Neapel und Salerno gelehrt. Doch das Interesse an der Astrologie überwog, und so sind sogar die allmählichen Fortschritte der Astronomie größtenteils durch die Bedürfnisse der Astrologie hervorgerufen worden. Ohne diese wären die arabischen und christlichen Planetentafeln (die «Alfonsischen» in Spanien und die «Rudolfinischen» in Dänemark-Deutschland) kaum je mit so großem Aufwand von Geld und Fleiß berechnet worden.

Einer der Gründe, die zu einem wahren furor astrologicus im 13. Jahrhundert geführt haben, ist wohl in dem großen Interesse begründet, das Friedrich II. von Palermo der Astrologie entgegenbrachte. Wurde schon nach der Gründung der Universität Neapel im Jahre 1224 eine Fülle von medizinischen und astrologischen Schriften aus dem Arabischen ins Lateinische übersetzt, so förderte Friedrich ganz besonders die astrologischen Studien seines Hofastrologen Michael Skotus. Dadurch wurde dieser in den Stand gesetzt, sein umfassendes astrologisches Kompendium, das «liber introductionis» zu verfassen, mit dem er sich die Aufgabe stellte, alles für die Astrologie notwendige Wissen über die Himmelserscheinungen, über den innern Bau und die Kräfte des Kosmos zu vermitteln. Skotus benützt für sein Werk ebenso spätantike lateinische wie die eben neuerschlossenen arabischen Überlieferungen. Vor allem aber war er von der arabischen Philosophie tief beeindruckt, so daß sie zur Grundlage seines Weltbildes wurde. Und insbesondere wurden durch ihn die Thesen des großen arabischen Aristotelesübersetzers Ibn Roschd aus Cordoba in Spanien (Averroes, gestorben 1198) in die Geisteswelt seiner Zeit eingeführt – so daß sich Thomas von Aquin als christlicher Philosoph genötigt sah, in seinen Aristoteleskommentaren dem Rationalismus des Ibn Roschd entgegenzutreten. Auch Dante wandte sich gegen Skotus und versetzt ihn als Betrüger in den Abgrund der Wahrsager und Zauberer seines Infernos. Nicht anders bewertete Dante einen andern berühmten Astrologen seiner Zeit, der zugleich sein Lehrmeister war in der Sterndeutung: Guido Bonatti (1230–1300), der als Mönch im Franziskanerkloster in Ancona starb. Dieser vielleicht gefeiertste Astrologe des Hochmittelalters, von den Fürsten wie von den mächtigen Stadtstaaten umschmeichelt und mit Geschenken überschüttet, schrieb nur ein einziges, freilich grundlegendes Werk: «Opus Guido Bonatti de Forolivio continens 10 tractatus astronomicos», das in deutscher Übersetzung in Basel 1572 erschien unter dem Titel: «Auslegung der menschlichen Geburtsstunden.»

Über welche Werke der europäische Norden verfügte, erfahren wir aus einem astrologischen Katalog Alberts des Großen, des Lehrers des hl. Thomas, dem «Speculum astronomicum» (1277). Jedoch der nachhaltigste Einstrom astrologischer Tradition erfolgte von den Universitätszentren der Mauren in Spanien aus, in denen viele abendländische Gelehrte ihr Wissen empfingen. So wurde zweifellos der berühmte Franziskanermönch und Lehrer an der Schule von Oxford, Roger Bacon (1214–1294), von arabischer Wissenschaft und Astrologie tief beeinflußt, so daß er es unternahm, ihre Traditionen in ein Kompendium zusammenzufassen. Allerdings blieb er – einer der Begründer der abendländischen experimentellen Naturwissenschaft – nicht unberührt vom arabischen Rationalismus, und er mußte seinen Versuch, Geschichte und Religion rein rational zu erklären, mit langer Kerkerhaft büßen.

Harmonischer verband sich arabisches Wissen mit christlicher Weisheit in der großartigen und lange nachwirkenden Schule von Chartres in Frankreich. Schon Gerbert, der spätere Papst Sylvester II. (999 bis 1003), der zu ihr in Beziehung stand, hatte arabische Astrologie studiert, und ebenso Constantinus Africanus, ein Benediktinermönch von Monte Cassino, der jahrzehntelang den vorderen Orient bereist hatte (um 1060). Dann aber bildet um 1110 Adelard von Barth eine wesentliche Quelle, durch die arabisches Wissen der Schule von Chartres zuströmte. Im 12. Jahrhundert übersetzte Hermann der Dalmate für den Kreis von Chartres das Planisphärium des Ptolemäus und andere astrologische Schriften aus dem Arabischen ins Lateinische. Bernardus Silvestris bearbeitete diese Werke und brachte sie teilweise in Verse. Seine Schrift «De mundi universitate» gehörte zu den im 12. Jahrhundert verbreitetsten Büchern. In seinem Gedicht «Mathematicus» trat er aufs entschiedenste dafür ein, daß der vorher erkennende Verstand, weil er, wie die Seele und alles Geistige, den Sternen verwandt ist, über die Notwendigkeit der Lachesis den Sieg davontragen könne. Aber freilich bezeichnet er die reinen iudicia (die astrol. Prognostica) als dämonisch, ähnlich wie Peter Abelard und der Mystiker Hugo von St. Victor. Jedoch war man in der gesamten Schule von Chartres vom Zusammenhang der irdischen und himmlischen Welt überzeugt; man lehnte nur eine rein fatalistische astrologische Betrachtungsweise ab. Ein Nachklang des Geistes der Schule von Chartres und insbesondere der Schriften von Bernardus Silvestris, seiner spirituellen Kosmologie, und seiner in manchem schon an Dantes Konzeption anklingenden Seelenreise durch die Sphären des Kosmos, ist deutlich zu finden in den Werken des italienischen Dichters Brunetto Latini (gest. 1294), der durch sein Werk: «Il Tesoretto» Dante weitgehend beeinflußt hat. Der «Tesoretto» stellt eine physikalische und geistige Kosmologie dar, eine Seelen- und Geistesreise durch alle Ebenen der Schöpfung. Und Brunetto ist es, der seinem Schüler Dante zuruft: «Folg' deines Sternes Zeichen!» (Inf. 15, 55), und ihm sein Lebenswerk, seinen «Schatz», empfiehlt, durch dessen Kenntnis in Dantes geistige Welt eine lange Tradition neuplatonischer und arabischer Seelen-, Kosmos- und Wissenschaftslehre, mit inbegriffen die Astrologie, einmündet.

Die Päpste und die Astrologie

Was Dante in eine hohe Schau zusammenfaßte, und sein Unternehmen die Astrologie, als Weg zum letzten Ziel des Menschen himmlisch zu verklären – das trug freilich in der äußeren Wirklichkeit einen unendlich vielfältigen und nicht immer reinen Charakter. Denn zur Zeit Dantes und auch später war im Leben der italienischen Städte, der Tyrannen, Prälaten und Condottieri der praktischen Astrologie ein großer Einfluß eingeräumt. Die Fürsten, wie auch die mächtigen Stadtstaaten umgaben sich mit einem Heer von Astrologen: kein Auszug eines Heeres fand statt, keine Schlacht wurde gewagt, kein Friede geschlossen, keine Stadt gegründet, ehe nicht die Sterne befragt worden waren. Meist wurden jedoch im Mittelalter die Horoskope, wie in der Frühzeit Babylons, nur für Fürsten, für Städte und Reiche oder sogar für die Errichtung von bedeutsamen Gebäulichkeiten, wie Kirchen und Rathäusern, erstellt. So ist, nach Ernst Zinner, noch heute am Kirchturm von Niederaltaich in Bayern eine große rote Marmortafel zu sehen, auf welcher das Horoskop zur Zeit der Grundsteinlegung des Turmes am 24. Juli 1514 verzeichnet ist.

Bei dieser Durchwirktheit des gesamten Lebens mit der astrologischen Denkweise kann es nicht wundernehmen, daß auch das Denken der höchsten kirchlichen Würdenträger von ihr ergriffen wurde.

Wurde doch schon seit der Zeit der Kirchenväter das Problem von Sternenschicksal und dem Willen Gottes, von Nötigung und Freiheit, zwischen Astrologen und Theologen ernsthaft erwogen. Und so war es naheliegend, daß auch die Päpste an diesem tiefreichenden Problem immer wieder höchst aktiven Anteil genommen haben. Sie wandten sich freilich diesem Problemkreis nicht in erster Linie als Lehrer der Kirche zu und darum waren auch ihre Ansichten über die Astrologie für die Christenheit nicht religiös verbindlich. Doch immerhin unternahmen die Päpste ihre Forschungen nicht nur als interessierte Männer ihrer Zeit, sondern auch als in geistigen Entscheidungen höchst verantwortliche. Denn die Astrologie war im Sinne der vergangenen Epochen wissenschaftlich fundiert, und die edelsten Geister der Christenheit waren ihr zugetan. So konnten sich die Päpste durch die allgemeine Anschauung ihrer Zeit – durch Wissenschaft und Dichtung – gedeckt fühlen und den Versuch wagen, mehr oder weniger glücklich eine Synthese zwischen den kosmologischen Bereichen der Astrologie und der Erlösungslehre des Evangeliums herbeizuführen. Freilich ist von manchen Päpsten, wie nicht anders auch von Laien, die Astrologie zu selbstsüchtigen oder machtpolitischen Wünschen mißbraucht worden. Aber eine Wahrheit wird nicht dadurch unwahr, daß mit ihr Übles getrieben wird. Man kann die Wahrheit politisch mißbrauchen, wie dies jede der großen christlichen Konfessionen in verschiedener Weise schon getan hat, man kann aus der Religion eine rein kulturelle Angelegenheit machen – ja man kann sogar das Innerste des christlichen Mysteriums, die eucharistische Feier des Erlösungsgeheimnisses mißbrauchen, wie die Satanisten der letzten Jahrhunderte. Aber die Sonne erlischt nicht, wenn sie durch Wolken verdunkelt wird.

Für die Ebene der Weisheit – dem «natürlich Licht» des Paracelsus – gilt dasselbe Gesetz. Die Astrologie kann zum Bösen oder zum Guten dienen, je nachdem wie der Geist und die Gesinnung dessen geartet ist, der sie betreibt. Und so stand die Astrologie im Dienst der christlichen Botschaft in der Hand guter Päpste und wirkte gegen diese in der Hand der schlechten.

Die älteste amtliche Verwerfung der Astrologie durch die Kirche stammt aus dem Jahre 561 unter dem Papste Johannes III. und ist in einem Edikt gegen die damalige Sekte der Priscillianer in Spanien enthalten. Aber dieses betraf nicht die Astrologie als solche, sondern nur das kosmologisch-religiöse System dieser Sekte, mit dem auch eine

Art von gnostischer Mathematik verurteilt wurde (siehe Denziger: Enchiridion Symbolorum 231/45.) So hatte Gregor I. (um 600) gute Gründe, ein scharfer Gegner der damals dekadenten und noch mit Resten alten Götterglaubens verbundenen Astrologie zu sein.

Hingegen war der Papst Sylvester II. (999–1003), einer der berühmtesten Gelehrten seiner Zeit, als ein vorzüglicher Astrologe bekannt. Seine umfassende Gelehrsamkeit, die er der Berührung mit der arabischen Wissenschaft in Spanien verdankt, erregte das Staunen seiner Mitwelt. Nach einem Ausspruch des Wilhelm von Malmesbury hätte er das spätantike Handbuch der Astrologie des Firmicus in der Kenntnis des Schicksals übertroffen. In jener Zeit wurde auch das verschollene, einst dem Kaiser Tiberius gewidmete, große astrologische Gedicht des römischen Dichters Manilius wieder bekannt, das sich der Papst voll glühenden Interesses aus Spanien erbittet (siehe Kroll, Vorrede der Ausgabe des Firmicus, Bd. 2, S. 3 ff.). Nicht viel später wurde um 1125 die erste Professur für Astrologie an der Universität Bologna errichtet. Und um 1250 ist es Papst Alexander V., der einen als Astrologen bekannten Kardinal seiner Umgebung mit Prognostiken beauftragt. Ein anderer Kardinal, der Franzose Peter d'Ailly, der auch eine Kalenderreform entwarf, legte 6 Visionen der Offenbarung Johannes nach astrologischen Grundsätzen aus und prophezeite 100 Jahre zuvor das Unglück der später erfolgten Kirchenspaltung, wie auch das auf 2 Jahre genaue Datum der französischen Revolution.

Ein Förderer der Astrologie war auch der Papst Johann XXII. im Exil zu Avignon durch seinen Leibarzt, Lehrer der Astrologie und Mathematik an der Universität Bologna, Cecco d'Ascoli (1250–1327), der freilich später mit der Kirche in Konflikt geriet.

Hingegen verdankt die Christenheit das Wirken eines ihrer edelsten Geister einer Sonnenfinsternis. Als im August 1448 eine solche eingetreten war, suchte Papst Nikolaus V. ihren befürchteten schlimmen Wirkungen durch Anordnung von Gebeten entgegenzuwirken (ähnlich wie Luther später bei der Sonnenfinsternis von 1539). Und zugleich ergänzte er das Kardinalskollegium durch tüchtige Männer, damit der Kirche in der erwarteten Not Helfer beistehen würden. Unter diesen sieben neuen Kardinälen befand sich aber der bedeutende Mystiker und Reformator Nikolaus von Cues. Von der Weite seines Geistes zeugt, daß er zum ersten Male eine Vereinigung aller Religionen ins Auge faßte und so ein Vorläufer der heutigen ökumenischen

Bewegungen wurde. Aber obwohl er ernsthaft die Reformation die Kirche anstrebte, erhoffte er von dem Reformkonzil zu Basel aus astrologischen Gründen nichts Gutes, weil nach seiner Meinung die Stadt damals unter der Einwirkung eines schlimmen Gestirnes stand. Calixtus V., der Nachfolger von Nikolaus V., ordnete, durch zwei 1456 erschienene Kometen geängstigt, Gebete zur Abwendung des göttlichen Zornes an. Leo X. gründete um 1520 eine Professur für Astrologie an der Sapientia, der päpstlichen Universität in Rom.

Lukas Gaurikus, der «Fürst der Sterndeuter», wirkte unter vier Päpsten. Paul III., der sich eingehend mit Astrologie befaßte, hatte ihn 1545 zum Bischof gemacht und ließ ihn nicht von seiner Seite. Diese Ernennung erfolgte im selben Jahre, als der Papst das trientinische Konzil eröffnen ließ, durch das die innere Reformation der katholischen Kirche herbeigeführt wurde. Einer seiner Vorgänger aber, einer der edelsten Päpste der neueren Zeit, Hadrian VI. (1522/23), Lehrer des Erasmus und Erzieher Kaiser Karls V., war zuvor selber Lehrer

79

der Mathematik und der Astrologie gewesen und machte von dieser während seines allzu kurzen Pontifikates einen vorzüglichen Gebrauch. Der Papst Pius IV. ließ sich astrologisch beraten, was allgemein bekannt war.

Nach dem Tode von Papst Gregor XV. (1623) nützte Kardinal Barberini den astrologischen Glauben seiner Umgebung für seine ehrgeizigen Zwecke aus. Er ließ verbreiten, daß der zu wählende Papst nur sechs Wochen nach seiner Wahl leben würde – so daß jeder sich scheute, die Würde zu erhalten. Man wählte dann den Kardinal zum Papst als Urban VIII., dessen Pontifikat zwanzig Jahre dauerte. Noch lange spielte die Astrologie im Vatikan eine Rolle – erst als das Abendland im Zeichen des sich ausbreitenden Rationalismus sich von dem Symboldenken der antiken und orientalischen Überlieferung abwandte, verblaßte die Wirkung der Astrologie am päpstlichen Hofe.

Aber auch im Leben der großen Kaiser der Renaissancezeit spielte die Astrologie eine Rolle. Karl V., der im Alter, durch das Erscheinen eines Kometen erschreckt, dem Thron entsagte und ins Kloster ging, wurde durch den späteren Papst Hadrian VI. in der Astrologie und Astronomie unterrichtet. Er war wiederum ein Föderer des deutschen Astrologen Peter Apian, dessen Hauptwerk, «Astronomicum Caesareum» der Kaiser auf seine Kosten drucken ließ. Der Kaiser Maximilian I. war eng befreundet mit Astrologen, so mit Johannes Stabius und Georg Tannstetter. Auch Maximilian II. ließ sich von einem ihm befreundeten Astrologen, Cyprianus Leoviticus, beraten.

Gewiß gab es eine Menge päpstlicher und kaiserlicher Gesetze gegen die Astrologie, die ein Paduaner Gelehrter, in einem 1662 in Venedig erschienenen Werke zusammentrug. Aber da sich Päpste und Kaiser nicht um sie kümmerten, taten dies die Beamten und das Volk auch nicht. Und so konnte der Ruhm des französischen Astrologen Morin in der Mitte des 17. Jahrhunderts durch ganz Europa strahlen, da ihn Kardinal Mazarin stützte und ihm eine Pension von 2000 Livres aussetzte. Die Königin Christine von Schweden hielt ihn für den erleuchtetsten Sterndeuter, der je gelebt hat. Es war dies die letzte Glanzzeit der Astrologie im Abendland – denn mit dem Fall der Könige fiel auch die «königliche Kunst» für eine Zeit der Vergessenheit oder populärem Mißbrauch anheim.

| ⟩(| ♒ | ♐ | ♏ | ♒ | ☉ | ♍ | ♌ | ♋ | ♊ | ♉ | ♈ |
| Bartholomäus | Jakobus d. J. | Andreas | Petrus | Judas | Johannes | | Thomas | Jakobus d. Alt. | Philippus | | Matthäus | Thaddäus | Simon |

TAFEL V. Leonardo da Vinci: Abendmahl

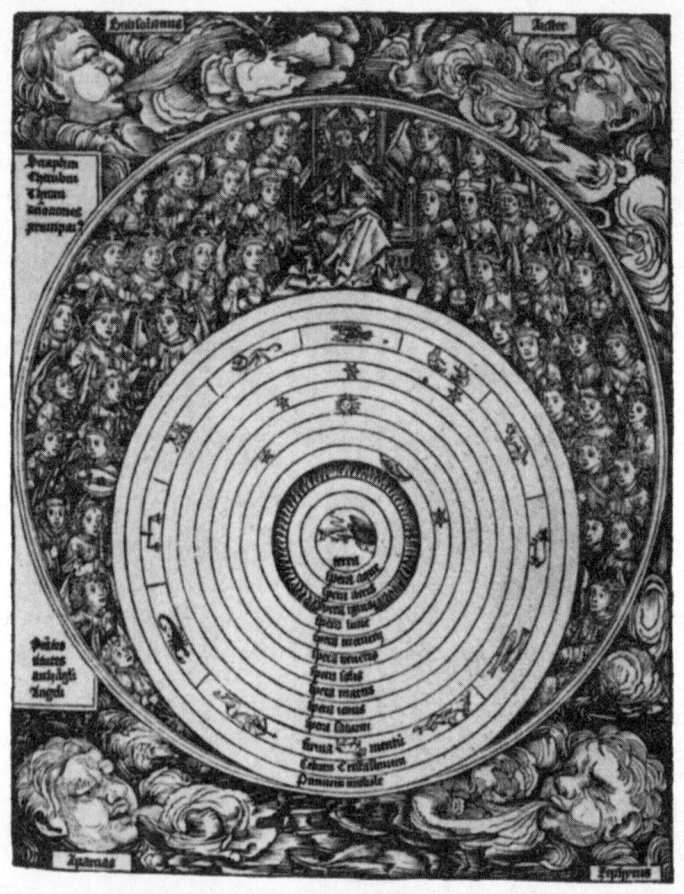

TAFEL VI. Das Kosmosbild der Schedelschen Weltchronik (15. Jahrhundert)

Astrale Symbolik war schon seit frühen Zeiten ein Element der kirchlichen Kunst, ob sie nun den Jahreskreislauf oder die Bedeutung der Tierkreisbilder betraf. War doch das spätantike und mittelalterliche Christentum verwoben mit kosmischer Symbolik und noch nicht so weitgehend vom Sinnhaft-Symbolischen entleert, wie seit der Zeit der Aufklärung des 18. Jahrhunderts. Die Entmythologisierung des Christentums durch eine rationale und ethische Skletierung des Evangeliums, die in und seit jener Epoche von christlichen Theologen mit Eifer und Überzeugung angestrebt wurde, hat aber zu einem unaufhaltsamen inneren Verfall und einer seelischen Entleerung des Christentums geführt. Erst eine neue Generation von Denkern, die das Metanoeite, eine totale Wendung des Blickpunktes vollzog, so z. B. unter den Theologen Männer wie Wl. Solowjow, Bulgakow, Alfr. Jeremias, Rich. Krämer, Odo Casel, Hugo Rahner, Gebh. Frei, unter den Mythologen K. Kerenyi oder Leopold Ziegler, unter den Psychologen C. G. Jung – haben wieder die mythische Bilderwelt im Zentrum des Glaubens und der Seele entdeckt. Dadurch wurde es möglich, den durch eine tödliche Intellektualisierung verschütteten Weg zum Mysterium wie auch zu den schauenden Kräften der Seele neu zu erschließen. An vielen alten Kirchenportalen sind noch heute die Gestalten der sieben freien Künste zu sehen, auf denen die gesamte mittelalterliche Kultur beruhte. Zu ihnen wurde auch die Astrologie gerechnet, deren Typus als weibliche Gestalt mit Schriftrolle und einem ihr zu Füßen liegenden Drachen (Saturnsymbol) dargestellt wurde. Eine ihrer schönsten plastischen Verbildlichungen befindet sich nicht zufällig am Nordportal der Kathedrale von Chartres – denn die Meister der «Schule von Chartres», aus deren Geist und Imaginieren der große Plan der Kathedrale mit seinem Überreichtum an bedeutsamen symbolischen Einzelheiten herausgewachsen ist, beschäftigten sich, wie im Kapitel «Quellen zu Dantes Astrologie» dargelegt, eingehend mit der astrologischen Kosmologie.

Der bildnerische Schmuck an den Portalen und Türmen der Kirchen bedeutete vielfach die Darstellung eines großen Teils einer heute vergessenen kirchlichen Weisheitslehre, die die Natur ebenso umfaßte wie die Übernatur. So wurden oft genug an hervorragender Stelle die Planetenbilder und der Tierkreis an der Außenseite von Kirchen dargestellt. Ein berühmtes Beispiel sind die Planetendarstellungen am Campanile zu Florenz in zwei Reliefreihen (um 1350). «Den Reigen eröffnet die Luna als Mädchen im losen Gewand, auf den Wogen sitzend... Merkur ist als Vertreter der Wissenschaften charakterisiert, der zwei vor ihm sitzenden Kindern Unterricht erteilt. Venus in Gestalt einer Florentiner Patrizierin, hält in der Hand ein nacktes Liebespaar. Jupiter als jugendlicher König mit den Insignien der Herrschaft, Mars auf galoppierenden Rossen mit Helm und Panzer, Sol in Gestalt eines Mönches mit Kelch und Kreuz, Saturn im talarartigen Gewand und struppigen Bart, das Zeitenrad und einen nackten Menschen in Händen haltend. Zugeordnet sind diesen Bildern hier, wie oft im Mittelalter, die sieben Tugenden, die sieben freien Künste und die sieben Sakramente» (Künstle, S. 140). Ähnliche Darstellungen sind zu finden in der Spanischen Kapelle der Kirche S. Maria Novella zu Florenz (um 1370) und im Planetenzyklus der Kirche der Eremitani zu Padua (um 1400). Jedoch sind die Kirchen zahllos, die als Plastiken, Malereien oder Mosaiken solch astrologische Darstellungen aufweisen.

In die Volkskunst wurde die Astrologie im Mittelalter hauptsächlich durch die Holzschnittkalender verbreitet, in deren vielseitiger Bilderwelt sich Bauernweisheit mit arabischer Gelehrsamkeit mischte: Sternbilder der Hemisphären, Planetengötter, Weissagungsbilder, Darstellungen der vier Temperamente und Elemente, Tierkreismännchen für den Aderlaß – und vor allem die Monatsbeschäftigungen der Menschen unter dem Sonnenstand in den zwölf Tierkreiszeichen und den ihnen zugeordneten Planeten, waren die hauptsächlichsten Themen. In den kostbaren, mit Miniaturen geschmückten Stundenbüchern, vor allem des burgundischen Kulturkreises, so z. B. in den «très riches heures du Duc de Berry» (Tafel IV), sind diese Monatsbilder zu einer herrlichen Entfaltung gediehen. Ein Hauptmotiv der «astrologischen Kunst» ist aber erst seit der Renaissance deutlicher hervorgetreten: die sogenannten Planetenkinderbilder. Ihnen liegt die alte, arabisch überlieferte Lehre zugrunde, daß jeder Mensch, je nach dem Tierkreiszeichen, das in der Stunde (oder Minute) der Geburt über den Osthorizont steigt, auch ein «Kind» eines der sieben Planeten sei, die in den Tierkreiszeichen «herrschen». Dieser nun hat auf die Prägung seines Charakters eine ebenso entscheidende Wirkung, wie in anderer Hinsicht die leiblichen Eltern. Was nach der überlieferten Lehre dem «Kind» der sieben Planeten an typischer Eigenart anhaftet, das wird in diesen Planetenkinderbildern dargestellt. Diese Eigenschaften teilen sich in verschiedene Aspekte und einen sich doch in dem gemeinsamen Zeichen. So sehen wir auf einem Blatte des Saturnkindes Saturn in der obern Hälfte im Drachenwagen königlich – denn er ist im Gegensatz zum jungen König Jupiter der «alte König» – durch die Lüfte ziehen, und zugleich unten als alten Mann hinkend, grabend oder sinnend auf der Erde weilen, so wie seine Planetenkinder – die unter «seinem Stern» Geborenen – im Erdreich nach Schätzen wühlend, schweinehütend, hinkend, ackernd, gefangen im Elend oder als Philosophen meditierend ihn umgeben. Jedem Planeten entsprechen bestimmte Charaktere, Beschäftigungen und Schicksale, die von den Künstlern durch alle Jahrhunderte getreu wieder- und weitergegeben wurden. So beherrscht Mars alles Kriegerische, die Sonne die Könige und Richter, die Venus das Liebesleben und die Kunst usw. Nicht nur in den Kalendern, auch in Einzelblattdrucken schufen die Künstler und Stecher des 15. und 16. Jahrhunderts eine Fülle von Planetenkinderblättern. Berühmt wurden davon solche des mittelrheinischen sogenannten Meisters vom Hausbuch, von Hans Sebald Beham oder solche aus der Botticellischule.

Eine Sonderstellung unter den Planetenkindermotiven nimmt das Thema des Saturnkindes ein. Ihm war von altersher das melancholische, dunkle und düstere Temperament zugeordnet. Saturn galt in der populären Überlieferung als ein Unglücksplanet, dessen Einfluß Erdgebundenheit und Gehemmtheit zur Folge habe. Aber in den Humanistenkreisen von Venedig, Florenz und Nürnberg begann sich in der Renaissance eine vertiefte, ja geradezu mystische Auffassung der saturnischen Melancholie auszubilden. War doch die Renaissance eine Zeit neuerblühender Philosophie und erneuter alter Weisheitslehren, vor allem der des Plato und Plotin. Nicht in der Öffentlichkeit, sondern im Kreise Gleichgesinnter, in der Stille und Abgeschiedenheit, so z. B. in der platonischen Akademie der Medici in Florenz, wurden diese Studien getrieben. Im Saturn erkannte diese Philosophie ihr planetarisches Leitbild, denn ihm unterstehen die Einsiedler, Philosophen und geheimen Gesellschaften. Diese humanistische Saturn-Philosophie war von Italien aus in den Kreis um den Kaiser Maximilian gedrungen, der selber als ein Saturnkind galt. Und für ihn schuf Dürer 1514 sein berühmtes Blatt «Melencholia», eines der tiefgründigsten und eigenartigsten astrologischen Blätter der abendländischen Kunst (Tafel VII).

Die Deutung dieser komplexen Bildschau ist vielfach versucht worden. Auf jeden Fall aber muß sie ausgehen von der astrologischen Überlieferung und Esoterik, wie sie in der Renaissance den Suchenden und Wissenden zugänglich gewesen ist. In jener Epoche ist auch die Astrologie im Kreise der mediceischen Akademie zu einer christlichen Kosmologie ausgestaltet worden – vor allem durch den Kanonikus am Dom von Florenz, Marsilius Ficinus in seinem Werke «De vita triplici». Dort unternimmt er es, dem melancholischen Temperament eine vertiefte Deutung zu geben. Diese wurde übernommen durch Agrippa von Nettesheim, einem okkulten Polyhistor jener Zeit, durch den sie wiederum in die Kreise der deutschen Humanisten gelangte. Durch den Nürnberger Patrizier und Humanisten Pirkheimer, dessen Porträt Dürer gemalt hat, wurde dieser mit seinen Deutungen und Symbolen vertraut.

Der Saturn, dem die Melancholie als Temperament zugeordnet ist, galt von jeher als ein erdiger Planet, so daß er, freilich in einem positiven Sinn, im Altertum geradezu als der Gott der Saaten und der schöpferischen Kräfte der Erdentiefe verstanden wurde. Freilich gilt er auch als kalt und trocken – herrscht er doch im Steinbock, einem Zeichen der Winterszeit. Da er aber die Erdtiefe vertritt, treibt er die ihm unterstellten Menschen «ad radices», zu den Wurzeln: d. h. nach innen und nach unten. Er zieht den Geist des Menschen von der sinnenfrohen und schönen Außenwelt ab und nötigt das erdgebundene Wesen des saturnischen Melancholikers zur Haltung der Konzentration und Meditation. In diesem Weg nach Innen, der Verinnerlichung, liegen die Möglichkeiten des Saturniers die niederen, hemmenden Wirkungen seines Gestirns zu überwinden.

Dürer schuf dies Saturnblatt im Todesjahr seiner Mutter, als ihn Schmerz und Trauer von der Außenwelt nach innen zogen. Im astrologisch-magischen Zahlenquadrat dieses Blattes hat er auf das Datum ihres Todes angespielt – es war der 17. Mai 1514. Zudem mögen eigne Himmelsbeobachtungen Dürer zur Gestaltung dieses Blattes gedrängt haben. Stand doch im Mai 1514 der Saturn die ganze Nacht am Himmel in Opposition zur Sonne. Auch wurde im Winter 1513/14 ein Komet gesichtet, unweit des Saturns am Mitternachtshimmel. Die Zeit war saturnüberschattet – Reformation und Bauernaufstand drohten mit Verwirrung des Reiches – und Dürer wollte wohl sich, die Seinen und seinen «saturnfürchtigen» Kaiser von diesen seelischen Bedrückungen durch sein Blatt befreien.

«Vorwärtssenkend den Blick, und den Grund mit den Augen durchbohrend», so beschreibt Agrippa von Nettesheim die saturnische Haltung. Wir finden sie getreu wiedergegeben in der sinnenden Gestalt der Dürerschen Melancholia. Doch wenn auch Saturn seine Kinder zu Hochmut und Verschlossenheit treiben kann, so erschließt er ihnen auch andererseits «den Samen der Tiefe und die stille Betrachtung, die verborgenen Schätze und alles, was durch lange Reisen und mit viel Mühe erworben wird.» Langsamkeit und mühevolle Anstrengung, die Freude am Selbsterrungenen ist ja ein Kennzeichen des Saturniers. Die Konzentration nach innen, Voraussetzung aller abstrahierenden Tätigkeit, so der Philosophie, der Mathematik, erzeugt auch seelische Kälte, Verhärtung und Verdüsterung der Seele, was mit dem Symbol der seelischen «Schwärze» (nigrido) ausgedrückt wird. Diese Dunkelheit zu durchlichten, die Lebensabkehr in Weisheit, in inneres Licht zu verwandeln, war wohl Dürers Anliegen bei der Gestaltung dieses Mahn- und Trostblattes. Es ist in diesem Zusammenhang zu erinnern, daß das Weihnachtsfest in ein Saturnzeichen, in den Steinbock, fällt, und daß darum bei seiner Mitternachtsfeier nicht die Geburt Christi als der Aufgang der Tagessonne, sondern als der «innern», der Mitternachtssonne, einem Symbol des Saturn, gefeiert wird.

Die sinnende, im Ausdruck des Gesichtes «verdunkelte», geflügelte Gestalt des Dürer-Blattes zeigt die typische Haltung der saturnischen Melancholia. Denn obwohl sie in ein Prachtgewand gekleidet ist, den Ehrenkranz im Haare trägt und mit allen Mitteln der Magie, der Technik, der Wissenschaft und des Reichtums umgeben ist, vermag sie sich nicht aus ihrer Versunkenheit und Starrheit aufzuraffen. Die Flügel, die ihr Dürer verliehen, bezeugen zwar die aufwärtsstrebende Sehnsuchtkraft des Saturnischen, andererseits weisen sie auf Chronos, die Zeit, der griechischen Form des Saturn hin, dessen Symbol, das Stundenglas, unmittelbar über einem der Flügel angebracht ist. Der Schlüssel, der ihr vom Gürtel hängt, ist Saturn eigen als Hüter verborgener Schätze und Weisheit, als Hüter der Schwelle, alles Unterschwelligen. Das Buch und der Zirkel in ihren Händen zeigt ihn als Überlieferer der Tradition und als den Geist der Mathematik. Denn wie dem Saturn im Menschenleibe das Gerüst der Knochen zugeordnet ist, so im Gesamtleben das Gerüst der Gesetze, die in der Mathematik ihren objektiven Ausdruck finden. Der Hund zu ihren Füßen war von jeher, so in Ägypten und in Griechenland, der Unterwelt zugeordnet. Er gilt als Sinnbild der Milz, die als Sitz des melancholischen Temperamentes angesehen wurde. Die Fledermaus, die das Titelschild des Blattes hält, galt von jeher als ein saturnisches Tier, so z. B. in einem Traktat des christlichen Astrologen Theophilus von Edessa (8. Jahrhundert) sowie bei dem Zeitgenossen Dürers, dem Astrologen Heinrich Rantzau, die beide alle Vögel der Nacht dem Saturn zuschreiben.

Das Meer im Hintergrund erinnert, daß die Saturnzeichen des Tierkreises, Steinbock und Wassermann, sich in der winterlichen Wasserregion befinden. In der babylonischen und griechischen Mythologie erscheint das Meer als Ausdruck der Unterwelt, in der modernen Tiefenpsychologie als unbewußter Teil des Seelenlebens. Agrippa von Nettesheim (De occulta philosophia, 1. Kap. 35) weist Wasser und Erde dem Saturn als Elemente zu, ebenso alle Tätigkeiten, die mit Wasser zusammenhängen. Ptolemäus stellt im 2. Kapitel seiner «Tetrabiblos» fest, daß der Saturn Hochwasserkatastrophen verursache. Der Regenbogen im Bilde hängt mit den «Wassern von Oben» und nach dem Bericht der Genesis mit dem Hochwasser der Sintflut zusammen – er ist das Zeichen für die Beruhigung der Flut, für die Stillung des Tobens der Unterwelt. Der Komet unterhalb des Regenbogens erinnert daran, daß schon die Babylonier, aber auch die Astrologen der Renaissance, Kometen als Unheilkünder betrachtet haben. Insbesondere wenn er, wie hier, mit dem «Kopf» gegen die Erde gerichtet ist. Auch der berühmte Astrologe Junctinus erklärt in seinem «Speculum astrologiae 1573» Wasserflut als eine Begleiterscheinung von Saturnkometen.

Die verschiedenartigen Werkzeuge und Zeichen des Bildes erscheinen als helfende oder deutende Symbole saturnischer Seelenhaltungen und Erkenntnisweisen. Das magische Zahlenquadrat des Jupiters (mensula Jovis) rechts am Turm über der sinnenden Gestalt, ist ein altüberliefertes magisches Mittel, dem Saturntypus, der zu Säftestockungen und Krämpfen neigt, die einen lebendigen Blutkreislauf bewirkenden Kräfte des Jupiters zufließen zu lassen. Die Werkzeuge der Meßkunst, die regellos im Halbkreis um die sinnende Gestalt angeordnet sind, weisen darauf hin, daß Saturn der Herr der Geometer, der Baumeister, Architekten, Steinmetzen, Holzarbeiter, mithin auch jener Bauhütten der mittelalterlichen Kathedralen ist, die mit den Kenntnissen der Bautechnik eine kosmisch-mathematische Symbolik und eine philosophische Geheimlehre verbanden. Die Beziehung des Saturn zur Alchemie – jener Kunst der Transmutation, die aus dem Saturnmetall Blei den Sonnenstoff Gold, aus Erdenstoff Himmelskraft gewinnen wollte, wird durch ein rundes, mit Feuerkohlen gefülltes Gefäß hinter dem großen Steine angedeutet, auf dem ein Dreiecksgefäß, Symbol des Göttlichen, erhitzt wird.

Saturn ist aber auch der Herr der Steine, vor allem der mathematisch geformten, der Kristalle. Darum liegt auf dem Weg zum Hintergrund, freilich wie ein saturnisches Hindernis, ein unregelmäßig behauener Stein, der seiner Vervollkommnung zur Regelmäßigkeit noch harrt, dessen «innere» vollkommene Endform, die Kugel, im Vordergrunde zu sehen ist. Die an den Turm gelehnte siebensprossige Leiter ist ein Sinnbild des siebenstufigen, sich in der Hierarchie der sieben Planeten abbildenden Erkenntniswegs der Astrologie, die als ein Geistkind der Saturnsphäre sich mit ihm in das gleiche Symbol, in den Drachen, teilt. Das Mühlrad ist ein Zeit- und Schicksalssymbol, wie auch die Waage, die darüber hängt, die das Wägen der Verhältnisse, aber auch das Gericht über die Taten als Gerechtigkeit, eine der Saturnwirkungen, anzeigt. Zwischen beiden Symbolen sitzt der schreibende Putto als Ausdruck des Wägens, Messens und Schreibens des menschlichen Geistes. Er vertritt das hermetische Prinzip – Hermes ist der Seelenwäger und Schreiber der Schicksalstafeln – er führt auch die Seelen über den dunklen Unterweltsfluß sicher in die Gefilde der saturnischen Unterwelt. So sucht der in die Hintergründe der Menschenseele wie in das kosmische Gesetz eingeweihte Dürer, ein Künstler im Sinne des Pythagoras, für seinen kaiserlichen Freund die Elemente der saturnischen Melancholie aufzuhellen, um ihm durch eine höhere und esoterische Auffassung derselben zum Aufnehmen freundlicherer Planeteneinflüsse behilflich zu sein: ein wunderbares Beispiel einer Seelsorge durch die Astrologie und die Kunst.

Auch in einem andern berühmten, etwa zur gleichen Zeit entstandenen Kunstwerk des Abendlandes, dem «Abendmahl» Leonardo da Vincis (1452–1519), ist die Astrologie, freilich in einer vergeistigten Form, zum Untergrund der Kunst geworden. Tritt bei Dürer das Saturnproblem in den Vordergrund, so bei Leonardo das Sonnenprinzip. Obwohl das Original dieses Freskos weitgehend zerstört ist, besitzen wir durch die Kopie eines seiner Schüler, Francesco Melzi, in der Kirche von Ponte Capriasca bei Lugano, eine Ahnung von seinem ursprünglichen Zustand.

Leonardo war durchaus mit der Astrologie vertraut, war doch der berühmte Schweizer Astrologe und Karthograph Konrad Türst mit ihm eng befreundet. Leonardo lebte, wie die Künstler und Philosophen der platonischen Akademie in Florenz, in den Gedankengängen der antiken Lehre von der Entsprechung der großen und der kleinen Welt. In seiner «Abhandlung über die Malerei» betrachtet er Mensch und Erde als lebendige Abbilder des Kosmos: «Der Mensch wird von den Alten eine Welt im Kleinen genannt, und sicherlich ist diese Aussage von Richtigkeit; denn wie der Mensch aus Erde, Wasser, Luft und Feuer zusammengesetzt, so ist es der Körper der Erde desgleichen.» Und da ihm «der Mensch das Modell der ganzen Welt» ist, so versucht er mit den Menschen alle Möglichkeit des Lebens darzustellen. Dadurch gelangt Leonardo zu einer Typologie des Menschen, die auf dem umfassendsten Reihungsprinzip der Schöpfung, dem solaren Zwölferprinzip, aufgebaut ist.

Den höchsten Ausdruck hierfür fand Leonardo in seiner berühmten Darstellung des «Abendmahles Christi». Er wählte für dieses jenen dramatischen Augenblick, da der Lieblingsjünger Johannes, vom Apostel Petrus gedrängt, den Herrn fragt, wer sein Verräter sein werde (Joh. 13, 24). Wir sehen auf dem Fresko, an einer Seite des Tisches sitzend und stehend, die Reihe der zwölf Apostel, und streng in ihrer Mitte Christus mit ausgestreckten, hingebungsvoll geöffneten Armen – in der sonnenhaften Haltung des Ausstrahlens, gleich jener Sonne, die göttlich scheint über Gerechte und Ungerechte. Durch die schicksalsschwangere Frage aufgescheucht, haben sich die Apostel in Gruppen geteilt. Die Komposition Leonardos ordnet sie in vier Dreiergruppen. Diese entsprechen ebenso den vier Trigonen der Astrologie: dem feurigen, wässrigen, luftigen und erdigen, wie auch der Lehre von den vier Temperamenten – und ebenso den vier Jahreszeiten, den die Wendepunkte der Sonnen in ihrem Jahreslauf durch die zwölf Tierkreiszeichen bilden. Wurde doch oft über den Portalen bedeutender Kathedralen Christus nicht nur mit der Vierheit der Evangelistenzeichen Stier, Löwe, Adler, Engel, die der kosmischen Symbolik der Vision des Propheten Ezechiel entstammen, dargestellt, sondern auch umkränzt mit den zwölf Tierkreisbildern, so an den Kathedralen von Vézelay und Civray in Frankreich. Und wie die zwölf Tierkreiszeichen den Ausdruck von zwölf Seelenhaltungen und zwölf Menschentypen darstellen, so gelten vielfach im Mittelalter die zwölf Apostel als Repräsentanten der zwölf Menschentypen. Leonardo äußert sich darüber in diesem Sinne: «Also hier in zwölf ganzen Figuren, wird dir die Kosmographie der kleinen Welt vorgeführt, nach derselben Ordnung, die vor mir Ptolemäus in seiner Kosmographie verwendet hat. Und so werde ich dann jene in Glieder teilen, so wie er das (Erd-)Ganze in Provinzen teilte. Dann werde ich die Verrichtung aller Teile in jeder Hinsicht zeigen, indem ich dir die Aufnotierung der ganzen Gestalt und das Vermögen des Menschen in bezug auf Ortsbewegung vermittelst seiner Teile vor Augen stelle. Und so gefalle es unserm Schöpfer, daß ich die Natur der Menschen in der Art darzustellen vermöge, wie ich ihre Figur beschreibe.»

Nicht zwölf beliebige Männer als Verkörperungen der Apostel, sondern die Urtypen der Erscheinung Mensch, einen Querschnitt durch die ganze Menschheit, wollte Leonardo darstellen. Setzen wir nun von rechts nach links unter das Band der um den Tisch und um Christus versammelten Apostel in der überlieferten Reihenfolge die Tierkreiszeichen, so erhalten wir folgende Entsprechung:

1. Gruppe: Simon – Widder, Thaddäus – Stier, Matthäus – Zwillinge
2. Gruppe: Philippus – Krebs, Jakobus der Ält. – Löwe, Thomas – Jungfrau
3. Gruppe: Johannes – Waage, Judas – Skorpion, Petrus – Schütze
4. Gruppe: Andreas – Steinbock, Jakobus d. J. – Wassermann, Bartholomäus – Fische

Freilich nicht alle Apostel treten in den Berichten der Evangelien als klar umrissene Persönlichkeiten hervor. Und so können wir auch nicht bei allen prüfen, ob die Übereinstimmung von Tierkreiszeichen, Charakter und Apostelname stimmen. Immerhin ist bei einigen die Prüfung möglich und sie erlaubt uns darum auch Schlüsse auf die mögliche Richtigkeit der nicht nachprüfbaren Übereinstimmungen von Typen und Personen. Simon, die hellste Gestalt des Bildes, drückt (besonders an Nase und Augen) die scharfe Aktionskraft des Widders aus – er ist wie der Widder im Leibe, der «Kopf» des Tisches. Thaddäus verkörpert den breithalsigen Stier. Matthäus vertritt das «zwiespältige» Mittler- und Doppelzeichen Zwillinge. Kopf und Hände, Gedanke und Tat, sind entschieden nach den entgegengesetzten Richtungen gewendet. Diese Gruppe gehört als Ganzes dem Symbol des Stieres der irdischen Aktion zu.

Die zweite Gruppe beginnt mit Philippus, dessen auffallend gebeugte und milde Haltung der mondhaften Mütterlichkeit des Krebses entspricht. Ja, es ist überraschend, daß die Haltung seiner Hände genau die Einrollung des graphischen Zeichens Krebs wiederholt.

Jakobus der Ältere ist dem Löwen zugeordnet, dem Sternbild der feurigen Kraft, in dem die Sonne herrscht. Seine Hände sind am weitesten ausgebreitet, weit in die Welt hinein in feuriger Selbstsicherheit und Tatkraft. Thomas, der Vernünftler, der Ungläubige und der nüchtern Wägende, ist als der Warner dargestellt – ihm entspricht die praktische Vernünftigkeit der Jungfrau. Diese 2. Gruppe untersteht dem Evangelistensymbol Löwe.

Die dritte Gruppe, die des Adlers, dem Evangelistenzeichen des Johannes, beginnt eben mit diesem und mit dem Tierkreiszeichen Waage, dem Signum der Herbstharmonie, dem Gegensatz zum feurigen tatdrängenden Widder. In der Waage prägt sich das Gehör am stärksten aus – Johannes ist als der an der Brust des Herrn beim Abendmahl Ruhende, der Horchende. Hier im Bilde aber horcht er auf Petrus hin, der ihn zur Frage drängt. Doch zwischen Johannes und Petrus ist die dunkelste Gestalt des Apostel- und Tierkreises gestellt. Judas, der Verräter, der seinen Ausdruck findet im Todeszeichen Skorpion, in dem die Schlange und der Drache herrscht. Dies ist ein Zeichen ebenso großer Einsicht – Judas hat ja Christus als Messias erkannt – wie tiefer Verworfenheit. Ja sogar der Selbstmord des Judas ist hier kosmisch vorgebildet: wenn der Skorpion sich verloren glaubt, so tötet er sich, der Legende nach, selber mit seinem Giftstachel. Und nicht zufällig läßt ihn Leonardo das Salz umstoßen, das dem organisch Lebendigen Bestand und Reinheit verleiht. Petrus aber ist sinnvoll zwischen den liebevollen, reinen Johannes und den verdunkelten Judas gestellt – er hat sich ebenso vom Geist des Höchsten erleuchtet erwiesen bei Cäsarea Philippi, wie er andererseits auch zum Verräter geworden war. Das väterliche Herrscher- und Heilzeichen Schütze ist ihm zugeordnet, welches die machtvoll weise Idee des Papsttums zum Ausdruck bringt.

Die vierte Gruppe, im Symbol des Engels (Wassermann) zusammengefaßt, beginnt mit Andreas, dem der Steinbock zugeordnet ist. Wie Philippus im Gegenzeichen des Steinbocks, dem Krebs, hält auch er die Hände vor die Brust. Aber nicht weiblich eingerollt, sondern die Handflächen breit der Welt zugewandt. Der Steinbock, dessen kühler, klar schauender, systematischer Geist dem Apostel auf das Gesicht geschrieben ist, will verwirklichen. Jakobus der Jüngere, ein Verwandter (Bruder) des Herrn, ist durch den Wassermann charakterisiert. Er legt, der mit Petrus zusammen der erste Führer der Urgemeinde zu Jerusalem gewesen, seine Hand auf dessen Schulter, wie um die Verbundenheit mit ihm anzudeuten. Er ist kein Tatmensch, sondern ein klargesichtig Schauender. Den Schluß der Reihe bildet Bartholomäus mit dem Zeichen Fische. Im Körper sind den Fischen die Füße zugeordnet. Leonardo aber hat bei diesem Apostel als einzigem die Füße sichtbar gemacht. Vorgeneigt lauschend und schauend breitet sich vor ihm das ganze Drama aus – er sieht alles – denn er ist der Letzte.

Im Kreise dieser kosmischen Sinnbilder der zwölf Apostel sitzt, sie alle zusammenfassend und nach allen Seiten gleichmäßig ausstrahlend «reines Dasein», Christus, die Sonne dieser «Tierkreisbilder», im Brennpunkt all der reichen Perspektivlinien: auf ihn führen sie alles hin, von ihm strahlen sie wieder in die Welt hinein. Zwischen Jungfrau und Waage ist diese «Sonne» gesetzt – diese Stellung entspricht der Abendstunde, da die Sonne scheidet und sie sich in höchster Schönheit verklärt, bevor sie in Todesnacht versinkt. Das ist auch die Stunde des Abendmahls, deren kosmisches Wider- und Vorspiel Leonardo in seinem gewaltigen und tiefsinnigen Bilde schaubar gemacht hat.

Die Astrologie in der Reformationszeit

Die zweite große Periode der Astrologie im Christentum, einer christlichen Astrologie, brach an mit dem Zeitalter der Reformation. Zwar hatte der glänzende, jung verstorbene Pico della Mirandola in seiner größtes Aufsehen erregenden Schrift «Adversus astrologos» noch am Ende des 15. Jahrhunderts versucht, die Astrologie philosophisch zu widerlegen. Aber dies gelang ihm so wenig wie sein Plan eines, um alle bekannten Traditionen erweiterten, synkretistischen Christentums. Doch nun wächst die eine «reformierte» Astrologie durch Melanchthon aus dem Kreis der Reformatoren selber heraus. Tycho de Brahe in Dänemark und Kepler in Deutschland schufen ihr ein solides Fundament durch neue mathematische und wissenschaftliche Berechnungen. Durch deren Riesenarbeit der Berechnung der sogenannten «Rudolfinischen Tafeln» wird es möglich, die Planetenorte auf lange Zeit vorherzubestimmen. Und gerade der berühmteste astronomische Forscher des Nordens, Tycho de Brahe, ein frommer Protestant, ist zugleich auch der glänzendste Horoskopsteller, dessen Horoskope der Dänenprinzen heute noch erhalten sind. Berühmt ist auch das Horoskop geworden, das der 24jährige Kepler für Wallenstein anfertigte. Doch verfaßte dieser auch über dreißig Jahre lang alljährlich im Auftrag von Städten oder Landschaften allgemeine Jahresprognostiken über Witterung, Seuchen, Kriege usw. Auch in den politischen Wirren der Reformationszeit spielte die Astrologie eine gewichtige Rolle. Johann Friedrich hat in seiner Schrift «Astrologie und Reformation oder die Astrologen als Prediger der Reformation und Urheber des Bauernkrieges», die These vertreten, daß die astrologischen Prophezeiungen, die auf Geistliche wie Laien, Katholiken wie Protestanten, auf Kaiser und Volk gleicherweise wirkten, wesentlich zur Entfachung der geistigen und politischen Umwälzungen beigetragen haben.

Aber auch in Italien nimmt die gelehrte astrologische Forschung einen immer größeren Aufschwung. Ficinus Marsilius, platonischer Philosoph, Arzt und Astrologe, Kanonikus an der Kathedrale von Florenz, † 1484, verfaßte eine berühmte astrologische Abhandlung: De stella magnorum. Franziskus Junctinus, † 1580 in Florenz, Theologe, Mathematiker und Philosoph, Ordensprovinzial der Karmeliter und berühmter Prediger, schrieb das umfassendste astrologische Werk seit Ptolomäus und Firmicus. Es wurde erst nach seinem Tode 1583 unter dem Titel «Speculum astrologiae» in Lyon unter Billigung der päpstlichen Zensur gedruckt. Hieronymus Cardanus, Arzt, Philosoph und Astrologe, 1562–1571 Professor der Mathematik und der Medizin in Bologna, geriet zwar wegen seiner kühnen Behauptungen mit der Geistlichkeit in Konflikt, wurde aber durch seinen Freund und Protektor, den Kardinal Karl Borromäus, gerettet. Die Wirkung seiner Schriften verbreitete sich schnell über ganz Europa.

Melanchthon und seine Nachwirkung

Wenn man heute in unvoreingenommener Betrachtung auf die aufgewühlte und wildbewegte Zeit der Reformation, das 16. Jahrhundert, zurückblickt, eine Zeit, die so viele Parallelen zu der unsern aufweist, so ist man überrascht, festzustellen, welch eine ungeheure Rolle der Glaube an den Einfluß der Sterne auf Mensch und Weltgeschehen in jener Umbruchsperiode gespielt hat. Man sollte meinen, daß die Reformatoren, die doch so viele antike und mittelalterliche Traditionen über Bord geworfen haben, auch die Astrologie einer vergangenen Zeit zugezählt hätten. Aber dies war entweder gar nicht oder nur teilweise der Fall. Im Gegenteil, auch die Astrologie erfuhr damals eine Art Reformation. Vor allem ist Philipp Melanchthon nicht nur als Theologe ein Reformator gewesen, sondern muß auch innerhalb der Astrologie als solcher gelten. Anders hingegen Luther, der mehr aus psychologischen Gründen denn aus religiösen die Astrologie ablehnte und für den sie auf die Stufe naiven Volksglaubens herabsank. Luther nennt die Astrologie «eine Erfindung des Teufels (den der Reformator in allem ihm Unverständlichen witterte), auf daß die Leute vom Ehestand und allen göttlichen und menschlichen Ämtern und Ständen abgeschreckt würden. Denn sie sagen nichts Gutes aus dem Gestirn, machen, daß sich die Gewissen fürchten vor dem künftigen Unglück...» Damit wies Luther auf die damals in apokalyptisch erregter Zeit umlaufenden Unglücksprophezeiungen hin, an denen oft selbst die berühmtesten Astrologen nicht unschuldig waren, was zweifellos eine dunkle Seite der Astrologie aufdeckt. Besonders war es in jener Zeit die «große Konjunktion» von Saturn und Jupiter in den Fischen im Jahre 1524 (ähnlich wie einst zur Zeit der Geburt Jesu), weil man von ihr eine Sintflut erwartete, wie der damals weltberühmte Lehrer Melanchthons in der Astrologie, Stoffeler, Astronom der Universität Tübingen, prophezeite, was die Gemüter in ganz Europa in uns unvorstellbarer Weise erregte. Werner Bergengruen hat diese psychische Seuche einer Furchtwelle in jener religiösen und politischen Umbruchzeit in seinem astrologischen Roman: «Am Himmel wie auf Erden», der im Sommer 1940 abgeschlossen wurde, während einer Konjunktion des Jupiters und des Saturn, glänzend und eindringlich dargestellt.

Luther selber glaubte ganz naiv an den Untergang der Welt zu seiner Zeit. Als Melanchthon ihm jedoch auf Grund astrologischer Berechnung die Vermutung mitteilte, daß Kaiser Karl V. bis 1584 leben würde, brauste er auf: «So lange steht die Welt nicht mehr! Ezechiel ist dawider! Denn wenn wir die Türken weggeschlagen haben, alsdann ist der jüngste Tag gewiß vor der Tür.» Luther faßte, wie das Volk, von jeher die Finsternisse der Sonne und des Mondes sowie die Erscheinung von Kometen als Vorzeichen allgemeiner Katastrophen auf. Jedoch sobald es sich aber um eine tiefere Erfassung der menschlich-kosmischen Analogien handelte, wird Luther störrisch: «Die Astrologen schreiben den Sternen Kräfte zu, die Gott ihnen nicht gegeben hat, sie schreiben ihnen das Ärgste zu, welches man den Kometen zuschreiben sollte, die nur Böses bedeuten.» Luther ist aber selber noch zu Lebzeiten eine umstrittene Figur in der Astrologie geworden. Denn man untersuchte vielfach sein Horoskop und fälschte es sogar, da man aus seiner Geburtskonstellation, die ihn je nach verschiedener Annahme des Datums als großen Propheten oder als bloßen Empörer zeigte, die Zukunft und die Dauer des Protestantismus ablesen wollte.

Doch schließlich ist Luther nur ein, wenn auch ein wichtiges, Element der Reformation, während die religiöse Weisheit derselben durch eine Gestalt wie Melanchthon vertreten wurde. Dieser vermochte es, als ein weitausgreifender systematisierender Geist, die vulkanischen Ausbrüche der religiös-revolutionären Schau Luthers in eine Ordnung zu fassen. Im selben Sinne versuchte er aber auch, die Astrologie zu reformieren, sie auf eine wissenschaftlich-rationale Basis zu stellen, wie schon vor ihm Regiomontanus, und von diesem erneuten naturphilosophischen Grunde aus eine neue Synthese mit dem christlichen Glauben herzustellen.

«Darf sich der Mensch mit Sterndeutung abgeben?» fragte sich Melanchthon. Und er antwortet mit einem sicheren Ja, indem er auf die Bibel hinweist, auf 1. Mose 1, 14, wonach die Sterne nicht nur geschaffen sind, damit wir die Jahre und den Jahreskreislauf unterscheiden können, sondern auch, damit sie uns «zum Zeichen» werden. «Wenn aber Gott gewollt hat, daß sie uns von etwas Zeichen geben sollen, so hat er damit uns auch erlaubt, auf dem Weg der Erfahrung zu erforschen, welche Ereignisse sie uns durch ,Zeichen' ankünden sollen. Und wenn geschrieben steht bei Jeremias: ,Ihr sollt euch nicht fürchten vor den Zeichen des Himmels', so wird die Möglichkeit der Sterndeutung durch diese Worte bestätigt. Er nennt sie ja Zeichen. Also geben sie etwas an. Aber Gott tröstet seine Kirche, daß sie sich nicht zusammen mit der Menschheit und ihrem Elend dem Untergang geweiht glauben, sondern wissen soll, daß Gott um sie Sorge trägt, sie erhört und ihr hilft, selbst wenn die sekundären Ursachen versagen.» (Melanchthon: Initia doctrinae physicae, dictata in academia Vitebergensi, iterum edita Vitebergae 1559). Mit dieser biblischen Rückendeckung geht der vielfältige Reformator ans Werk.

Wodurch unterscheidet sich nun seine Astrologie von der vorreformatorischen? Für ihn gehört die Astrologie nicht mehr zur Astronomie, sondern zur Physik. Er unterscheidet sorgfältig zwei Ebenen: die unmittelbare Einwirkung Gottes und gottgesandter Geister, und andrerseits die mittelbare Wirksamkeit Gottes durch die Naturkräfte. Die letztere nennt er fatum physicum, und dieses ist ihm repräsentiert im Stand der Gestirne. Er erkennt diesen sowohl in den Elementen wie im lebendigen Körper als die Ursache von gewissen Beschaffenheiten und Zuständen (qualitatum). Die Fundamente dieser «physikalischen» Astrologie liegen in der Kenntnis der Kräfte, welche durch die Planeten auf die irdische Welt wirken – primär auf die Elemente, und weil diese den menschlichen Körper konstituieren, auch auf diesen. Durch ihren Einfluß wird er gebildet und auch ernährt. Daher der Zusammenhang der Gestirne mit den Naturanlagen, dem Temperament und den Neigungen des Menschen, die über die Säfte und Drüsen und über den individuellen Typus der Nervenstruktur auch die Seele und damit die Gedanken und Taten des Menschen influizieren, trotzdem aber nicht seine innere Freiheit berühren, die dem geistigen, nicht dem physikalischen Bereich angehört. Jedoch, so lehrt Melanchthon im Gegensatz zu Kepler, können die Gesetze dieser Einwirkung nicht mathematisch, sondern nur physikalisch erkannt werden. Dies ist der Grund, warum Melanchthon die Astrologie gegen die Angriffe Pico della Mirandolas unter dem Begriff des physikalischen Schicksals verteidigt, das er von der göttlichen Vorsehung unterscheidet.

Das naturphilosophische System des Melanchthon läßt sich als ein Versuch betrachten, die Vernunft mit dem Glauben in Harmonie zu bringen, beide gleichsam in ein einheitliches wissenschaftliches System von Gott, der Welt und dem Menschen zusammenzufassen. Die Bibel als Offenbarung Gottes bildete für ihn die Grundlage, ein reformiertes aristotelisches Denksystem das Mittel hiezu. Die aristotelischen Prinzipien der Natur nimmt er als Hypothesen an und legt die Elemente als die prima naturae der Physik zugrunde. Jedoch setzt er stets Gott als oberste Ursache alles Vorhandenen voraus und kommt erst von dieser Voraussetzung aus zur Aufrollung seiner kosmologischen Probleme. Und wie Melanchthon von Gott ausgeht, so kehrt er auch in allen Teilen seines Systems zu ihm zurück und kann darum sagen, daß die Wissenschaft von der Bewegung und der Einwirkung der Gestirne Gott verherrliche und zur Bewunderung seiner Weisheit führe.

Die ungeheure Wirkung, die aber von Melanchthons Astrologie ausging, beruht auf seiner Lehrtätigkeit in Wittenberg. Seine Vorlesungen über Astrologie hatte er zusammengefaßt in dem oftmals zitierten Werke: «Initia doctrinae physicae». 2500 Schüler saßen ihm im Laufe seiner Lehrtätigkeit zu Füßen. Und aus dieser Schülerschaft ging eine Elite von tätig Wissenden hervor, die die Erkenntnisse und den Einfluß Melanchthons über ganz Europa verbreiteten. Um nur einige Namen zu nennen: da war Johann Carion, der Held des astrologischen Romanes von Bergengruen, Mathematiker und Hofastrologe in Berlin; Haßfurt, Lehrer zu Heidelberg; der Theologe Johann Schöner, Lehrer der Mathematik in Nürnberg, zu dessen astrologischem Lehrbuch: De Judiciis Nativitatum, 1545, Melanchthon das Vorwort schrieb; Jakob Scholle, Arzt in Straßburg; Johann Schröter, Lehrer der Medizin in Wien und Jena und Leibarzt Kaiser Ferdinands I., der ihn zum Pfalzgrafen erhob; der Theologe Martin Chemnitz, Astrologe des Herzogs Albrecht von Preußen; Matthias Meine, Mathematiklehrer in Königsberg; die märkischen Ärzte und Astrologen Peter Hosmann, Winang und Tutiger. Melanchthons Freund war der berühmte Lehrer der Mathematik und Medizin an der Universität Wittenberg, Jakob Milich, der in einer neuen Weise Astrologie mit Medizin verband und diese natur- und geisteswissenschaftliche Synthese an seine Schüler weitergab. Als die vielleicht berühmteste und am weitesten wirkende Edition Melanchthons erwies sich seine Neuausgabe des spätantiken Grundwerkes der Astrologie, der «Tetrabiblos» des Claudius Ptolemäus, das er mit einem Kommentar versehen hat (durch E. Winkel ins Deutsche übertragen).

Das geschichtlich Bedeutungsvolle an der Wirkung der aus dem Geiste der Renaissance und der Naturwissenschaft erneuerten Astrologie Melanchthons vollzog sich jedoch dadurch, daß seine Schüler häufig zu Beratern der europäischen Fürsten wurden und dadurch über die Astrologie zu Mitgestaltern der abendländischen Politik heraufwuchsen. Denn die Fürsten, so Kaiser Karl V. (1500–1558), Heinrich IV. (1553–1610), Franz I. von Frankreich (1494–1547), ließen sich in ihren Entscheidungen wesentlich von ihren astrologischen Ratgebern beeinflussen. Ein Beispiel aus der Vergangenheit für den

TAFEL VII. Albrecht Dürer: Melencolia I.

TAFEL VIII. Der Mensch im Kosmos
Titelblatt eines Werkes des Rosenkreuzers Fludd. 1619

politischen Einfluß der Astrologie führt Melanchthon in Initia doctrinae physicae selber an. Kaiser Friedrich III. (1440–1493), der Vater Maximilians I., wollte sich, obschon seine Macht groß war, dennoch nicht auf einen Kampf mit König Matthias von Ungarn einlassen, weil er dessen angeborenes Glück kannte und weil er wußte, daß in seinem eigenen Geburtsbild Mars, das Zeichen für Aktivität und Krieg, negativ aspektiert war. Darum mäßigte er sein Ungestüm, und zog es vor, durch Unterhandlungen seine Ziele zu erreichen. Ähnlich verhielt er sich gegenüber Karl dem Kühnen, dem Herzog von Burgund (1433–1477).

Die wirklichkeitsgestaltende Macht der Ideen zeigte sich ganz besonders in der aufgewühlten Zeit der Reformation. Das Ideengut der Astrologie wirkte in jenen Jahrhunderten auf jeder Ebene, so in den kirchlichen Neuerungsbestrebungen, in den politischen und sozialen Strömungen, in einem erst heute wieder verständlichen Umfang als geschichtsbildend. Denn im gleichen Zeitraum, in dem die Päpste der Renaissancezeit sich von ihren Sternkundigen Tag und Stunde ihrer wichtigen Geschäfte berechnen ließen, wurden in Deutschland die Astrologen zu Propheten und Wegbereitern jener großen Revolution, die mit der Reformation auf allen Ebenen anbrach. Die Prognosen des damals in höchstem Ansehen stehenden Astrologen Johann Lichtenberger aus Mainz, die auch von Luther eingehend studiert wurden, wirkten mit zum Aufflammen des Bauernaufstandes, des «Kommunismus» jener Zeit. Aus seiner gut kaiserlichen Gesinnung heraus warnt Lichtenberger zwar den Kurfürsten von Mainz, doch verkündet er aus astrologischen Aspekten den Sieg der Schrift über kaiserliches und geistliches Recht, Aufruhr wider die Obrigkeit und die Predigt eines vom Volk vergötterten Propheten. Im 29. Kapitel seiner großen Prognostica kündigt Lichtenberger das Auftreten eines «falschen Propheten an», der um 1496 geboren werde. Luther setzte über den Holzschnitt seiner Ausgabe von 1527 die Worte: «Dieser Prophet sieht dem Thomas Müntzer gleich.» Denn Luther war von Lichtenbergers astrologischer Prophetie, die, wie wir heute sagen würden, die Weltrevolution jener Zeit in ihren Phasen ankündete und beschrieb, derart beeindruckt, daß er sie selber 1527 erneut zum Druck beförderte, «sampt einer nutzlichen vorrede und unterricht D. Martini Luthers, wie man die selbige und dergleichen weissagungen vernemen sol.»

Melanchthons christliche Naturphilosophie fand eine bedeutsame Fortführung in dem Werke des lutherischen Theologen und Mystikers Johannes Arnd, einem der Väter des christlichen Rosenkreuzertums. Sein Hauptwerk «Vom wahren Christentum», an Bedeutung und Wirkung nur noch der «Nachfolge Christi» des Thomas a Kempis vergleichbar, war 1610 zuerst erschienen und ist seitdem bis auf unsere Zeit in zahllosen Auflagen verbreitet. In ihm bricht nach einem Jahrhundert ödester Schulstreitigkeiten der protestantischen Orthodoxie der lebendige Strom eines auf der Hl. Schrift, innerer Erfahrung und tätiger Bewährung gegründeten Christentums durch, das seine Wurzeln bis in die Tiefe der großen christlichen Mystik erstreckt. Gerade darum ist Arnds ganz aus dem Evangelium gewonnene Lehre und Lebensschau reich durchwirkt von kosmologischen Elementen, von einer Sinndeutung der gottgeschaffenen Welt um Gottes Willen. Wohl kennt er die naturgesetzliche Wirkung der kosmischen Kräfte – so im 4. Kapitel des 4. Buches: «Vom 4. Tagewerk Gottes, von Sonne, Mond und Sternen». Aber weil gottgeschaffen, offenbart der Kosmos ihm mehr als nur «natürliche Wirkungen». Der Himmel ist ihm darum auch zugleich ein geistliches Bilderbuch vom Willen Gottes. Denn «alle Elemente reden mit uns». Und «weil Gott unsichtbar und unbegreiflich ist, so sollen wir aus den schönen natürlichen Lichtern seine Natur erkennen lernen». Wir haben darum aus dieser Gesinnung in Arnds «Wahrem Christentum» eine wahrhaft umfassende, d. h. «katholische» Theologie von Gott, Welt und Mensch vor uns, wie sie in den Systemen der neueren protestantischen und katholischen Theologen kaum mehr zu finden ist.

Im 58. Kapitel des zweiten Buches seines Werkes «Vom wahren Christentum»: «Daß der natürliche Himmel und die ganze Welt mit allen natürlichen Kräften dem Glauben und dem Gebet eines Christen unterworfen ist», ordnet er die Astrologie, wenn auch mit Beschränkungen, in sein Weltbild ein. «Zum andern weiset uns Christus Jesus, unser Herr, selbst auf die Zeichen des Himmels, der Sonne, Mond und Sterne, Luk. 21, 25. Denn der Himmel ist ein Spiegel der großen Welt, darin ein Verständiger sehen kann, was auf Erden geschehen soll... Es haben viele vortreffliche Leute, Philosophen und Theologen wider die Astrologie geschrieben und wollen nicht zugeben, daß das Gestirn im Menschen etwas wirken sollte, sein Leben, Wandel und Geschäft betreffend... Daß aber der Himmel und das Gestirn natürlicherweise keine Wirkung haben sollte im menschlichen Leben, Wandel und Geschäfte, weiß ich nicht, ob man es so gar verneinen

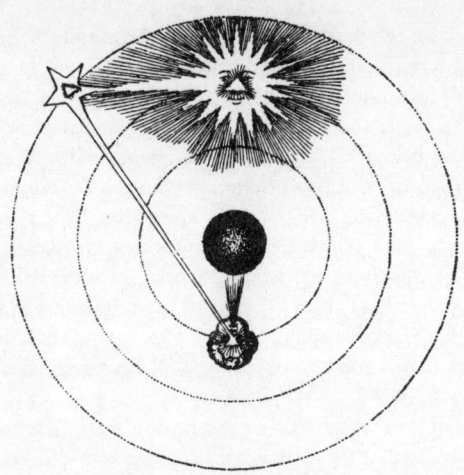

Abb. 3. Aus Robert Fludd: De Causa Meteorum Efficiendi
Das Prinzip der kosmisch-meteorologischen Einwirkung auf die Erde

könnte und ob eben dadurch der Vorsehung Gottes ein Abbruch geschehe. Sintemal erstlich der allmächtige Gott durch die Natur als
durch ein Mittel wirkt.»

«So rührt der größte Teil menschlicher Krankheiten vom Gestirne
her, wie die wahren Ärzte wissen, denen die Gestirnkrankheiten bekannt sind. Daher ein berühmter Arzt (Paracelsus) die Astronomia
(Sternseherkunst) zur vierten Säule der Medizin macht und setzt, wie
sie denn auch ist... Der Mensch ist der Mittelpunkt der größeren
Welt, auf welchen alle Strahlen zielen und zusammenlaufen.»

«Zudem, wie kann so ganz verneint werden, daß das Firmament
nicht seine Wirkung im Menschen habe, da doch das ganze Firmament
im Menschen ist und das Firmament der kleinen Welt mit dem Firmament der großen Welt eine sehr geheime und große Übereinstimmung
hat, wie die rechtschaffenen Philosophen wohl wissen. Ich rede nicht
von der Wirkung der Sterne, welche die vermeinten Sternseher den
Gestirnen andichten und darauf ihre Wahrsagerei gründen, dawider
fast alle Theologen unserer Zeit geschrieben und dieselbe verworfen
haben; sondern ich rede von natürlichen Kräften des Himmels und
der Sterne, daß derselben Wirkungen im Menschen, als in der kleinen
Welt, nicht könne verneint werden.»

«Es ist auch in den Auslegungen der Zeugnisse der Schrift, Jes. 41, 22, so wider Sternseherei und Weissagerei zukünftiger Dinge von den Propheten ausgesprochen worden, ein Unterschied zu machen unter den Werken Gottes, so Gott unmittelbar tut und unter den Werken der Natur. Die Juden wollten Gottes unerforschliche Werke aus der Natur erforschen, welches unmöglich ist; darum wurden sie unter den Sternsehern zuschanden und wurden verspottet... Es gehörte eine höhere Weisheit dazu, nämlich der Geist Gottes, der da alles erforscht, auch die Tiefen der Gottheit, 1. Kor. 2, 10... Dahin sieht auch Salomon in seinem Prediger, Kap. 8, 17, daß man die Werke Gottes nicht erforschen kann, verstehe aus der Natur, aber wohl durch den Heiligen Geist. Darum heben solche Sprüche die Wirkungen des Firmaments nicht auf...»

Man spürt in Arnds christlicher Astrosophie den Einfluß von Melanchthons physikalischer Astrologie, die von den direkten geistigen Wirkungen der Sterne (Sterngeister, Engel) absieht. Auch seine Unterscheidung von mittelbaren und unmittelbaren Wirkungen Gottes führt Arnd weiter. Dahinter aber schimmert die ältere Auffassung von der Analogie des oberen und inneren «Firmaments» durch und vom Menschen als dem Mittelpunkt der Welt, als dem Mikrokosmos im Makrokosmos, wie dies schon in Hildegard von Bingens Lehre vom kosmischen Menschen ausgesprochen ist. Und trotzdem Arnd die «natürlichen Kräfte» der Sterne betont, weist er darauf hin, daß deren Wirkung und Gesetz, daß das Zusammenspiel aller Weltkräfte in einer harmonia mundi nur aus der tieferen und den Hintergrund der Schöpfung erfassenden Einsicht aus dem Heiligen Geiste erfahren werden können. Das will aber besagen: wahre Wissenschaft – und hier die astrologische – ist sinnvoll möglich, wenn sie gespeist wird aus dem Heiligen Geiste. Und erst diese darf dann «christliche Wissenschaft» oder näherhin eine christliche Astrologie genannt werden.

Doch all diese natürlichen Wirkungen des Kosmos und der Sterne, so wunderbar und rätselvoll sie auch sein und wirken mögen, sind letzthin, so sagt Arnd, dem Gebet unterworfen. «Denn ein Gläubiger ist in Christo ein Herr über die ganze Natur.» Und das will wohl besagen: Im Gebet erhebt sich der Christ über alle Sphären der Natur und damit auch über das Schicksal zum unabgeteilten Göttlichen. Damit ist die letzte Möglichkeit des Menschen, seine Erlösung und Freiwerdung und seine Einung mit Gott angebahnt.

Ein halbes Jahrhundert früher hat diese Anschauung, das Gebet als die innere Überwindung der Schicksalsnötigung, der dänische Statthalter von Schleswig und Holstein, der Astrologe Heinrich Rantzau, in altüberlieferten Worten ausgedrückt:

Astra regunt homines / Die Sterne lenken die Menschen,
sed regis astra Deus / aber Gott lenkt die Sterne.
Cedunt astra Deo / Die Sterne gehorchen Gott,
precibus Deus ipse piorum / Gott selber hört auf die Gebete
der Frommen.

HENRICUS RANZOVIUS
DE CONSERVANDA VALETUTINE, LEIPZIG 1576

Paracelsus, oder die Innerlichkeit der Astrologie

Im Höhepunkt der Renaissanceepoche, in der, wie in unserer Zeit, eine neue, noch wirre Ordnung sich im Namen der Freiheit gegen eine hierarchisch gegliederte, allumfassende Ordnung empörte, wurde 1493 der Arzt, Philosoph, Astrologe, Chemiker und Theologe Theophrastus Bombastus von Hohenheim, genannt der Paracelsus, d. h. der mehr ist als der berühmte spätantike Arzt Celsus, in Einsiedeln geboren. Theophrastus Paracelsus war das Urbild eines faustischen Menschen, der, vom Dämon seines Ingeniums getrieben, das gesamte Wissen seiner Zeit zusammenraffend, Europa auf seinen großen Reisen unrastig durchstreifte. Dieser nachmalige Reformator der Medizin errang sich in einem Zentrum der Astrologie, in Ferrara, 1517 den Doktorhut. Aber bald wendet er sich leidenschaftlich gegen das empfangene Schulwissen – die ganze bisherige Medizin dünkte ihn ein vom Teufel erfundener Betrug. Vor allem verwirft er die Lehren des spätantiken Arztes Galen, der als die größte medizinische Autorität des Mittelalters galt, insbesondere dessen Humoralmedizin mit ihrer Viersäftelehre, der ohne neue empirische Forschung durch Jahrhunderte hindurch nachgeeifert worden war. Als Stadtarzt von Basel und Professor der Universität – dem kurzen Glückshöhepunkt in des Paracelsus Leben – unternahm er als Ausdruck seines Protestes gegen die alte Medizin seine berühmte Verbrennung der Werke Galens im Johannisfeuer zu Basel 1517. Denn die bisherige Medizin erscheint ihm als abgelebt und soll durch ihn als Reformator «in ihren ursprünglichen lobenswerten Zustand zurückgeführt werden.» Aber der Widerstand der Studenten und Professoren gegen seine «Reformation» zwang ihn bald wieder zu erneutem unsteten Wanderleben, das mit kurzen Unterbrüchen erst mit seinem allzufrühen Tode im Jahre 1541 in Salzburg enden sollte.

Zu dem Dreigestirn der Reformatoren der Astrologie Tycho de Brahe, Melanchthon und Kepler ist aber auch Paracelsus als ein Umwerter der Sternenweisheit zu zählen. Hatte Tycho de Brahe die Astrologie auf die Basis empirischer Forschung gestellt und ihr in den von ihm errechneten «Rudolfinischen Tafeln», Ephemeriden oder vorausberechnete Sternorte, eine exakte technische Grundlage gegeben, hatte Kepler sie zu einer mundanen, musikalischen Philosophie entwickelt und Melanchthon sie aus dem Gebiet der Philosophie in das der Physik übertragen – so schuf ihr Paracelsus eine neue Innerlichkeit in der Form einer makro-mikrokosmischen medizinischen Philosophie. Dabei ging auch er wie die Alten von der Voraussetzung der Verbundenheit der oberen Sphären mit der unteren Welt aus. Und indem er die letzten Konsequenzen aus dieser Anschauung zog, kam er zur Überzeugung, daß der Arzt den Menschen aus dem Himmel verstehen müsse, wie umgekehrt den Himmel aus dem Innern des Menschen.

Auf zwei Wegen umkreist Paracelsus den Menschen und sucht sich seinem leiblichen und geistigen Geheimnis zu nähern. Auf dem einen Wege suchte er das leibliche Leben als eine Abfolge von chemischen Prozessen experimentell zu erforschen. Dadurch wird er zum Erfinder und Begründer der Chemotherapie, auf deren Prinzipien heute noch die chemisch-pharmazeutischen Fabrikationsstätten in Basel beruhen. Zugleich erkennt er als erster das Wesen und die Bedeutung der psychischen Krankheiten und ihren Zusammenhang mit den organischen. So wird er der eigentliche Entdecker der Psychotherapie als einer medizinischen Wissenschaft.

Doch andrerseits unternimmt er es, die alte hermetische und platonische Philosophie, auf deren Traditionen er baut, weiterzuführen. In seinem Buche «Paragranum» und in seinem «Opus Paramirum» entwickelt er seine Makro-Mikrokosmos-Philosophie. Der Mensch ist ein verkleinertes Abbild der Gesamtwelt – eine Kleinwelt, ein Mikrokosmos. Sein Fleisch entspricht darum der Erde, sein Blut dem Wasser, sein Auge der Sonne und alle andern Glieder und Organe in ähnlicher Weise Teilen der Großwelt. Die Weltkräfte, die sich im Leiblichen abspiegeln, sind freilich für ihn geistige – aber sie wirken in den sinnlichen Kräften und Formen. Die geistigen Kräfte selber bezeichnet er als «firmamentum» oder als das Gestirn im Menschen, als das «innere Gestirn». Und diese «astra» bilden als die geistigen Kräfte der großen wie der kleinen Welt die «ungreifbaren» oder unkörperlichen Teile des Leibes. Es hat für die weitere Entwicklung einer astrologischen Anthropologie, die durch Paracelsus begründet wurde, eine wichtige Bedeutung, daß er zwei Leiber unterscheidet, den elementarischen und den siderisch-astralen.

Um aber den inneren Menschen, der vom Gestirn, dem Firmamentum, bewirkt wird, zu erkennen, muß sich der Arzt im Sinne des Paracelsus um die «Anatomie» der makrokosmischen Welt bemühen. Denn die Kenntnis derselben erlaubt nach dem Grundsatz der Entsprechung Einsichten in den Zustand des Menschen und in dessen Ursachen: der Mensch ist nur aus dem Gesamtzusammenhang des Kosmos zu verstehen, nicht aus seiner Vereinzelung. Von diesem neuplatonischen Standort schreitet Paracelsus in seinem großartigen Spätwerk, der «Philosophia sagax», fort zu einer innigen Verbindung des biblischen mit dem platonischen Denken, wie vor ihm die Kirchenväter Origenes und der hl. Augustinus.

In dieser seiner Spätphilosophie ist der Mensch darum Mikrokosmos, weil er, in seinem Ursprung als Adam, aus Lehm, dem «limus», geschaffen wurde. Dieser paracelsische Lehm ist aber nicht unserer heutigen Ackererde gleichzusetzen, sondern ist gewissermaßen ein paradiesischer Urstoff, der als prima materia noch alle Kräfte der Schöpfung in sich vereinigt. Darum wird er «Quintessenz» genannt – das will sagen: das fünfte Element, oder die Essenz aus den vier Elementen. Weil aber der Mensch aus dieser urstofflichen Quintessenz geschaffen, der Zusammenfassung aller Weltkräfte, ist er ebenso zu einer Quintessenz des Makrokosmos geworden, enthält er auch alle Kräfte der ganzen Welt. Die vier Elemente dieses Lehms, oder des «Auszug (Essenz) der ganzen Natur», wollen jedoch nicht Elemente im Sinne heutiger Naturwissenschaft darstellen, sondern vielmehr Urqualitäten des Stoffes, qualitative Zustände desselben. Der «elementische» menschliche Leib – das eigentlich Körperhafte – wird nach Paracelsus nun bestimmt durch die «unteren» Elemente Erde und Wasser. Hingegen bilden die beiden «oberen», Luft und Feuer, das Geistige, den Atem und einen zweiten ungreifbaren geistigen Leib: den siderischen oder den «gestirnten». Dieser, das firmamentum oder die astra, enthält die geistigen Kräfte im Menschen. Nach der «Philo-

Abb. 4. Der Mensch im kosmischen Kreuz der 4 Elemente
Holzschnitt von Hans Weiditz aus dem «Trostspiegel» des Francesco Petrarca,
Augsburg 1532. Der «elementische» Mensch, bewirkt durch Wasser, Erde,
Feuer (Sonne) und Luft (Mond)

sophia sagax» verfügt jeder Mensch über diese Zweiheit der Leiber,
über den elementischen und den astralen. Und in der Beziehung dieser
beiden liegt der Kernpunkt der anthropologischen Astrologie des
Paracelsus.

Denn auch jedes Element hat seinen eigenen Geist – die «unteren»
eine Art Erdgeist oder niedrigen Geist. Von diesem werden sie und
der aus ihnen gebildete Leib beherrscht, oder, um ein Wort aus der
heutigen Hormonwissenschaft zu gebrauchen: gesteuert. Und wie der
elementische Leib durch den Erdgeist, so der astrale durch den gestirnten Geist. Dieser ist also eine seelenbewegende Kraft, eine differenzierte Antriebskraft aus dem «Ungreifbaren» auf das menschliche
Ungreifbare, die Seele. Man könnte den gestirnten Geist des Paracelsus in Beziehung setzen zu einer ähnlichen These unserer Tage –
zu den «Archetypen» der Tiefenpsychologie C. G. Jungs als den «Dominanten des kollektiv Unbewußten», d. h. als den unsichtbaren, aber
wirklichen und wirkenden Leitbildern und Triebkräften der seelischen
Tiefenschichten. Für Paracelsus aber gewährt die Aktivierung des
gestirnten Geistes im Menschen die Erkenntnis der tieferen Geheimnisse der Natur, ihres «inneren» Baus und Lebens. Aber auch die

Geheimnisse der Natur stellen Offenbarungen und Werke des schaffenden Gottes dar. Wenn sich darum der hermetische Philosoph um die Erkenntnis des gestirnten Geistes bemüht, so strebt er nach Erkenntnis Gottes aus seinen Werken. Doch über diese Philosophie des Firmamentischen hinaus gibt es noch eine höhere Weise des Erkennens: die des Theologen oder besser des Theosophen, was wörtlich übersetzt bedeutet: der Gottesweise. In dieser Unterscheidung kennt Paracelsus drei Rangstufen der Erkenntnis: eine elementische, der nur «greifbaren» natürlichen Dinge, eine geistig-astrale, die zur Erkenntnis der innern Zusammenhänge führt, denn «Geister sein in Stern» (Philosophia sagax) und eine theosophische, die Gott nicht nur mittelbar in den Elementen oder den Gestirnen, sondern in seiner unmittelbaren Offenbarung erkennt. Doch alle drei Erkenntnisweisen hängen zusammen, sie bilden drei Bewußtseinsstufen des Menschen, entsprechend der uralten Einteilung desselben in Leib, Seele und Geist, und ein inneres Fortschreiten des Menschen von unbewußter Naturbefangenheit zu göttlicher Freiheit.

Auf diese Weise steht der Mensch allzeit in den elementischen, geistig-seelischen und göttlichen Reichen und Bereichen. Er ist eingewirkt in das Beziehungssystem ihrer Kräfte, und was darum in den Elementen und Astra «draußen» geschieht, vollzieht sich auch in einem parallelen Ablauf leiblich-seelisch in seinem Innern. Der Mensch ist Abbild einer ursprünglichen, gottgesetzten Harmonie. Doch nicht nur als passives Abbild, sondern auch als tätig umgestaltende Kraft, die nicht nur vom Himmel bewirkt wird, sondern es auch vermag, auf ihn zu wirken. Astrologie im Sinne der Horoskopie wird von Paracelsus abgelehnt. Hingegen war die Astrosophie des Paracelsus ein Teilstück seines magischen Wissens. «Magier ist nach Paracelsi Definition nur derjenige, der aufgeweckt ist, dessen Geistesauge entwickelt ist zur Wahrnehmung der Aurastrahlungen und des Corpus sidereum oder des Astralkörpers, der von den Gestirnen stammt und von ihnen wieder verzehrt wird (nach dem Tode), während die Sinnesaugen nur das Elementische zu schauen vermögen und auch wieder ins Elementische zurückkehren müssen. Der Astralkörper ist das eigentliche Medium und Mittelwesen zwischen Körper und Geist, zwischen Erde und Gestirnen, Mittlerwesen der Geisterwelten, dem Verknüpfung und Möglichkeit nahen und entfernten Aufeinanderwirkens obliegt. Diese Machtmöglichkeit psychisch-astraler Fernwirkung schätzt Paracelsus so hoch ein wie die Kraft des Glaubens, die Berge versetzt, wenn er schreibt: «So groß ist menschliche Weisheit, daß sie unter ihr hat alle Gestirn, Firmament und den ganzen Himmel. Und gleich wie er Macht hat über die Erde, also auch über den Himmel. Wie ihm unterworfen sein Schaf, Küh usw., also auch Sonn, Mond und alle Stern. Denn eines jeden Menschen Weisheit regiert den Himmel. Denn gleich wie die Hand die Erden gewältigt, also gewältigt der innere Microcosmos des Menschen den Himmel...» (Dr. J. Strebel in «Nova Acta Paracelsica», Basel 1945, S. 112/13.)

Durch diese Doppelwirkung ist der Mensch nicht nur ein Glied dieser kosmischen Ordnung, sondern auch ein konstituierendes Element derselben. Der ursprünglich heile Mensch, der noch ganz dem in der kosmischen Ordnung sich widerspiegelnden Willen Gottes entspricht, der noch in der «Harmonie» lebt – der paradiesische Mensch – kennt darum auch keine Krankheiten. Diese sind Störungen der Weltharmonie im Menschen – ja vielleicht sogar verursacht durch eine vorausgegangene Störung der Weltharmonie im Kosmos durch das Walten des Bösen. Den Erkennenden aber, den adepti, nach denen diese Philosophie die adeptische Philosophie und die darauf beruhende Medizin medicina adepta genannt ist, enthüllen sich die firmamentischen Geheimnisse und Ursachen von Gesundheit und Krankheit so, wie sich dem Adepten der Gottweisheit, des himmlischen Lichtes, die Geheimnisse des göttlichen Tuns enthüllen. Eben darum wird für den Arzt «der Mensch erlernt von der großen Welt und nicht aus dem Menschen» (aus dem «Paramirum»). Und ebendort heißt es auch: «Solches sollt ihr verstehn im Menschen und wissen, daß im Menschen das Firmament ist mit gewaltigem Lauf leiblicher Planeten, Sternen, die da geben Exaltationes, Konjunktiones, Oppositiones und dergleichen, wie ihrs nennet nach eurem Verstand: und alles, so die astronomische Lehr tief und schwer ergründet hat, durch Aspekten, Sidern und ander, dasselbig sollt ihr euch lassen eine Unterrichtung und Lehr sein auf das leiblich Firmament. Denn euer keiner, der da leer ist der Astronomey, mag voll werden der Artztney. Darum: sobald der Arzt den innern Himmel urteilet, ist er ein Arzt, sonst nicht. Denn so er den Himmel nur äußerlich weiß, so bleibt er ein Astronomus und ein Astrologus: So er's aber im Menschen ordnet, so weiß er zwei Himmel. Nun machen zwei ‚wissend' einen Arzt auf den Teil, das die obern Sphären betrifft.» (Buch Paragranum).

Der Mensch ist also nicht nur durch die Elemente und ihren Geist bewirkt, sondern besitzt auch in seinem astralen siderischen Leib ein eigenes «inneres» Firmament, einen ihm eigenen Umlauf der Welt- und Seelenkräfte, man würde heute psychologisch sagen: eine ihm eigene archetypische Struktur, die der Arzt zu lesen verstehen muß. «Darum sollt ihr (Ärzte) das Ens astrale verstehen also. Es ist ein Ding, das wir nicht sehen, das uns und alles das, was da lebet und die Empfindlichkeit hat, erhält bei dem Leben: das kommt aus dem Gestirn.» (Paramirum). «Dieweil nun so viel am Himmel liegt und seine Wirkung zu wissen in der Artztney, die sie so gewaltig regiert: darum vonnöten ist, den Grund, so ich fürhalt, endlich zu halten, nichts außerhalb demselbigen vorzunehmen... Der Himmel wirkt zu seiner Zeit, und er ist der, der da eröffnet die Kräfte der Dinge: und Kräfte und Tugenden (Eigenschaften, Qualitäten), sind unterworfen dem Himmel. Warum darf denn einer schreiben die Tugend (beschreiben), der nicht hinzusetzt der Tugend Stunde?» (Paragranum).

Auf diesem Weg führt Paracelsus die Astrologie weg aus dem Bereich der alten Mythen und von den Resten des einst mit ihr verbundenen Götterglaubens – weg von aller Bedrückung, die vom Sternenzwang ausgehen könnte und zuweilen in Dekadenzzeiten auch ausgegangen ist. Ein neues lauteres Licht geht mit Paracelsus in der Astrologie auf, und wir nennen die durch ihn so kühn und fromm Erneute: eine Astrologie der Innerlichkeit.

Johannes Kepler, 1571–1630, der Astrologe des Barocks

Die menschliche Kultur entfaltet sich, wie wir unschwer bei einem systematischen Rückblick auf die Geschichte feststellen können, in Stufenfolgen, die einem immer wieder neuanhebenden großen Zeitkreis eingeschrieben sind. Als Umfang eines solchen Zeitenkreises dürfen wir ein Weltjahr von etwa 2100 Jahren annehmen (siehe Kapitel Weltjahr), das sich ergibt aus dem Vorrücken des Frühlingspunktes der Sonne um ein Tierkreiszeichen in eben diesem Zeitraum. Ähnlich dem Aufblühen einer Rose innerhalb eines Jahreskreises aus verhüllter und herber Knospenhaftigkeit zur Reife und zu vergilbender Überreife und weiter zur Frucht, die den Samen für das Leben eines neuen Jahreskreislaufes birgt – ähnlich entfalten sich auch die psychischen Kräfte, die Formen einer Kultur von unbewußter Knospenhaftigkeit zu hochbewußter und schließlich bewußtseinsübersättigter Lebenshaltung, um, sich selbst zum Ekel geworden, greisenhaft zu entblättern – wie einst am Ende der Antike, so nun auch am Ende unseres ausgehenden Fischzeitalters. Diese Entfaltungsstufen innerhalb eines Kulturzyklus, der immer ein organisches Ganzes bildet, sind, obwohl sie sich in allen Ebenen des Menschlichen geistig, sozial, religiös und künstlerisch ausprägen, am deutlichsten und am sinnfälligsten an den Form-Wandlungen der Kunst abzulesen. Der Früh-Archaik mit ihren geometrischen Abstraktionen folgt die archaische Epoche mit ihren noch unindividuellen, menschlich Kollektives oder Göttliches sinnbildenden Formen. Aber langsam lösen diese sich aus ihrer starren Klarheit, werden individuell und differenzierter, gefühlsgesättigter und entfalten sich so über den Typus der Gotik, den es in allen Kulturen gibt, zur Renaissance, zu einem glücklichen, aber teuer bezahlten Rausch menschlicher Eigenständigkeit und Selbst-Bewußtheit. Der Barock mit seiner festlichen Weltliebe und mit seinem, im Gegensatz zum naiven und unreflektierten Glauben der Frühzeit, philosophischen und reflektierten Glauben (Zeitalter der Allegorie), mündet aber schließlich in den agnostischen Rationalismus der Aufklärung. Dieser vermag Göttliches nur noch in der immanenten Naturgesetzlichkeit zu erblicken, die infolgedessen zur Norm der Vernunft und des Lebens erhoben wird. Der künstlerische Ausdruck davon ist die kühle klassizistische Kunst und in weiterer Folge der Realismus in der Kunst und der Materialismus im Denken. Bis die Menschheit, davon übersättigt, sich den irrationalen Kräften wieder hingibt in der Kunst (moderne surrealistische, abstrakte Kunst), in der Philosophie (Vitalismus und Existentialismus), in der Politik (Kommunismus, Faschismus), wie dies in unserer Zeit geschieht, mit der eine große Weltepoche an ihr Ende gelangt ist. Doch die Todeskrämpfe einer endenden Zeit leiten über zu den Geburtswehen eines neuen Zyklus.

Im antiken Kulturzyklus des mit dem Tierkreiszeichen Widder bezeichneten Weltjahres von etwa 2200–150 v. Chr. ist die typologische Epoche des Barocks mit ihrer religiös-philosophischen Renaissance alter Weisheit und mit ihrem wiedererwachenden Mysterienwesen (Mysterien von Eleusis, Pythagoräischer Weisheitsbund), dem im Fischezeitalter analog die frühen christlichen Freimaurer und die älteren Rosenkreuzer entsprechen, etwa ins 6. Jahrhundert anzusetzen.

Damals entfaltete die griechische Kunst ihren festlichen, sinnlichen Zauber. Damals lebte und wirkte der Religionsphilosoph Pythagoras, der seine religiöse Erfahrung nicht mehr aus bilderträchtiger Seele durch unreflektierte Hingabe an die Mächte des Naturhintergrundes, die Götter, sondern als eine religiöse Philosophie aus dem Geiste der bildlosen Mathematik herleitete. Alle kosmische und irdische Schönheit und Form, und selbst Gott als ein Gott der Ordnung, und diese Ordnung wiederum begriffen als eine mathematisch-gesetzmäßige und mathematisch-musikalische Harmonie der Sphären – wurzelte für Pythagoras in der Urweisheit der Mathematik. Und Platon spricht aus dem Geist der pythagoräischen Schule das Wort: «Gott treibt ewig Geometrie»; so wie er auch jedem den Eintritt in seine Akademie verwehrte, der nicht Mathematik verstand.

Pythagoras aber wurde gewissermaßen zum Typus einer Geisteshaltung, die sich nicht mehr nur auf die Erfahrungen der inneren oder visionären Bilderwelt vom Göttlichen verläßt, sondern die das intuitiv Gefundene wie das Gedachte durch die Erfahrung der Sinne und der Forschung, durch kosmisch-geistige Urgesetze zu bestätigen sucht. Es ist der Schritt vom schauenden Glauben zum begrifflichen Wissen, der in allen «Renaissance- und Barockzeiten» angestrebt und vollzogen wird. In diesem Sinne wirkte im Barock der Fischezeit der religiöse Philosoph und Mathematiker Leibnitz (1643–1727) mit seiner weitausgreifenden pan-christlichen Philosophie und der christliche Naturforscher Newton, der die festen Naturgesetze entdeckte und zugleich einen gewaltigen Kommentar zur Offenbarung des Johannes schrieb. Damals lebte der der Alchemie und Astrologie ergebene Kaiser Rudolf II. – und 1571–1630 der Astronom und Astrosoph Johannes Kepler, lutherischer Theologe, Philosoph, Mathematiker, Entdecker astronomischer Gesetze und Gestalter einer geistig vertieften Astrologie. Durch ihn, wie durch den ihm ähnlich gesinnten Tycho de Brahe, bekam die Astrologie ein neues Gesicht und verlor endgültig ihre mittelalterliche traditionsgläubige Form.

Betrachten wir einen Augenblick die Lage in Bezug auf die Astrologie im Barock der Lebenszeit Keplers. Das 16. und 17. Jahrhundert ist gekennzeichnet durch das Erscheinen einer Fülle von populären Schriften, vor allem jener Volkskalender, die damals die praktischen Regulatoren von Ackerbau und Wirtschaft waren und astrologische Prognostika enthielten über Witterung, Ernte, Welthändel. Oft wurden sie im Auftrag der Obrigkeit verfaßt – so hatte Kepler am Beginn seiner Laufbahn die alljährlichen Kalender und die Prognostika als Landschaftsmathematiker von Graz zu schreiben. Doch die Astrologie war nicht nur Volksgut, sondern gehörte auch zur eigentlichen höheren Bildung, wurde sie doch an den Universitäten von Bologna und Padua, Rom, Neapel und Ferrara wie auch in Wittenberg gelehrt. In Dänemark war Friedrich II. der freigebige Gönner Tycho de Brahes, der ihm die prächtige astronomische Forschungsstätte Uranienborg auf der Insel Hveen errichtete. Der gelehrte Statthalter von Schleswig und Holstein, Heinrich Rantzau, gab zwei vortreffliche Lehrbücher der Astrologie heraus und legte eine Sammlung von Horoskopen berühmter Zeitgenossen an, wodurch er gewissermaßen einen Geheimschlüssel zur zeitgenössischen Weltgeschichte besaß. In England sprach sich Francis Bacon, einer der Mitbegründer der modernen Naturerkenntnis, in seiner «Astrologia sana» (1623) für die Astrologie aus, in der Überzeugung, daß kollektive Ereignisse, wie Pest, Wassernot, Krieg, Revolution, Völkerwanderungen, im Zusammenhang mit den Planetenbewegungen stehen müssen. Er bekämpfte nur die bisher übliche Methode der Berechnung, welche die Wirkweise der Planeten nach den einzelnen Tagesstunden und Wochentagen bestimmte. Freilich gab es auch ernsthafte Widersacher der Astrologie, die nicht nur den Mißbrauch, dem die Astrologie in ihrer populären Form oft zum Opfer fiel, zum Anlaß ihrer Polemik nahmen. Als der bedeutendste ihrer Gegner in der Renaissance galt der platonische Philosoph, Pico della Mirandola, der die besten Geister des Abendlandes in das Verständnis der Kabbalah eingeführt hatte, durch seine Schrift: «Adversus astrologos, liber duodecim». Tycho de Brahe ehrt ihn als den einzigen kundigen Wissenden, der es unternommen habe, die Astrologie von ihren eigenen Voraussetzungen aus anzugreifen. Aber freilich geschah Pico das Mißgeschick, daß er durch die Art seines Todes die ihm verhaßte Sterndeutung bestätigte. Denn, wie ihm drei Sterndeuter verkündet hatten, starb der kühne Religionsphilosoph gerade in dem für ihn als kritisch erklärten 32. Jahr, in der Stunde, da nach den Vorausberechnungen der Planet Mars sein Leben bedrohen sollte.

Auch Kepler wandte sich gegen Pico della Mirandola. In einem bedeutsamen Passus aus seiner Schrift: «Vom neuen Stern im Fuße des Schlangenträgers» (De stella nova in Pede Serpentarii 1606, Opera

2, 611) widerlegt er Pico, zugleich seinen eigenen Standort klar umschreibend: «Es tadelt Pico den Ptolemäus, sich auf Aristoteles stützend, daß er physische Dinge mathematisch betrachte und aus geometrischen Figuren auf Wesenseigenschaften der Naturdinge schließe. Aber mein Pico, es kommt viel darauf an, in welchem Sinne man das tut. Wenn man die Figuren selber zu Baumeistern macht, handelt man töricht. Wenn man aber der Figur den Baumeister hinzufügt, was sollte noch hindern, daß auf Grund dieser beiden Ursachen, der formalen und der Wirkursache, in der geeigneten Materie eine Wirkung zustande kommt? In unserem Fall ist die Naturkraft im sublunaren Körper der Baumeister, der die Strahlungsfigur als Vorbild benutzt und im Körper oder im Geiste eine jener Figur konforme Bewegung hervorbringt...»

«Man wird bei den vorzüglichsten Philosophen das Bekenntnis finden, daß die Spuren der Geometrie überall sich offenbaren, so als ob die Geometrie der Urtyp der ganzen Welt sei... Weiterhin ist auch das richtig: Gleich wie in allen kreatürlichen Lebewesen das Leben selbst, das Wachsen des Körpers und die Fortpflanzung der Art sozusagen ein Schöpfungsspiel ist, so hat auch der Baumeister dieses Werkes eine gewisse Ähnlichkeit mit Gott dem Schöpfer. Was uns deswegen im gewöhnlichen Leben am unscheinbarsten dünkt, ist tiefer betrachtet den höchsten Wundern gleich zu achten – wahrlich so, wie ein Dichter gesungen hat: Und jedes Kräutlein zeigt Gott gegenwärtig.»

«Denn in der Bildung des Kindes im Mutterschoß, in der Hervorbringung auch des unscheinbarsten Gräsleins ist nichts, was von jener Kraft nicht mit der höchsten und absolutesten Vernunft geschehe und zu seinem besonderen Ende, da es alles nach einem Ratschluß vollkommen geleitet wird (nämlich nach dem Schöpferplane Gottes). Diese Herrschaft der höchsten Vernunft ist nicht dem Körper, nicht dem Stoff, sondern durchaus den Kräften einer informierenden Seele zuzuschreiben, so daß jede Art der natürlichen und animalischen Kraft, die in den Körpern vorhanden ist, eine Ähnlichkeit mit Gott in sich trägt».

«Laßt uns nun also Anfang und Ende zusammenknüpfen: Wenn Gott selbst das Urbild für seine Weltschöpfung aus der Geometrie hergenommen hat, wie kann es noch verwunderlich sein, wenn Gottes Ebenbilder sich bei der Bewegung ihrer Körper an eben diesen geometrischen Verhältnissen erfreuen; sind diese Verhältnisse doch von ihrem Schöpfer, auf den sie hinblicken, der Welt und damit auch ihnen selbst eingepflanzt...»

In diesem Texte spricht Kepler die Grundthesen einer christlichen Kosmologie aus. Doch zugleich wird in ihnen die Wandlung sichtbar, die im Weltbild der Astrologie seit Dante eingetreten ist. Dante entfaltet seine Astrologie noch aus einer mythischen Bilderschau, die sich aus der Tradition der antiken Astrologie des Ptolemäus, der Engelmystik des Dionysos und der Väterüberlieferung von der Himmelsreise der Seele herleitet. Dante lebte unentzweit in der Bilderhöhle des Mythus, an deren Wänden die Wahrheiten als Bildergeschichten von urtümlichen und neuzeitlichen Begebnissen aufleuchten. Der Mythus ist ja keine bloße Fabel oder ein willkürliches Dichtwerk aus der schwelenden und spielenden Phantasie des Menschen, sondern eine bildhaft erzählende Form vom wesenhaften überzeitlichen Sinngehalt einer Wahrheit, der Urzeit, der Geschichte. Der Mythus sieht und sagt das Innere der Natur, durch deren Rhythmus er die Bewegungen im Göttlichen nachzubilden sucht. Und weil sich in der astralen Weltschau Dantes Offenbarung, Mythos und Geschichte zu dem größten dichterischen Werk des Fischezeitalters verbinden, kann man geistes- und zeitgeschichtlich dies Epos jenem größten der Widderzeit in Parallele setzen: der homerischen Ilias und der Odyssee, die etwa ebensoviele Jahre vor der Harmonik des Pythagoras entstanden ist, wie die «Göttliche Komödie» vor den «Harmonice mundi» Keplers. Denn in diesem seinem Hauptwerk erscheint Kepler gleichsam als der Pythagoras des Fischeweltjahres.

Wir gewinnen heute wieder eine Ahnung von der Bedeutungstiefe der pythagoräischen Lehre von der Harmonik der Welt durch den zeitgenössischen Erneuerer harmonikaler Lehren, Hans Kayser. In seinem Einführungswerk: «Akroasis» (was heißt: die Hörbarmachung), definiert er Harmonik als «eine Kunde von der uralten und ewig neuen Lehre vom ‚Klang der Welt‘, eine Geisteshaltung, welche Dante mit dem schönen Vers Purg. 30, 92 antönt:

> «Bevor die Engel sangen, deren Sang
> Nur Nachklang ist vom Lied der ew'gen Sphären.»

Pythagoras und seine Schule lehrten, wie später Plato, eine «Theologie in Gestalt von mathematischen Figuren». Sie stellten eine enge wechselseitige Beziehung zwischen Zahlen und Tönen her, in der das eine durch das andere ausdrückbar erscheint. Denn «die ganze Welt ist nur eine Harmonie und eine Zahl», wie ein von Aristoteles überliefertes pythagoräisches Fragment lautet. Diese zahlenharmonikale Geheimlehre vom Weltganzen und seiner Bewegung wurde aber streng gehütet. Sie ist nur in rätselhaften Bruchstücken uns bekannt, verborgen in den Werken von philosophischen Nachfahren des Pythagoras wie Demokrit und Archytas oder in dem Werk des spätrömischen Architekturschriftstellers Vitruv «De Architectura». Kayser äußert sich in seiner «Akroasis», S. 43, über das Wesen der Sphärenharmonie folgendermaßen:

«Der Begriff der Sphärenharmonie ist so alt wie das Bewußtsein der Menschen. Zuerst Mythos, dann Astralsymbolik... wird er zur Voraussetzung der Astrologie und der beginnenden astronomischen Forschung aller alten Völker. Erst mit Kepler (dieser angeregt durch des Astronomen und Astrologen Ptolemäus ‚Harmonik‘ und des dazugehörigen Kommentars des griechischen Philosophen Porphyrios) erhält er jedoch jene Fundamentierung, die ihn des bloßen Glaubens enthebt und in das moderne wissenschaftliche Denken einordnet. In seinem Hauptwerk, der ‚Harmonice mundi‘, einem Werk, das Kepler als sein wichtigstes bezeichnete... weist er mit einem umfangreichen, heute noch im wesentlichen gültigen Material nach, daß zwischen den Geschwindigkeiten der Planeten untereinander eine große Anzahl musikalischer Harmonien bestehen. Sein berühmtes in diesem Werk enthaltenes drittes Planetengesetz fand er mittels typischer harmonikaler Überlegungen, der sogenannten Oktav-Operationen; es ist aber für Kepler bezeichnend, daß gerade diese von uns heute als einzig Wertvolles der ‚Harmonice mundi‘ noch anerkannte Entdeckung nur als eine neben vielen anderen ‚Harmonien‘ in seinem Werke genannt wird. Wir tun Kepler völlig unrecht und verbauen uns selbst das tiefere Verständnis für ihn und sein Wollen, wenn wir seine Harmonik nur als eine Anregung bezeichnen... Für Kepler war nicht die Formel des dritten Planetengesetzes: ‚Die Quadrate der Umlaufzeiten der Planeten verhalten sich wie die Kuben der großen Achsen‘ die Hauptsache, sondern die ‚Harmonice mundi‘, die Harmonie der Welt, innerhalb derer das dritte Gesetz nur die Rolle einer von vielen Bestätigungen spielt. Natürlich kann man mit dem dritten Gesetz vorausberechnen und astronomische (und darum auch astrologische)

Ereignisse voraussagen. Wer aber das Werk Keplers gelesen und sich von seiner Begeisterung hat mitreißen lassen, für den sind seine harmonikalen Proportionen seelische Wirklichkeiten, und er weiß: hier geht es nicht um bloße Formulierungen und um praktische Nutzanwendungen, sondern um das wahrhaft erschütternde Erlebnis: Das bist du, da oben sind Kräfte und Gestalten an den Himmel geschrieben, die in deiner eigenen Seele tönen, die dich innerlich aufs stärkste angehen und ebenso wie dein ureigenstes Ich der Gottheit angehören!» –

In diesen Sätzen Kaysers, mit denen er den Sinn des Keplerschen Weltharmoniesystems nachzeichnet, ist nun ohne jede astrologische Terminologie das Wesen der astrologischen Synchronizität ausgesprochen. Das, was als seelische Bewegung und innere Musik den Menschen durchflutet und ihn antreibt zu Taten und Gedanken, zu Formungen des Schicksals, das sind zugleich Gestalten und Kräfte, an den Himmel geschrieben – oder vielmehr dem Himmel als Planetenbewegung eingeschrieben. Das Mittel aber, in dem sich das Seelisch-Menschliche und das Kosmisch-Planetarische verzahnt, in dem es ineinander wirkt, sind die pythagoräischen Tonzahlenreihen. Die Aspekte und Bewegungen der Planeten sind also musikalisch, und Kepler hat sie in der Tat mit Noten aufgezeichnet – er hat die Sphärenmusik nicht nur errechnet, er hat sie gehört und für alle hörbar gemacht. So darf er sagen: «Wer einmal aus dem Kelch des Pythagoras einen reichen Trunk getan, der ist entzückt von den wunderlieblichen Harmonien des Planetenreigens...» Kepler ward dadurch nicht nur ein Neubegründer der Astrologie aus dem Geiste der Musik, sondern auch der Begründer einer kosmologischen Philosophie der Musik, die hundert Jahre vor Johann Sebastian Bach aus dem Geiste der Mathematik das große Zeitalter der europäischen Musik eingeleitet hat.

Da Kepler die Vereinigung der logischen mit der sophiologischen Erkenntnis anstrebte, so konnte er in der Vorrede zu seinen «Rudolfinischen Tafeln» schreiben: «Die Sternwissenschaft hat zwei Teile. Der erste behandelt die Bewegung der Gestirne (Astronomie), der andere die Wirkung der Gestirne auf die sublunare Welt (Astrologie)». Doch war er der nicht immer konsequent durchgehaltenen Meinung, daß aus den planetarischen Konstellationen nur Schlüsse generellen Charakters gezogen werden können. «Daß der Himmel im Menschen etwas tue, sieht man klar genug, was er aber in specie tue, bleibt verborgen.» Dennoch «prägt sich das bei der Geburt vorhandene Cha-

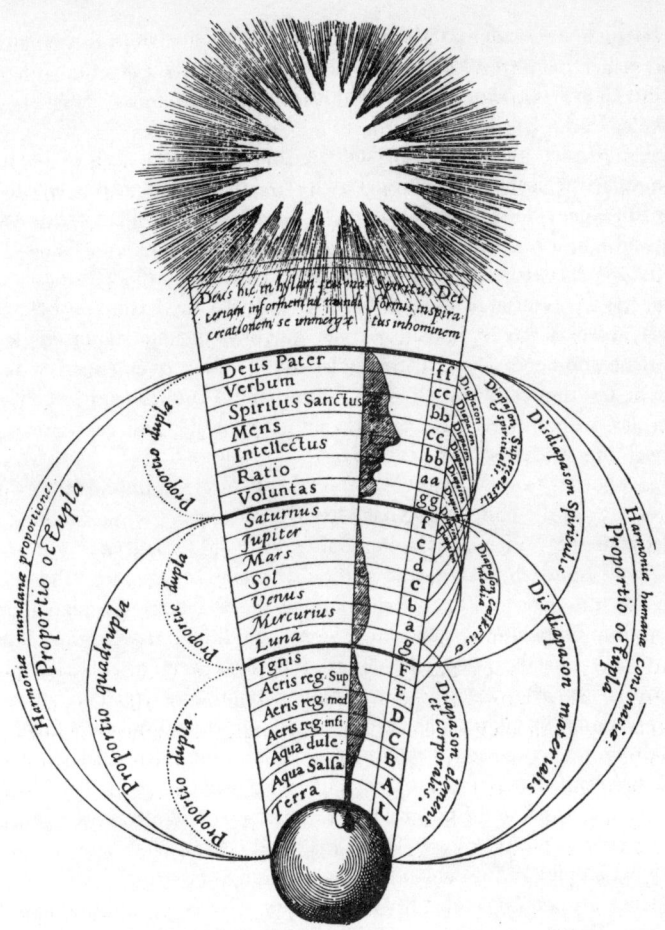

Abb. 5. Robert Fludd: Harmoniea mundi – Harmoniae humanae
Der Mensch aus Ausdruck der Weltharmonie durch die Einhauchung des Geistes
Gottes

rakterbild des Himmels durch eine verborgene Formkraft in den Ge-
sichtszügen des Geborenen aus und kann hier... vom Beobachter
erkannt werden». (Harm. mundi, 4. Buch.) «Es ist nämlich die Beständigkeit des himmlischen Charakterbildes und aller Einzelheiten des

geburtlichen Themas so groß, und es ist das Geburtsbild in der Seele
von solcher Dauer, daß es vor Lebensende nicht vergessen wird.» –
«Der Charakter aber, sagt Heraklit, ist des Menschen Schicksal.»
(Diels, Fragm. 119.)

Für Kepler sind es hauptsächlich drei Elemente, durch die die
himmlisch-irdische Beziehung bewirkt wird: Da ist 1. das ausströmende Agens der Himmelskörper, 2. die Aspekte der Planeten untereinander und 3. die geometrischen Instinkte der sublunaren Welt.

1. Als Ausströmen des Himmels bezeichnet Kepler jenes innere, als
«species immateriata» ausströmende Etwas, das die Fähigkeit besitze,
dort, wo es auftreffe, je nach Art der mitausfließenden Eigenschaften,
Wärme und Feuchtigkeit in verschiedenen Graden zu erzeugen, wobei
die Sonne die Hauptursache der Wärme, der Mond die der Feuchtigkeit ist, während die Planeten die jeweils typische und gesetzmäßige
Mischung beider Kräfte bewirken.

2. Die Aspekte, Winkelbildungen der Planeten untereinander und
in bezug auf die Erde und je nach der Umlaufzeit der winkelbildenden
Planeten von verschieden langer Dauer, die Kepler nicht nach gut oder
schlecht, sondern nach Stärke und Schwäche unterscheidet, sind auch
für ihn die geometrischen Beziehungen der Planeten, die man Konjunktion, Opposition, Quadratur, Sextil und Trigon usw. nennt. Auch
die Planeten selber unterscheidet er nicht nach guten oder schlechten,
sondern als harte, weiche, warme, kalte, feuchte und trockene. «Sextil,
Trigon und Sesquiquadrat vertragen sich am besten mit den weichen
und feuchten Planeten – wenn man nämlich die musikalischen Verhältnisse auf die Astrologie überträgt. Den harten und heißen Planeten sind Quintil und Biquintil willkommen» (aus dem Brief Keplers an
den Pfarrer und Astrologen Fabricius, 1564–1617). Hier begegnen wir
der für Kepler kennzeichnenden Anschauung, daß es möglich sei, die
inneren Beziehungen der Musik und der Astrologie in Analogie zu
setzen. Für ihn entspricht das Sextil der Terz in moll, das Quadrat
der Quarte, das Trigon der Quinte, die Opposition der Oktave usw.
Aber nach Tert. interv., These 59, hat er doch einsehen müssen, daß
sich nicht alle Aspekte musikalisch einordnen lassen.

3. Das dritte Element seiner Astrologie muß als ganz irrational bezeichnet werden: ein Instinkt, der allen Kreaturen in gleicher Weise
eigen ist. «Weil aber das fürnehmste Stück ist aus allen Eigenschaften
der Kreaturen, daß ein Instinctus Geometriae in ihnen allen ist, und

sie mit ihrer formis oder animalibus facultatibus dem Licht verwandt – also folgt, daß unangesehen eine jede Sach dasselbe, was sich mit ihr begibt, selbst tut ... dennoch alles ihr Tun und Lassen durch diese hienieden auf Erden anwesenden und von den Kreaturen vermerkten Lichtstrahlen und durch die Geometrium oder Harmoniam, so sich zwischen ihnen durch Mittel ihrer Bewegung zuträgt, ihren Schick (Antrieb oder Schicksal) empfange und unterschiedlich formiert und verleitet werde.» (Tert. interv., These 73.)

Kepler stand der Astrologie zwar kritisch, aber nicht negativ gegenüber. Schon in seinem 23. Jahr schrieb er an seinen Lehrer Maestlin, daß er bei Verwerfung der astrologischen Possen den Kern behalte. Aber später in seinem Tertius interveniens, These 8, meint er, «daß Philosophen, Mediziner und Theologen verspüren werden, was er aus der Astrologia Gutes auszuklauben habe, so daß sie ihn und andere nicht daran hindern werden, sondern mit der Astrologia fürderhin bescheidener (gerechter) verfahren werden.»

Darum kommt Kepler zu dem letzten Schluß seiner Weisheit, daß die rein traditionelle, mit Mythen und unbewiesenen Vorstellungen gemischte Astrologie ein närrisches Töchterlein der Astronomie sei. «Und doch zupft uns diese Torheit bei den Ohren und führt uns auf den Kreuzweg, der zur Rechten nach der Philosophie zugeht.» Und so schreibt er 1625 an Wallenstein, dem er ein berühmt gewordenes Horoskop gestellt hat:

«Die Philosophie und also auch die wahre Astrologie ist ein Zeugnis von Gottes Werken und also ein heilig und gar nicht ein leichtfertig Ding, das will ich meines Teils nicht verunehren.»

Kepler erweist sich gerade in seiner aus dem Geist der Philosophie und Musik erneuerten Astrologie als ein typischer Sohn der Barockzeit, die wohl die alten Traditionen nochmals aufnimmt, aber nun eingefügt in die helleren Bewußtseinsstufen der beginnenden Naturwissenschaft und der nach immer reinerer Logik strebenden Philosophie. Obwohl Kepler die Astrologie von ihrem mythischen Gehalte «reinigt», weigert er sich, die geistige Einheit von Astronomie und Astrologie zerreißen zu lassen. Seine Zeit, wesentlich vom Stierprinzip und darum durch die «verbindliche» Venus bestimmt, hält die Mitte, und weiß noch einmal – bevor das Abendland durch die Hybris des reinen Wissensüberschwangs, der Sünde Luzifers, glanzvoll in den Abgrund taumelt – die Gegensätze zu verknüpfen. Und darum verkündet Kepler, nachdem Melanchthon die Astrologie als eine Form der Physik in das Weltbild der beginnenden Naturwissenschaften eingeführt hat, diese als eine christlich-pythagoräische Weisheitslehre, als eine Philosophie der Musik.

Campanellas «Sonnenstaat»

Eine Auswertung der Astrologie für die Gestaltung des sozialen und politischen Lebens unternahm in Italien der 1558 in Calabrien geborene Dominikaner Campanella in seinem «Sonnenstaat», einer politischen Utopie, die vor allem auf die deutschen Rosenkreuzer bedeutsam wirkte. Aus politischen Gründen wurde Campanella siebenundzwanzig Jahre in Neapel im Gefängnis gehalten, ohne daß dies grausame Geschick seinen Feuergeist dämpfen konnte. Nach seiner Befreiung ward er vom Papste hoch geehrt und stand unter dessen besonderem Schutz. Wie die meisten geistigen Führer des Mittelalters und der Renaissance vereinigte er in seiner Bildung die des Arztes, des Philosophen und des Theologen. Aber ebenso war er ein Meister der Astrologie, über deren System er ein Werk: «Astrologicorum» libr. 6 (Lugdunum 1626) schrieb. In einem andern astrologischen Werke, dem «Tres magni influxus» versuchte er theologische und astrologische Gesichtspunkte zusammenzuschauen. So sieht er in der Notwendigkeit die absolute Macht Gottes wirksam, wie ihm das allgemeine Fatum durch die Weisheit Gottes und die allgemeine Harmonie des Weltganzen durch die Liebe Gottes bewirkt erscheint. Bis auf unsere Zeit hat sich aber sein Andenken erhalten durch sein berühmtestes Werk, den «Sonnenstaat» – der ein Gegenstück zum Idealstaat-Entwurf des Thomas Moore in seiner «Utopia» darstellt. Campanella versucht im «Sonnenstaat» die Ideen von Platons «Staat» weiterzuführen in Form der christlichen Theokratie eines Stadtstaates, der von Priestern geleitet ist und in einem fürstlichen Hohepriester seine Spitze findet. Interessant ist das Beichtsystem dieser nach kosmischen Grundsätzen geordneten kommunistischen Gemeinschaft. Jeder beichtet nämlich seinem Priester, diese untereinander und ihren Oberen – die Oberen wiederum dem Hohepriester – der nun an einem Bußtag die gesamten Sünden der Stadt, deren Kenntnis sich auf diese Weise bei ihm zusammenfindet, mitsamt den eigenen, öffentlich dem ganzen Volke bekanntgibt. Wie die babylonischen Tempeltürme ist dieser Stadtstaat in 7 Stufen gebaut. Und auf jedem Mauerring ist das Wissen einer Lehrstufe als orbis pictus aufgemalt – so daß die Kinder ihr Wissen in sieben Jahren, um die Mauern herumgeführt, von diesen ablesen und es so erwerben. Damit ist die pädagogische Methode des Orbis pictus des Rosenkreuzers Comeninus bereits von Campanella vorweggenommen.

Das Bedeutsamste in diesem Idealstaatenentwurf ist aber die Regulierung des gesamten Lebens dieser Gemeinschaft durch die Astrologie. Erziehung und Regierung sind weitgehend davon bestimmt – ja selbst die Zeugung. Denn Campanella erhofft wie Plato ein besonders schönes und edles Geschlecht dadurch heranzubilden, daß er die persönliche Liebe als Grundlage der Paarung der Menschen ausschaltet und diese, sowie die Zeugungsstunde, durch Priester, die der Astrologie mächtig sind, bestimmen läßt. Auch für die Berufswahl der Jugend möchte er die astrologische Bestimmung herangezogen wissen. Campanella vertrat die oft behauptete, aber nie endgültig geklärte Überzeugung, daß es für universale und individuelle Katastrophen, die durch Sternwirkung ausgelöst werden, siderale Gegenmittel gäbe, die er im 7. Buch seiner Astrolog. libr. 6 mitteilt. Aus seiner christlichen Glaubenshaltung heraus vertritt Campanella die Überzeugung, daß Gott, wenn man sich im Gebet an ihn wende, gewisse Schicksalszüge aufschieben oder ändern könne. Wie in Babylon, im alten Israel und im Mittelalter weiß er das Gebet als eine schicksalsdurchkreuzende Macht.

Die Rosenkreuzer

Bevor die Aufklärung des 18. Jahrhunderts hereinbrach mit ihrem Kult der Vernunft, der seinen greuelvollen Höhepunkt erreichte in der Verehrung einer lebenden Frau auf dem entweihten Altare der Kirche Notre Dame in Paris während der französischen Revolution – erhob sich nochmals eine abendländische Bewegung, die von der Liebe zur Weisheit befeuert war. Dies war die Bewegung der Rosenkreuzer, in deren «Pansophie» auch die Astrologie einen geachteten Platz einnahm und deren Ausbreitung durch die Erwartung, die bestimmte Planetenkonjunktionen jener Zeit hervorgerufen hatten, gefördert wurde.

Noch nicht 100 Jahre nach dem Ausbruch der lutherischen Reformation war diese zu einer Buchstaben- und Begriffsorthodoxie erstarrt. Gerade die besten und glühendsten unter den reformierten Christen waren von ihr bitter enttäuscht und hielten Ausschau nach einer neuen umfassenderen Reformation. Von den verschiedensten Seiten aus versuchte man sie in Gang zu bringen. Der marburgische Jurist Nikolaus Vigel rief zu einer Renovierung des von innen her zerfressenen Rechtslebens in jener Zeit vor dem Dreißigjährigen Kriege auf. Wolfgang Ratichius legte dem Reichstag von 1612 den Plan zu einer Reformierung der Schulen vor. Der Philosoph und Mathematiker Leibnitz sowie Kaiser Maximilian II. glaubten durch eine neue Reformation beider Kirchen die Beendigung ihrer schmählichen Trennung herbeiführen zu können. Campanella in Italien, Michel de Montaigne in Frankreich, erstrebten staatliche Reformationen; Ende des 16. Jahrhunderts lief in Deutschland eine unechte Schrift des Paracelsus um, die in sieben Punkten die Reformation der Welt erörterte. Zudem wurden die Gedanken und Prophezeiungen des geheimnisvollen kalabrischen Abtes Joachim von Fiore, dem hintergründigen «Vater» aller Reformationen seit dem Beginn des 13. Jahrhunderts, in der Barockzeit wieder in vielen Menschen lebendig.

Joachim hatte schon für das Jahr 1260 den Anbruch einer neuen Zeit angekündigt, deren Kern ein neuer Orden bilden werde. Daran erinnerte man sich, als endlich alle Reformideen in der schnell die meisten Länder Europas erfassenden Bewegung des «neuen Ordens» der Rosenkreuzer einmündeten. Diese Bewegung, deren Kräfte freilich schon lange unterirdisch keimten, wurde zumindest ausgelöst durch eine Schrift, die ungeheures Aufsehen erregte. Es war dies «Die Generalreformation – samt Fama Fraternitatis oder Entdeckung der Bruderschaft des hochlöblichen Ordens der R. K. An die Häupter, Stände und Gelehrten Europae», die 1614 anonym in Kassel erschien. Als dieser und ähnlicher Schriften, wie z. B. «Die Chymische Hochzeit Christian Rosenkreuz», Verfasser wurde allmählich der württembergische Pfarrer Johann Valentin Andreae (1586–1654) bekannt, der sich in späteren Jahren vergebens bemühte, diese Schriften als Jugendtorheiten abzutun. Denn wie sich in der Renaissance die Liebhaber der Weisheit oder der Pansophia unter dem Zeichen des Saturn zu ordensartigen Vereinigungen zusammenschlossen, so im Barock unter dem Signum des Rosen-Kreuzes. Jenes inzwischen längst entartete Rosenkreuzertum – denn was sich seit zwei Jahrhunderten unter diesem

Namen breitmacht, ist nur populäre Pseudo-Theosophie – war ursprünglich eine Bewegung zur Sammlung der Wissenden in einer Bruderschaft zu christlichem Leben und christlicher Weisheitssuche. Goethe hat in seinen «Geheimnissen» diesem einst wunderbaren Aufbruch des Herzens und innigster Sophiasehnsucht einen verspäteten Epilog gesungen.

Den Rosenkreuzern gehörten die bedeutendsten Geister jener Zeit an. So der deutsche Arzt, Astrologe und Alchemist Michael Maier (1570–1622), der das Rosenkreuzertum nach England übertrug. Dort ward sein Hauptvertreter der geniale Arzt Robert Fludd (1574–1637), der auch eine Schutzschrift für die Rosenkreuzer verfaßte (Tractatus Apologeticus integritatem Societatis de Rosae cruce defendens, London 1616). Am Aufbau und der Verbreitung rosenkreuzerischer Ideen wirkten mit der lutherische Pfarrer und Mystiker Johannes Arnd, Verfasser des «Wahren Christentum», der schlesische Mystikerkreis um Weigel, A. v. Frankenberg und Jakob Böhme, der Pädagoge Comenius, der Rechtslehrer Chr. Besold in Tübingen, der Übersetzer Campanellas, der Herausgeber der «Cabbalah denutata», der Pfarrer Knorr von Rosenroth und viele andere.

Die Bewegung des pansophistischen Rosenkreuzertums, in dem sich die Wissenden der Barockzeit, Gelehrte aller Fakultäten und Regierungsmänner zusammenfanden, war aber zweifellos durch die Lehre der Astrosophie mitbestimmt. So sind für den großen englischen Pansophen Fludd, der mit Paracelsus im brieflichen Wissensaustausch stand, die Gestirne, wie einst für Origenes, eine Buchstabenschrift Gottes am Himmel (Tafel VIII). Denn «am Himmel sind dergleichen lebendige und natürliche eingedruckte (eingeprägte) Bezeichnungen anzutreffen, ja wir sehen gleichsam das ganze himmlische Gefild mit sichtbaren Bezeichnungen angefüllt. Der Schöpfer hat diese mit goldenen Linien gemalten Bezeichnungen deswegen in den Äther oder in die geistige Luft aufgestellt, damit er durch ihre Aneinanderreihung, Ordnung und Verbindung die verborgenen und natürlichen Schreibarten an dieser leuchtenden Fläche ausdrückte, wodurch er Adam und seinen Nachkommen seine Geheimnisse offenbaren könnte. Daher befahl er Abraham, seine Augen aufzuheben und die Gestirne des Himmels anzuschauen. Denn am Firmamente befinden sich unendliche Bezeichnungen der Fixsterne, welche Verständigen unendlich viele Geheimnisse anzeigen» (zitiert nach Peuckert).

Als nun im Jahre 1604 im Sternbild des Schlangenträgers und des Schwans ein neuer Stern erschien, über dessen Bedeutung auch Kepler 1606 eine wertvolle Schrift geschrieben hatte, in der er die Astrologie gegen die Anwürfe des Pico della Mirandola verteidigte, da erklärte Fludd, tief betroffen wie die meisten seiner Zeitgenossen: «Der Serpentarius ist in der Länge des Schützen angetroffen worden, der seinen natürlichen Stand im 9. Hause hat, das dem Jupiter angehört. Dies Haus zeigt Weisheit, Religion und wahre Gesichte an. Der neue Stern im Schwan ist in der Länge des Steinbocks gefunden worden, gehört demnach ins 10. Haus und deutet auf eine Erhöhung der Welt durch eine Verbesserung.» Noch 1632 erschien eine astrologische Deutung dieses Wundersterns «Extract: Kurtzen gründtlichen Bericht des großen Wundersterns, so in Anno 1604 den 1. Oktobr. zu leuchten angefangen. Gedruckt 1632.» Und der schlesische Mystiker A. von Frankenberg spricht noch 1641 von der großen Bedeutung des Sterns, indem er Keplers Schrift in seiner eignen mit dem Titel «Oculus sydereus» zitiert. Denn der neue Stern erregte die Menschen darum so tief, weil er als Zeichen des Wiederaufblühens des zerrissenen deutschen Reiches gedeutet wurde, als Ankündigung einer Wiederherstellung, einer Reformation von Reich und Welt auf vielen Gebieten. Manche aber erwarteten wie einst Luther bei ähnlichen Sternerscheinungen von dem Auftauchen des Sternes das Weltende.

Daß die echten Grundschriften des Rosenkreuzertums «Fama» und «Confessio» und die «Chymische Hochzeit» astrologisch unterbaut sind, geht aus deren gesamten Symbolik hervor. In der Confessio Fraternitatis, Kap. 6 und 8, wird z. B. von den Charakteren gesprochen «die Gott dem Himmel wie allen Geschöpfen eingedruckt habe». Auch die Symbolik der Chymischen Hochzeit ist ohne astrologische Kenntnisse nicht zu verstehen. So erzählt Christian Rosenkreuz z. B. wie er die Hochzeit «in fleißiger Nachrechnung und Kalkulation seiner annotierten Planeten also gefunden». Der Verfasser beider Schriften, Valentin Andreae, hat sich offensichtlich mit Astrologie ebenso sehr beschäftigt wie mit der Alchemie. Denn beide Formen kosmischer Weisheit waren durch das ganze Mittelalter hindurch und auch später noch Geschwisterkinder.

Doch schon nach etwa 50 Jahren begann der Abstieg der Rosenkreuzer-Bewegung. Was sich von da ab unter diesem Namen in die Welt wagt, ist großenteils dürre oder abstrakte Spekulation. Das glühende Ethos, das einst antrieb aus Verlangen nach dem Wissen um die Geheimnisse Gottes und der Natur – versinnbildet im Kreuz und in der Rose – die Welt zu reformieren, ist erloschen. Und so mußte sich auch die Astrologie einen neuen Gefährten suchen.

Doch gerade um die Zeit des Abstieges der Rosenkreuzer erlebte die Astrologie durch den großen französischen Astrologen Jean Baptiste Morin, den Hofastrologen Ludwigs XIII., eine neue Blüte. Sein Hauptwerk «Astrologia gallica» erschien im Jahre 1661 und trägt die Widmung: Dem König der Könige, Christus dem Herrn. Und weiter heißt es im Vorwort des Werkes: «Du nämlich hast mich gemacht, nicht zu einem Stein, nicht zu einer Pflanze, nicht zu einem Tier, sondern zu einem Menschen – nicht zu einem Gottlosen, nicht zu einem Götzendiener oder Mohammedaner, sondern zu einem Christen... Daher widme ich dieses Buch Dir, mit Genehmigung Deiner Heiligen Kirche.» Dies Werk, auf das Sindbad (Friedr. Schwikkert) und Weiß, nüchtern systematische und zuverlässige Astrologen unserer Zeit, wieder erneut aufbauen, enthält nebst dem technischen Apparat der Astrologie nicht nur eine vielfältige Horoskopsammlung, so die Horoskope von Kardinal Richelieu, Wallenstein, Luther, sondern auch eine eingehende astrologische Naturphilosophie.

Doch trotzdem die Astrologie immer populärer ward, und ihre Gedankengänge in die spanische und französische Dramatik – in die sogenannten Schicksalsdramen – einfließen, geht es im Eigentlichen mit der Astrologie abwärts. Die Naturwissenschaften, die sich aus der «natürlichen Magie» der Renaissance entfalteten, stehen ihr immer feindlicher gegenüber. Noch einmal geht eine Welle des Einflusses von ihr aus durch das weithin bekannte «Opus Mago-Cabbalisticum» des Georg von Welling (1735), das später auch auf Goethe gewirkt hat. Das Opus enthält ein umfangreiches Kapitel über Astrologie, als einer «in der Natur gegründeten und erlaubten Wissenschaft, obgleich diejenigen Theologen, welche sich über ihre regelmäßige Profession niemals gewagt, dieselbe als unzuverlässig und teuflisch ausschreien und verketzern.»

Im Zeitalter der französischen Revolution wurde sodann die Astrologie von den Vernunft-Anhängern und Aufklärern auf eine eigenartige Weise mißbraucht. Ursprünglich war ja die Astrologie selbst Religion gewesen – dann wurde sie zu einer astralen Weisheitslehre vom Zusammenhang des Himmels und der Erde, in deren

Sprache sich auch teilweise die späteren unmittelbaren Gottesoffen-
barungen einkleideten, so manche Teile des Alten Testamentes und
der Offenbarung Johannes. Aber leidenschaftlich an der Auflösung
des Christentums als einer seelengestaltenden und heilsamen Kraft
interessiert, versuchen François Dupuis (1742–1809) und sein Schüler
Constant Volney (1759–1820) dieses als eine Sammlung astraler Mythen zu entlarven. Die Geschichtlichkeit des evangelischen Berichtes
wurde geleugnet und in bestimmte Planeten- und Fixsternkonstellationen aufgelöst. Auf der Suche nach einer fiktiven Urreligion (Chr.
Fr. Dupuis: L'origine de tous les cultes, Paris 1794), die allen religiösen Offenbarungen zugrunde liegen sollte, verwandeln diese Gelehrten
das Leben Jesu in einen Sonnenmythos, die Apostel werden sodann
zu den zwölf Tierkreisstationen der Sonne, Maria zum Mond, Herodes
zum kinderverschlingenden Saturn und so fort. In unserer Zeit haben
Drews («Christusmythe») und ähnlich gesinnte Geister diese Gedankengänge ohne größere Wirkungen fortgeführt.

So erstickte schließlich am Ende des 18. Jahrhunderts die Kenntnis
von der Weisheitslehre der Astrologie im Blutbad des Kultes der
Vernunft, mit dem die französische Revolution alle alten Traditionen
zu vernichten und ein Zeitalter des Friedens und der Freiheit herauf-
zuführen hoffte.

DIE ASTROLOGIE DER GEGENWART

Abgehau'ne Wurzeln schlagen wieder aus /
uralte Dinge kehren wieder /
Verdeckte Wahrheiten enthüllen sich /
es ist ein neues Licht /
das nach langer Nacht am Horizonte
unserer Erkenntnis hervorbricht.

Wenn man nachforscht, aus welchen Quellen das Wiedererwachen
der Astrologie im Laufe des 19. Jahrhunderts gespeist wurde, so findet man anstatt eines großen nährenden Stromes eine Fülle kleiner und
kleinster Rinnsale reinen und trüben Wassers, die allmählich und erst
um die Wende des 20. Jahrhunderts zu einer einheitlicheren Strömung
zusammenfließen. Als Brücke zwischen der durch die abbauenden

Tendenzen des Aufklärungszeitalters entwerteten religiösen Naturphilosophie des Mittelalters, als deren eines Element die Astrologie anzusprechen ist – und einer erneuten Ganzheitsschau des Lebens, einer neuen Kunde vom Rhythmus und dem Ausdruckscharakter der Welt, darf wohl Goethe (1749–1832) bezeichnet werden. Sein Werk ist durchzogen von astrologischem Gedankengut. Teilt doch dieser umfassende Geist, der in seinem «Faust» wie in manchen seiner naturwissenschaftlichen Schriften den Versuch einer Synthese des antiken und des modernen Weltbildes unternahm, am Anfang seiner Selbstbiographie «Dichtung und Wahrheit» sein eignes Horoskop mit – ähnlich wie dies römische Kaiser (z. B. Augustus) und Fürsten der Renaissance getan haben. Es lautet mit Goethes Worten: «Die Konstellation war glücklich. Die Sonne stand im Zeichen der Jungfrau und kulminierte für den Tag; Jupiter und Venus blickten sie freundlich an, Merkur nicht widerwärtig; Saturn und Mars verhielten sich gleichgültig: nur der Mond, der soeben voll ward, übte die Kraft seines Gegenscheins um so mehr, als zugleich seine Planetenstunde eingetreten war. Er widersetzte sich daher meiner Geburt, die nicht eher erfolgen konnte, als bis diese Stunde vorübergegangen. Diese guten Aspekte, welche mir die Astrologen in der Folgezeit sehr hoch anzurechnen wußten, mögen wohl Ursache an meiner Erhaltung gewesen sein; denn durch die Ungeschicklichkeit der Hebamme kam ich für tot auf die Welt...» Der klassische dichterische Ausdruck der Schicksalsfrömmigkeit, die als Gesinnung hinter der Weltschau der Astrologie steht, fand Goethe in seinen fünf «Urworte, orphisch». Schon die Überschriften der fünf bedeutungsvollen Verse: «Dämon, das Zufällige, Liebe, Nötigung, Hoffnung» – zeigen an, daß Goethe mit ihnen die Lehre der griechischen Orphik vom Wandel, Schicksal und von der Erlösung der Seele erneuern wollte. Neuerdings konnten fast alle Einzelheiten dieser herrlichen Verse auf antike astrologische Symbolik zurückgeführt werden. Eines dieser «Urworte» möge für das Anliegen Goethes Zeugnis ablegen.

> Wie an dem Tag, der dich der Welt verliehen,
> Die Sonne stand zum Gruße der Planeten,
> Bist alsobald und fort und fort gediehen
> Nach dem Gesetz, wonach du angetreten.
> So mußt du sein; dir kannst du nicht entfliehn;

So sagten schon Sybillen, schon Propheten,
Und keine Zeit und keine Macht zerstückelt
Geprägte Form, die lebend sich entwickelt.

In die Lebenssymbolik der Astrologie und der ihr verschwister-
ten Alchemie wurde Goethe schon in seinen Jünglingsjahren 1769,
während seiner schweren Krankheit, durch den ihn behandelnden alchemistischen Arzt Doktor Metz und dessen geistliche Freundin, Fräu-
lein von Klettenberg, eingeführt. Durch diesen Arzt, der zu den «ab-
gesonderten Frommen» des Klettenbergischen Kreises gehörte, wurde
Goethe zum Studium des «Opus Mago-Cabbalisticum» des Georg von
Welling angeregt, und ebenso, dessen Quellen aufzusuchen: Paracelsus, Basilius, Valentinus und van Helmholt. Nach seiner Genesung
ging Goethe selber unter die Alchemisten und wirtschaftete in seinem
Giebelzimmer mit Windöfchen, Sandbad, Retorten und Schalen.
«Goethe gibt uns mit dem, was er in seiner Autobiographie von der
Weltanschauung seiner zweiten Frankfurter Epoche sagt, das Recht,
ihn wie er damals war, an die Kette anzuschließen, die von Paracelsus
über van Helmholt und Jakob Böhme zu Georg von Welling führt.»
(Agnes Bartscherer.)

Die Astrologie blieb seit jener Zeit ein Element von Goethes
Weltschau, und ihre Sprache ist so sehr in seinen Alltag übergegangen,
daß er am 13.Februar 1769 an Friederike Oeser schreiben konnte, daß
von der Einstrahlung des Steinbocks und des Wassermanns in sein
Gehirn, dieses kalt und feucht geworden sei. Goethes tiefe Einsicht
in die Gesinnung und die Wissenschaft des späten Mittelalters stammt
aus jenen ernst betriebenen Studien seiner Zwanzigerjahre. Im Alter
schließt er das damals Erworbene nochmals ausdrücklich in seine Weisheit ein. «Wir haben bei Gelegenheit, als von einigen verdienten Män-
nern, Roger Bacon (englischer Franziskaner, Naturwissenschaftlicher
und Astrologe), Cardano (Renaissance-Astrologe), Porta, als von Alchemie und Aberglauben die Rede war, auf unsere Überzeugungen
hingedeutet; und dies mit so mehr Zuversicht, als das 19.Jahrhundert
auf dem Wege ist, gedachten Fehler des vorausgegangenen (aufkläre-
rischen 18.Jahrhunderts) wieder gutzumachen, wenn es nur nicht in
den entgegengesetzten sich zu verlieren das Schicksal hat.»

Neben der gewaltigen Wirkung goethischer Dichtung und Gedanken im Abendlande, durch die die Erinnerung an die Astrologie

wachgehalten wurde, verblaßt das Unternehmen und die Wirkung des Mathematikprofessors Pfaff in Erlangen, der als letzter Akademiker im 19. Jahrhundert 1816 in Nürnberg ein Lehrbuch der Astrologie erscheinen ließ. Im Sturm der durch die französische Revolution vollendeten Aufklärung wurde es bald vergessen. Die Möglichkeit einer direkten Auswirkung der Astrologie im Kräftefeld des europäischen Geistes war damit zu Ende. Und die Grundlagen ihres Neuverständnisses mußten erst durch ein neues und vertieftes Verständnis des Lebens vorbereitet werden. Dies geschah durch die Naturphilosophie und die Dichtung der Romantik.

In der Rückschau auf die menschliche Frühkultur tritt der Romantiker-Philosoph Schelling (1775–1854) in seiner «Philosophie der Mythologie und Offenbarung» für den Wirklichkeitsgehalt der alten Astrologie ein. «Der Gestirnsdienst steht an der Schwelle der vorgeschichtlichen Zeit; man verehrte im Astralen das, was vor und über der Natur ist. Gott wurde damals noch immateriell und geistig gedacht unter der tiefen, feierlichen Stille des Himmels, und der Gestirnsdienst der Sabäer war das System der noch ungetrennten Menschheit.»

Der entscheidende Gedanke der romantischen Naturphilosophie, die Wiederentdeckung jenes Grundgesetzes, das sich auch in der Astrologie ausdrückt, war jedoch jene bis auf unsere Zeit weiterwirkende Anschauung: «Das gesamte erscheinende Weltall ist ein rhythmischer Sachverhalt» (L. Klages). Der Dichter Novalis (1772 bis 1801), der reinste Stern in der Welt der Romantik, der frühvollendete mythische Jüngling, sprach diese Idee, «das Leben als Rhythmus», in seinem Fragment 502 mit den Worten aus: «Jahreszeiten, Tageszeiten, Leben und Schicksale sind alle, merkwürdig genug, durchaus rhythmisch, metrisch, taktmäßig... Rhythmus findet sich überall.» Und wenn der in Lucca 1775 geborene und in Wien 1859 gestorbene Arzt und romantische Philosoph Giovanni Malfatti schreibt: «Rhythmus und Typus als Exponenten der Bewegung und Bildung des Lebens in Zeit und Raum sind wie diese unzertrennlich und bedingen und begründen sich gegenseitig» – so ist damit das Grundprinzip der alten astrologischen Rhythmen- und Typenlehre als ein allgemeines Lebensgesetz ausgesprochen.

Denn die romantische Naturphilosophie, die auf den Anschauungen des Psychologen C. G. Carus (1789–1869), des Erforschers des Unbewußten und der Nachtseite des Lebens H. von Schubert († 1860), des

Schweizer Philosophen J. P. V. Troxler (1780–1866), des Arztes Fried-rich Hufeland, des Wiederentdeckers der Mystik Joseph von Görres (1776–1848) (siehe das 1. Buch seiner «Christlichen Mystik», 1836 bis 1842) und weiterer Denker beruht – ist eine kosmische Symbolik, die in den «sogenannten Tatsachen» nicht Ursachen wieder anderer Tatsachen, sondern Zeichen für den Rhythmus des unbewußten Welt-lebens sieht. Die Gestalteigentümlichkeit der Kristalle, Pflanzen, Tiere und Menschen, die Erdoberfläche wie auch die kosmischen Bewegun-gen gelten als Symbole, aus denen die Bewegung und Entwicklung des Lebens abzulesen ist. Metaphysik war für die Romantiker «Bio-sophie» im Sinne einer Physiognomik des Universums.

«Da aber das Universum als Erscheinung einer Weltseele galt, war Metaphysik gleichsam auch makrokosmische Psychologie, so daß die mikrokosmische Psychologie zumeist als vergleichende Psychologie und physiognomische Charakteriologie betrieben, zur kosmischen Symbolik überhaupt gehörte, also im innigsten Zusammenhange mit der Naturphilosophie im engeren Sinne stand» (Romantische Natur-philosophie, Jena 1926, S. 19). Das kosmische Lebensgefühl der alten Astrologie und des Paracelsus ersteht wieder in dem Hauptwerk «Physis» des Vorläufers der heutigen Psychologie, C. G. Carus: «Wer recht die Gedanken darauf richten will, mit welch großer göttlicher Konsequenz das ungeheure Periodische des Lebens der Weltkörper sich widerspiegelt in dem Daseinskreise der kleinsten Atome unsres Innern, muß sich von einer tiefen Ehrfurcht und bewundernden Be-trachtung erfüllt fühlen.»

Durch die Entwicklung dieser synthetischen und symbolischen Schau des Lebens entstand allmählich bei den besten Geistern des Abendlandes wieder ein Gefühl für den lebendigen Pulsschlag des Lebens, für die Perioden und Rhythmen im Großen und im Kleinen, und für die Widerspiegelung des Gesamtlebens in jeder Erscheinung.

Ein französischer Spätromantiker und Eingeweihter in die alte kosmische Weisheit, Desbarolles, unternahm es sodann in seinem 1855 in Paris erschienenen Werke «Les Mystères de la main» wieder die Konsequenzen dieser durch die Romantiker erneuten kosmischen Psychologie zu ziehen. In diesem seinem Kompendium der Handlese-kunst schuf Desbarolles als erster in neuerer Zeit wieder Grundlagen zu einer astrologischen Psychologie, indem er wie einst Fludd die Gesetze und Symbole der Astrologie mit der Handlesekunst verband.

TAFEL IX. Athanasius Kircher S. J.:
Titelblatt seines Werkes Ars magna lucis et umbrae (17. Jahrhundert)

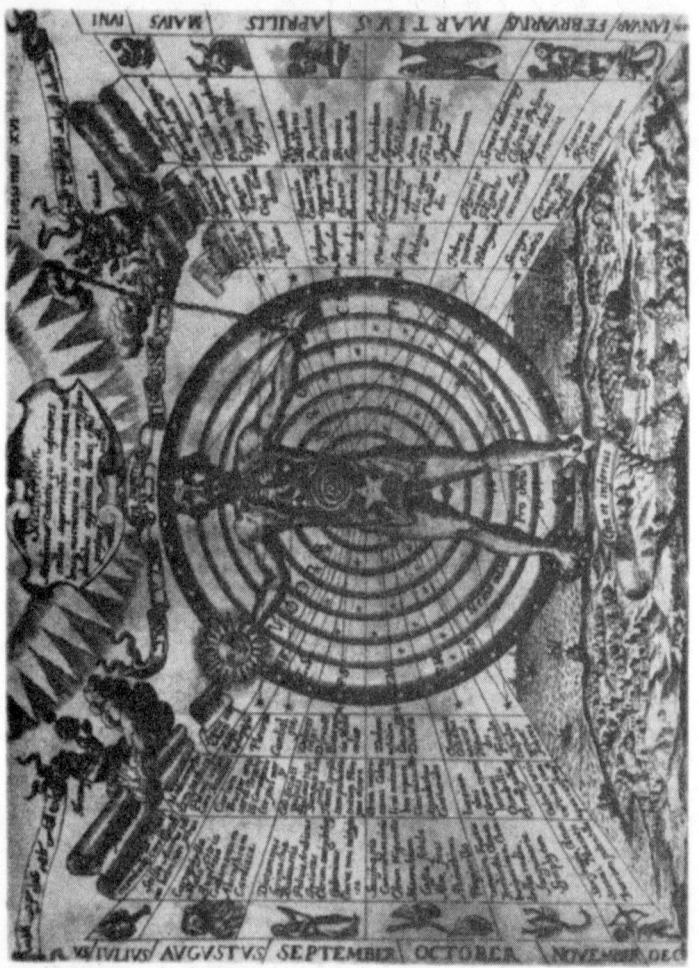

TAFEL x. Athanasius Kircher: Astrologische Medizin aus Ars magna lucis et umbrae

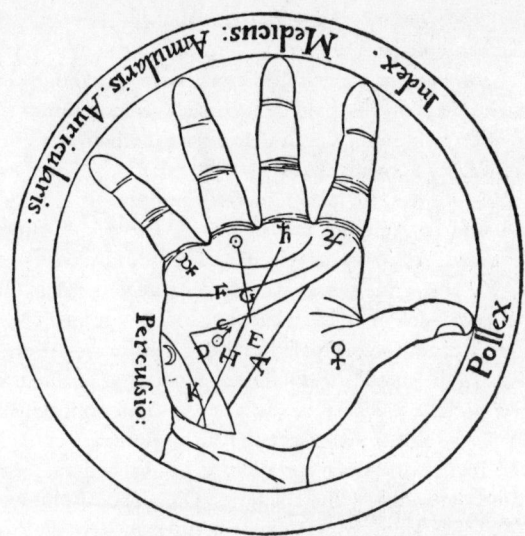

Abb. 6. Aus Robert Fludd: De Chiromantia in Genere
Der Planetenkosmos in der Hand

Ähnlich wie Paracelsus, der im Menschen einen ihn bestimmenden
«innern Himmel» erschaute, enthüllte Desbarolles das Gefüge der
Hand mit ihren Fingern, dem Handteller, den «Hügeln» und dem vielfältigen Liniengefüge als das Abbild des Gesamtkosmos. Er fand die
sieben astralen und psychologischen Grundprinzipien von Sonne,
Mond, Jupiter, Saturn, Venus, Mars, Merkur wieder in den einzelnen
Teilen der menschlichen Hand, so daß jede Hand, in diesem Versuch
einer Synthese des Oberen und des Unteren, gleichsam ein «natür-
liches» Horoskop darstellt, von dem wie aus dem mathematischen
Horoskopkreis das sich aus dem Charakter ergebende Schicksalsbild
abzulesen ist.

In England, dem Lande zäh bewahrter Traditionen, war freilich die
Astrologie nie so weitgehend verklungen wie auf dem Kontinent.
Von dort aus erfolgte auch ihre systematische Erneuerung, nachdem
in Deutschland und Frankreich die philosophischen und psychologischen Grundlagen für diese erneuert worden waren. Es war Allan Leo
(1860–1917), Gründer der Monatsschrift «Modern Astrology» und

Verfasser vielübersetzter «Astrologischer Lehrbücher», der zuerst in England selber und bald auf dem Kontinent großen Anklang fand. Freilich tritt bei diesem zweifellos ernsthaften Astrologen ein eigentümlicher Zug hervor, der bald den meisten seiner Schüler und Fortführer anhaften sollte und durch den diese innerhalb der christlichen Kirchen in Verruf kamen. Es ist jene synkretistische Religiosität, wie sie seit der Mitte des 19. Jahrhunderts geradezu als eine Seuche im Abendland und in Amerika um sich griff. Diese «Theosophie» genannte Bewegung, die etwa 1875 in der «Theosophischen Gesellschaft» ihr äußeres Gerüst erhielt, war von der vor über hundert Jahren geborenen Russin Helene Blavatsky begründet worden. Diese völlig hemmungslose und hochmediale Frau, die Abenteuerlust um den halben Erdball trieb, ständig in Geldverlegenheit, von einem okkulten Zirkel zum andern wechselnd, die vor der Theosophischen Gesellschaft in Amerika eine spiritistische in Kairo gründete, schuf dieses synkretistische Religionssystem vor allem aus indischen Elementen – sie kannte Indien aus eigner Anschauung. Die «Theosophie» galt einst als eine Weisheitslehre vom Wirken Gottes in der Welt, in deren Dienst die größten Geister des Abendlandes wie Origenes, Gregor von Nyssa, Hildegard von Bingen, die Weisen der Schulen von Chartres und Tours, später Böhme, Angelus Silesius und Franz von Baader standen. Erst die Blavatsky, die ihre Pseudo-Theosophie als trübes Abwasser aller Religionen in ihren Werken: «Die entschleierte Isis» und «Die Geheimlehre» darstellte, brachte sie in Verruf bei allen, die noch die intellektuelle Sauberkeit liebten. Die «Geheimlehre» der Blavatsky ist teils auf den indischen Veden und dem Tantra-Buddhismus, teils auf visionäre Schauungen, großenteils aber auf ihre angeblichen Inspirationen durch die «Meister vom Himalaja» (und von Dämonen, wie die Blavatsky selber dem Magier Eliphas Levi klagt) aufgebaut. Wie im Indischen spielt der Karmabegriff eine entscheidende Rolle in diesem bunten System. «Sie verwarf jedoch», berichtet ein Jünger, «die Lehre von dem Verhängnis, denn der Fatalismus begreife den blinden Verlauf einer noch blinderen Kraft in sich. Aber sie glaubte an das Schicksal, an das Karma, das jeder Mensch um sich webt.» Diese Karma-Idee zieht aber die Idee von der Re-Inkarnation der Seele, von deren Wiedergeburten in verschiedenen Leibern, nach sich.

«‚Die Geheimlehre'», sagt Rudolf Kurz, «ist der über Jahre ausgedehnte Ausbruch einer explosiven, völlig fessellosen Seele.» Und diese Entfesselung einer wild wuchernden Esoterik, die durch eine Plünderung der wichtigsten esoterischen Schriften der Vergangenheit und durch eine Inflation des Unbewußten zustande gekommen ist, muß als ein Dammbruch des großen Menschheitsstromes des Geistes verstanden werden, durch den sich dieser wie eine Sintflut, verheerend anstatt befruchtend, über die Kultur der weißen Rasse wälzte. Nach Millionen sollen ihre Anhänger gezählt haben, und die Wirkungen ihrer Lehre drangen in alle Gesellschaftskreise. Der Hereinbruch der «Pseudo-Theosophie» der Blavatsky war die größte geistige Katastrophe des 19. Jahrhunderts. Auffallend ist, daß fast alle theosophistischen Bewegungen des 19. Jahrhunderts von Frauen inauguriert worden sind. Die Nachfolgerin der Blavatsky war Anni Besant, ihre Konkurrentin die Baker-Eddy, die Schöpferin der Christian Science, und in unserer jüngsten Vergangenheit wurde im Anschluß an die Bewegung New Thought die «Schule des Schweigens» von der freilich maßvollen und einsichtigen Adele Curtis geschaffen. Rudolf Steiner mit seiner Anthroposophie ist der bisher letzte größere Zweig dieser «theosophischen» Welle, der diese theosophische Religionsklitterung durch eine Verbindung mit Goethe und mit zeitgenössischer Naturwissenschaft zu neuer Blüte bringen wollte.

Nicht ganz unschuldig an dem Hereinbruch der «Pseudo-Theosophie» ist jenes damals denkerisch weitgehend dem Rationalismus verfallene Christentum, das nicht mehr genugsam Abwehrkräfte besaß gegen den mit dem Überhandnehmen der technischen Wissenschaften heraufkommenden Materialismus. Vor ihm flohen suchende und süchtige Seelen in jene buntschillernde, mit Geheimnissen «höherer Erkenntnisse» vollbepackte «Theosophie», die sich ein Königsgewand aus dem Flickwerk aller Religionen umgeworfen hatte.

Leider muß auch gesagt werden, daß die Verständnislosigkeit der damaligen christlichen Theologen gegenüber der Astrologie und ihrer Weisheit deren Träger vollends in die Wellen dieser trüben religiösen Flut getrieben hat. Denn die neu erstehende Astrologie war weltanschaulich begreiflicherweise im Gegensatz zur alten schwach fundiert. Die alte Astrologie ist in einem jahrtausendlangen Prozeß von Babylon her aus einer Religion zu einer organisch entfalteten religiösen Weisheit erwachsen, tief verwurzelt in den Erkenntnissen der verschiedenen Kulturzyklen. Aber die erneute Astrologie des 19. Jahrhunderts war eine zarte Pflanze ohne tiefreichende Wurzeln, die erst das nährende Erdreich suchen mußte, aus dem sie eine neue religiöse Substanz gewinnen konnte. Und da die Kirchen in der Zeit des Rationalismus sie ablehnten, so verband in der ersten Phase der Auferstehung der «königlichen Kunst» diese sich mit dem Religions-Mischmasch der Pseudo-Theosophie. Denn wie die Theologen die Existenz einer wahrhaft christlichen Astrologie vergessen hatten, so auch seltsamerweise die Astrologen selber.

Daß der bedeutende Allan Leo unter den Einfluß der «Theosophie» geriet, ist um so begreiflicher, als die angelsächsischen Länder dieser Invasion halbverdauten östlichen Geistesgutes zuerst ausgesetzt waren und durch den Pragmatismus der angelsächsischen Geisteshaltung am wenigsten Abwehrkräfte gegen dieses besaßen. Aber auch auf dem Kontinent erging es vorerst den Astrologen nicht anders. In Holland sind die besten astrologischen Werke: «Astrologie, ihre Technik und Ethik» (deutsch, Amersfoort 1915) und «Kosmos und Mikrokosmos» von C. Aq. Libra in diesem Geiste geschaffen worden.

Für diese und weitere Astrologen, wie z. B. M. Heindel, «Botschaft der Sterne», Werle, «Wesen und Ethik der Astrologie», ist es kennzeichnend, daß sie die Vorstellung von der Re-Inkarnation der Seele, die sogenannte Wiedergeburt, mit dem persönlichen Horoskop verbinden. Rein logisch und systematisch, ohne Rücksicht auf die ontologische Möglichkeit, ist diese durchaus aus dem Horoskop ableitbar. Stellt doch ein Horoskop schon rein schematisch ein graphisches Bild des Himmels und seiner Kräftespannungen dar als kreisförmiges Rad des Geschickes oder «Rad des Lebensablaufes» (Jakobusbrief 3, 6), das die Tierkreis- und Planetenkonstellation in der Stunde der Geburt eines Menschen darstellt und festhält. Logischerweise lassen sich nun diese Sternkonstellationen nach rückwärts und nach vorwärts verfolgen. Man kann das «Rad» zurück- oder vorwärtsdrehen: Dann zeigen sich die planetarischen Stellungen vor der Geburt und nach dem Tode eines Menschen. Denn das Horoskop-Sternrad dreht sich gemäß den Bewegungen des Himmels auch dann weiter, wenn dessen Eigner dem irdischen Leibe und der Planetenkonstellation, die ihn geprägt hat, entschlüpft ist und er heimgekehrt ist in das Reich des Erregers der ersten Bewegung zu Gericht und Gnade. Für den reinkarnationsgläubigen Astrologen zeigt jede neue Drehung des individuellen Horoskopes eine neue Geburt an, wie jede Zurückdrehung eine vergangene – wobei es freilich für die sogenannte esoterische

Spekulation der theosophisch infizierten Astrologie auch noch andere Mittel gibt, um eine angebliche Präexistenz oder Re-Inkarnation nach dem Tode abzulesen.

Das Bedenkliche an dieser astrologischen Re-Inkarnation-Spekulation ergibt sich aber aus folgender Überlegung. Solange wir auch das Horoskoprad drehen werden – und jede Drehung würde hypothetisch als eine neue Geburt des Horoskopeigners angesehen werden –, so oft würde eine neue Konstellation auf dem Planetenrund hervorgerufen. Und da der Himmel in seinen Bewegungen keinen Unterbruch kennt, kann es auch dieser Konstellationen kein Ende geben. Unaufhörlich dreht sich das Rad des Schicksals – erbarmungslos, ohne Ende. Glückliche und unglückliche, hohe und niedrige, harmonische und disharmonische Aspekte würden in einem endlosen Sternenreigen wechseln. Es läßt sich nicht erweisen, daß je diese Kette der «Geburten», logisch aus der Drehung des Horoskoprades entwickelt, abreißen könnte. Hier gibt es keinen Ausweg, sondern nur immer neue Schicksalsverkettungen. Man wird auf diese Weise für alle Zeiten, d. h. solange es Sterne geben wird, ein Gefangener des Schicksals. Es handelt sich dabei aber nicht um Läuterungsstufen, um Erfüllung des Gesetzes der Wiedervergeltung, des Bezahlens auf Heller und Pfennig der Lebensschuld nach dem Gesetz des Karmas. Vielmehr dreht sich – wenn diese These, wie die theosophischen Astrologen behaupten, wahr wäre – der Mensch als ein Gefangener der Archonten, der Vorsteher der Planetensphären, wie ein Eichhörnchen im Trommelkäfig. «Schließt dieses (Karma)-Gesetz etwa den Begriff der christlichen Gnade aus?» fragt Werle in «Wesen und Ethik der Astrologie». Er glaubt dies verneinen zu können, wobei er freilich «Gnade» gleich Selbsterkenntnis setzt. Aber das ist nicht Gnade im tiefsten Sinn des Wortes, und nicht Erlösung von der Gebundenheit an das Schicksalsgesetz. Denn Gnade kann hier alleine heißen: Eröffnung des Weges in den göttlichen Raum der Freiheit von Gott her. Jedoch wird der Mensch so lange an das «Rad des Lebensablaufes» gebunden bleiben, bis eine Hand aus einem ganz anderen Bereich quer in die Speichen des Rades des Lebensablaufes greift, nicht um es zu vernichten, sondern um eine Brücke zu einer göttlichen Wirklichkeit jenseits der Sterne zu bilden. Es wird eine Hand sein, ähnlich jener, die man auf mittelalterlichen Bildern aus den Wolken des Himmels ragen sieht, hindeutend auf den Wandel «dieses meines geliebten Sohnes» auf Erden. Und

diese göttliche Hand weist ja nicht nur auf den Sohn Gottes, den uni-
genitus, den Einziggeborenen – sondern auch auf jene, die als Frie-
densstifter (Matth. 5, 9) zu Söhnen Gottes erhoben worden sind.

Gerade der Gedanke der Re-Inkarnation, den die Pseudo-Theosophie in die Astrologie hineingetragen, bindet den Menschen für immer
an das Schicksalsrad und läßt ihm nicht die Freiheit der persönlichen
Bewährung und Entscheidung, obwohl dies ja gerade im Karmage-
danken, der christlich formuliert etwa lauten würde: «... und ihre
Werke folgen ihnen nach» (Offenb. 14, 13), wesentlich mitinbegriffen
wäre. Aber diese Verkopplung des Re-Inkarnationsgedankens mit dem
Individual-Horoskop ist nicht aus der Astrologie selber herausgewachsen und wird deswegen als ein Fremdkörper auch wieder ausge-
schieden werden.

Es wirkte darum befreiend, daß moderne Astrologen den Weg
praktischer Prüfung und Erfahrung einschlugen, so z. B. Oskar A. H.
Schmitz, Freiherr von Klöckler, und Dr. F. Schwab. Schmitz entwickelt in seiner Einführung in den «Geist der Astrologie» eine
geistreiche und lebendige, immer noch lesenswerte Psychologie
und Typologie der Astrologie im Querschnitt, allerdings mit einer
pantheistischen Note. Doch obwohl er manche Anleitung dazu
gibt, lehnt er im Grunde die zeitliche Prognose ab und lehrt eine
Astrosophie, die zur Versenkung in das Horoskop anleitet, um
durch Innewerden der eigenen Seelenkräfte einen Weg zur inneren
Freiheit zu gewinnen. Freiherr von Klöckler hingegen benützt für
den Aufbau seines Hauptwerkes: «Astrologie als Erfahrungswissenschaft» die statistische Methode, um seiner Wissenschaft eine neue
empirische Grundlage zu sichern, und um sie «aus der Sphäre des
Mystisch-Dichterischen herauszuheben und in den Bereich des kri·
tischen Intellekts zu rücken.»

Einen andern Weg schlägt Hans Künkel in seinem Werke «Schicksal und Willensfreiheit» und in seiner Seelen- und Schicksalslehre:
«Die Sonnenbahn» ein. Künkel versucht hier die Entsprechung von
Schicksal und Charakter zu zeigen, in Übereinstimmung mit den Gesetzen des Unbewußten. Seine Darstellung der Beziehung der menschlichen Seele zur Welt der Gestirne mündet in den Versuch einer Synthese von Psychologie und Metaphysik. Und die Sterne werden in
seiner Schau zu Symbolen, die ihre Prägung durch die Stationen des
Sonnenlaufes erhalten.

Von einem genialisch-eigenwilligen Typus ist hingegen der uranisch-originelle und manche überlieferte Anschauung sprengende Westschweizer K. E. Krafft in seinem Band «Traité d'Astrologie-Biologie» 1939. Diese durch eingehende physikalische Tabellen und Studien unterbaute Arbeit eines genialen Außenseiters verbindet die Eigenwilligkeit der deutschen Astrologie mit exakter schweizerischer Forschungstechnik. Es ist noch nicht möglich, dies Werk einzureihen und voll auszuwerten.

Die drei astrologischen Werke von Alfred Fankhauser: «Magie», «Das wahre Gesicht der Astrologie», «Horoskopie» (1934–1939) stellen einen temperamentvollen, originellen Versuch der Einführung in die astrologische Denkweise und Technik dar. Fankhauser benützt zwar überliefertes Material, verarbeitet es aber selbständig. Leider ist sein lebendig geschriebenes Werk derart durchwirkt von indischer und theosophischer Problematik, so daß es dem Leser nicht die Möglichkeit gibt zu einer selbständigen Gesinnungsbildung innerhalb der Astrologie.

Andererseits entwickelt sich aus den Forschungen der neuen Lebenskunde allmählich eine ganze Wissenschaft vom Rhythmus des Lebens. Der Arzt Wilhelm Fließ schuf mit seinen Werken «Das Jahr im Lebendigen» und «Vom Leben und vom Tod» eine biologische Rhythmenlehre, aufgebaut auf seiner Entdeckung der Periodenzahlen 23 und 28. Ähnliche Forschung im Bezirk der Biologie unternahm Swoboda mit seiner Theorie der Siebenerjahre (Bionomie). Ferner Schlieper: «Der Rhythmus des Lebendigen» und Kammerer: «Das Gesetz der Serie». Freiherr von Stromer-Reichenbach und Kritzinger haben die Rhythmengesetze der Geschichte erforscht (Historionomie) und haben damit den Kulturphilosophen Spengler wesentlich beeinflußt.

Von Wachtelborn, Feerhow, Möbius, Schwab, Ammann, Hartung, Schmidt (Zürich) und viele andere Ärzte haben den Zusammenhang zwischen Weltseuchen und Sonnenfleckenperiodik, zwischen Mondphasen und nervösen Erkrankungen, zwischen Planetenkonstellationen und geistigen Störungen eingehend untersucht. Und ebenso ist die Psychologie mit ihren Typenlehren zu einer neuen Gestaltschau, zu einem Typen-Sehen gelangt – das Symbol ist an Stelle des Begriffs getreten, das die Gegensätze Umfassende lebendiger Anschauung an

Stelle des nur Unterscheidenden, der Analyse. S. Freud und C. G. Jung, letzterer besonders in seinen «Psychologischen Typen» und in «Psychologie und Alchemie», Kretschmar in seiner Typenlehre, Wilhelm Dilthey schon zuvor in seinen «Typen der Weltanschauung», auch Graf Keyserling in seinen «Menschen als Sinnbilder», Klages und Pulver in ihrer Symbolik der menschlichen Ausdrucksformen, bauen alle an einer neuen menschlichen Sicht: sie wollen die rhythmischen Grundgesetze, die den inneren und den äußeren Menschen wie auch den Kosmos gleicherweise umfassen und die in der rationalen Einzelforschung des 19. Jahrhunderts ins Unübersichtliche aufgesplittert wurden, zusammenfassen und damit die typische, überindividuelle Struktur des Lebens wieder hervortreten lassen.

Alle diese Forschungen dienen heute der weiteren Entfaltung der Astrologie, der Formung ihres kommenden Gesichtes, das in manchem von dem mittelalterlichen abweichen wird. Und eine Reihe dieser Forscher haben sich entweder geradezu in den Dienst der Astrologie gestellt, oder doch teilweise ihre Erkenntnisse auf sie ausgerichtet oder ihr zur Verfügung gestellt. Zu diesen sind zu rechnen: Graf Keyserling (sein Aufsatz: Sterndeutung, im Hyperion 1910, Heft 11), Prof. Edgar Dacqué, der Zoologe Prof. Gruber, München, Prof. Driesch, Prof. Verveyen, der Schöpfer der komplexen Psychologie C. G. Jung, der Leiter der Innsbrucker neurologischen Universitätsklinik Prof. Urban, Prof. Planck, der die Grundlagen schuf für die Atomphysik, und manche andere. Von den Gegnern unter den Naturwissenschaftern und den Theologen soll in einem eigenen Kapitel die Rede sein.

Die gesamte Menschheit ist heute mit einem Neubau ihres Daseins und mit dem Umbau ihrer Erkenntnisse beschäftigt. Uraltes und noch unbekannt Neues mischen sich dabei in ihren Aspekten, ohne daß wir immer wissen können, was von den neuen Erkenntnissen zum Leben führt und was zum Tode. Denn so manches Mal haben Lösungen, die als Wende der Zukunft des Menschengeschlechtes begrüßt wurden, sich zum Verderben der Menschheit ausgewirkt. Aber umgekehrt steigt eine verlachte Magd und ein Aschenbrödel wie die Astrologie, ein Kind Saturns, des uralt Wissenden, und des Uranus, des immer Neuen und Traditionslosen, nun leuchtend wieder aus ihrem Grabe auf, und das Wort, mit dem sie die getrennten Sphären binden will, heißt: Harmonie.

Dem symbolischen Weisheitskosmos der Astrologie sind begreiflicherweise zu allen Zeiten Gegner erstanden. Denn dem Typus des astrologischen Weisheitslehrers, der das Leben als Symbol erschaut durch bis in die Welttiefe reichende Bilder, steht ein anderer Typus Mensch gegenüber, der im Namen abstrakter Begrifflichkeit und des zum einzigen Maßstab erhobenen Kausalitätsprinzips der Astrologie je und je den Kampf ansagte. Astrologisch gesehen sind dies Menschen, deren Horoskope durch negative Uranusaspekte oder entsprechende Konstellationen gekennzeichnet sind. Meist rekrutieren sich diese Gegner und Kritiker aus den Reihen der Theologen und der Naturwissenschafter.

Der Theologie ist zweifellos ein geistiges Wächteramt anvertraut. Insbesondere in bezug auf die Neigung des in der Frühzeit noch weitgehend dem Unbewußten verhafteten Menschen, natürlich Sichtbares in magischer Absicht anstelle des lebendigen und bewirkenden Gottes zu setzen. In Spätzeiten jedoch, gleich der unseren, ist die Theologie in gewisser Hinsicht selbst bedürftig geworden. Denn nun ist die Theologie auf weite Strecken dem symbolischen Denken und Imaginieren, auf dem nicht die Wahrheit, aber jede echte Wahrheitsaussage beruht, entfremdet worden durch den Mißbrauch abstrakter Begrifflichkeit. Und infolgedessen tritt mehr und mehr ein Unverständnis für jene kosmische Symbolsprache zutage, die den Astralmythen, der Astrologie, der Gestaltung des christlichen Kirchenjahres und manchen Teilen der Hl. Schrift zugrunde liegt.

Die Naturwissenschaft hat hingegen im 19. Jahrhundert eine verhängnisvolle Wandlung erfahren. Der bedeutende Basler Biologe Prof. Portmann (Eranos-Jahrbuch 1948) hat diese Wandlung gedeutet als eine Spaltung des naturforschenden Menschen in den älteren Typus des «Naturforschers» (naturalist) und den jüngeren Typus des «Naturwissenschafters» (natural-scientist). Durch das allmähliche Überwiegen des zweiten Typus in der Forschung kam es zu einer Vorherrschaft der abstrakt-theoretischen Komponente und zu einer Verdrängung der sinnlich-ästhetischen Seite des Lebens und seiner Erforschung – und das will besagen: die Erscheinung der Welt verlor in dieser abstrakt gewordenen Wissenschaft ihren Symbolcharakter.

Goethe vermochte es noch, das Erscheinungsmäßige des Kosmischen – z.B. das Phänomen des Lichtes und der Farben – als eine sinnlich-sittliche Einheit, d.h. als ein zugleich physikalisch Gesetzhaftes und geistig Bedeutsames zu erkennen. Aber diese Fähigkeit des Zusammenschauens ist der rein analytischen Naturwissenschaft verlorengegangen und damit auch die Möglichkeit einer wirklichen Einsicht in das Wesensgefüge der kosmisch-seelischen Einheit und Verbundenheit und deren Sinnbilder.

An wenigen Beispielen sei die Art der Gegnerschaft von Naturwissenschaftern und Theologen dargestellt. Der verdienstvolle Physiker und Röntgenforscher der Universität Fribourg, Prof. Friedrich Dessauer schreibt in Bezug auf die Astrologie in seiner Schrift «Mensch und Kosmos» (Olten 1948), im Kapitel «Schicksal und Religion»: «Kann er (der Mensch) nicht seinem Schicksal entgehen, so möchte er es doch im voraus kennen. Das ist von jeher Menschenart gewesen. Die Babylonier frugen darum die Sterne; Funde in der Neuen Welt bezeugen, daß auch die Ureinwohner Mexikos es taten. Die Astrologie ist auch heute nicht erloschen, und sie ist nur eine Variante der Wahrsagerei... Der Mensch sucht Halt. Findet er ihn nicht im Klaren, in einem vernünftigen Glauben, so zieht er selbst wirre Meinung, Täuschung, ja Lächerlichkeit herbei, um die Unruhe zu stillen.» Andererseits aber ist sich auch Dessauer bewußt, daß «die Empfindungen des Unterlegenseins unter helfende und feindliche Gewalten des Kosmos in allen seinen Seinsstufen, die Geburt und Tod jedes Geschöpfes erzwingen, auch unter die Mächte der eignen Seele, die Mächte der Gesellschaft, unter das unbegreiflich erscheinende, ‚blind‘ genannte Spiel des Zufalls im Worte ‚Schicksal‘ zusammengefaßt sind.» Darum weiß Dessauer, daß das «Schicksal» des Menschen auch kosmisch bedingt ist. Allerdings kennt die Astrologie weder ein blindes Walten des Schicksals, noch einen Zufall – hinter jeder Bezogenheit und Wirkung erkennt sie das Wirken eines geistigen, das Weltganze kunst- und sinnvoll verwebende Gesetzes.

Jedoch auch der religiöse Hintergrund der Astrologie wird durch Dessauer wider Willen bestätigt, wenn er über die Merkmale echter Religionen schreibt: «Das dritte Merkmal ist die Setzung, daß Gott sich offenbart, dem Menschen mitteilt. Er tut dies in der natürlichen Sphäre, der Menschennatur angemessen und durch die Wunder des Kosmos, die der Mensch zu erkennen vermag.» Nichts anderes behauptet eben die Astrologie: der Kosmos und sein Gefüge ist ihr auf der ersten Ebene ein Offenbarungsbuch Gottes und sie ist gewiß, daß der Mensch diese Offenbarung zu erkennen vermag. Damit aber tastet sie so wenig wie Dessauer daran, daß Gott sich darüber hinaus auf einer zweiten Ebene auch historisch offenbare «in der Erscheinung, dem Leben und der Lehre Christi», und in einer dritten Ebene: in der persönlichen Begegnung, im Gebet, in der Gewissensstimme – im religiösen Erlebnis. Auch die Astrologie ist sich – in Übereinstimmung mit Dessauer – bewußt, daß der Mensch Gott weder durchschauen noch völlig verstehen könne. Sie behauptet darum nur, daß es möglich sei, die auf die Erde und den Menschen hingeordneten Schickungen Gottes in symbolisch-realer Weise erkennen zu können, wie auf andere Weise die Naturwissenschaften die Gesetze des Kosmos und der Erde, und die Psychologie diejenigen der Menschenseele.

Der hervorragende Basler Mathematiker und Philosoph Prof. Andreas Speiser behandelt in seinem originellen Werke «Die mathematische Denkweise» neben der Naturphilosophie Dantes, der Weltharmonie Keplers, den Symmetrien in der Ornamentik, auch die Astrologie, die er wie die Musik zu den mathematischen Denkweisen rechnet. Er nennt sie zwar «eine untergegangene Wissenschaft», berichtigt aber den Wahn, daß die Astrologie den freien Willen und damit die Moral leugne, indem er als Zeugen hiefür Plotin, Dante und Campanella zitiert. Auch kann er sich keinen ernsthaften religiösen Einwand gegen diese vorstellen, um so mehr aber solche von der wissenschaftlichen Seite her, besonders da er einen physischen Einfluß der Gestirne bestreitet, den die moderne Astrologie nicht behauptet. Er sieht in der spätantiken Methode der Astrologie eine Mischung von Spekulation und Empirie – was insofern zutrifft, als die Astrologie eine eigentümliche Mischung von Natur- und Geisteswissenschaft darstellt. Doch er weiß auch, daß seit Cardanus die statistische Methode aufgekommen ist und daß z. B. Kepler durch diese den Zusammenhängen des Gestirnlaufes mit dem Wetter nachgegangen ist.

Aber trotzdem Speiser mit der Praxis der Astrologie durch seine ausgezeichnete Keplerstudie vertraut ist, bestreitet er, daß man aus der Geburtskonstellation den Charakter des Menschen darstellen könne. Vielmehr ist er der Ansicht, daß der am Horoskop abgelesene Charakter des Horoskopeigners ein psychisches Schema sei, das der Astrologe auf diesen projiziere und ihm damit gewissermaßen diesen Charakter suggeriere. Jedoch daß die Horoskope «stimmen», muß auch Speiser zugeben. «Den Ausweg aus dem Dilemma» glaubt er in dem psychologischen Phänomen des «déjà vu» finden zu können, jenem plötzlichen Empfinden des schon einmal Erlebthabens einer Situation oder eines Menschen – eine zwar sehr geistreiche, aber unendliche, gewundene Erklärung.

Eine ungewöhnlich schroffe, jedem Symbol-Denken abholde Stellung zur Astrologie nimmt Bernhard Bavink in seinem weitverbreiteten Sammelwerk «Ergebnisse und Probleme der Naturwissenschaften», einer Einführung in die heutige Naturphilosophie (Leipzig, 7. Auflage 1941) ein. Dieser noch weithin wissenschaftlich-positivistisch, religiös ethisch-liberal eingestellte naturwissenschaftliche Kompilator, der aus seinem Nützlichkeitsdenken heraus die Euthanasie befürwortet (S. 631), fällt auf S. 324/25 das entschiedenste Verdammungsurteil, das in neuerer Zeit über die Astrologie ausgesprochen wurde. «Was die heutigen Propheten der Astrologie vorbringen, ist reines Phantasieprodukt.» Und er weigert sich überhaupt auch nur über diese zu diskutieren «da erst einmal der Nachweis geführt werden müßte, daß die behaupteten Zusammenhänge wirklich existieren. Es ist sinnlos, eine Theorie von etwas zu entwerfen, was es gar nicht gibt». Für ihn lohnt sich das Studium nur als ein kulturgeschichtliches, als Geschichte der frühen Wissenschaft und des Aberglaubens. Wie wenig aber Bavink mit den Voraussetzungen und der Denkweise der Astrologie vertraut ist, in die er infolge seines starren Rationalismus nicht einzudringen vermag, geht aus seiner These hervor, es unterliege «keinem Zweifel, daß die bekannte Tatsache der Erbgleichheit gewisser Zwillingspaare den ersten Anstoß zu dem Glauben gegeben hat, daß die ‚Sterne der Geburt' das künftige Schicksal festlegten». Nun aber wissen wir eindeutig, daß in den ersten zwei Jahrtausenden der nachweisbaren Astrologiegeschichte es keine Individualhoroskope gab, und daß die Astrologie ihren Ursprung im Mythus vom Gesamtleben, nicht aber in der Sorge um das Einzelleben nahm. Auf solch falschen Voraussetzungen fußend, fällt der darauf errichtete Kritikbau Bavinks zusammen, und es lohnt sich gar nicht der Mühe, ihn noch im einzelnen zu widerlegen.

Betrachtet Prof. Speiser die Astrologie als eine Suggestionsmethode auf psychologischer Grundlage, so leitet der Atomphysiker und Philosoph Professor J. Seiler, Verfasser der «Philosophie der unbelebten Natur» (Olten 1948), zutreffende Horoskopdeutungen aus dem okkulten Phänomen der Hellsichtigkeit (Telepathie) her. («Die Astrologie», in «Anima», Vierteljahrsschrift für praktische Seelsorge, 1948, Heft 2). Auch Seiler kann sich nicht des Eindrucks entziehen, daß Horoskopdeutungen psychische und umweltliche Wirklichkeiten aufdecken. Jedoch aus der Notwendigkeit der Intuition – neben Regel und Ratio – für die Praxis der Astrologie, wie nicht anders für die Praxis des theologischen Exegeten, des diagnostizierenden Arztes oder des ausgrabenden Archäologen, glaubt er schließen zu können, «daß hinter dieser Intuition ein Hellsehen sich verbirgt, durch das die Erfolge der Sterndeutung erklärt werden können». Wer sich aber praktisch mit Astrologie beschäftigt hat, wird wissen, wie sehr man bei aller notwendigen intuitiven Kombinationsfähigkeit sich an den Kanon der Regeln halten muß, wenn man nicht im Uferlosen «schwimmen» oder die Deutungen nicht dem subjektiven Meinen ausliefern will. Wenn aber Prof. Seiler eine wissenschaftliche Nachprüfung astrologischer Thesen und Ergebnisse durch die statistische Methode verlangt, so scheint ihm entgangen zu sein, daß seit Cardanus, und besonders in unserer Zeit, die statistische Methode zur wissenschaftlichen Fundierung und Revision der Astrologie in Anwendung kommt, so z. B. durch Frh. von Klöckler. Daß sich durch diese Methode allmählich Korrekturen am überlieferten Material ergeben, erweist ja gerade die undoktrinäre Gesinnung der Astrologie, die sich an der Empirie, wie an einem stets sich vertiefenden Verständnis der Symbole erneuert.

Im lexikonartigen «Wörterbuch der Religion» (Würzburg 1948) nimmt A. Anwander in einem Artikel zum Problem der Astrologie Stellung. Er stellt fest, daß der Astrologie ein Ganzheitserlebnis des Kosmos und das Prinzip der Analogie, die Entsprechungslehre von Makro- und Mikrokosmos, zugrunde läge. Ebenso ist er sich bewußt, daß einst bei den heidnischen Völkern, und erst recht bei den christlichen, mit der Astrologie ein lebendiger Gottesglaube verbunden war und ist. Trotzdem fürchtet er, daß die gelehrte wie die volkstümliche Astrologie die Offenbarung des göttlichen Logos, und die Freiheit Gottes und der Menschen bedrohe. Man spürt das Unbehagen dieses Theologen, der ähnlich wie Seiler angesichts der Realität des Phänomens Astrologie vergebens nach Mitteln sucht, diese zu widerlegen, oder sie in sein Denksystem einzuordnen.

Um eine vorurteilsfreie Prüfung des Tatbestandes haben sich Gelehrte aus den Kreisen der Jesuiten bemüht. So versuchte in den «Stimmen der Zeit», Februar und März 1934, einer Zeitschrift von hohem geistigen Niveau, Anton E. Bergles S. J. die Astrologie einer unvoreingenommenen wissenschaftlichen Prüfung zu unterziehen. Kommt auch Bergles zum Schluß, daß «die bisherigen (modernen) Leistungen der Astrologie nicht genügen, ihr den Rang einer erfahrungswissenschaftlichen Hypothese zu verleihen..., so beweisen die Resultate aber doch, daß irgendeine Beziehung zwischen menschlichem Geschick und kosmischen Vorgängen, wie sie in der Astrologie definiert sind, nicht ohne ernste wissenschaftliche Prüfung in Abrede gestellt werden könne.» Darum ist die Astrologie für Bergles kein Aberglaube.

Daß von der Theologie her eine Brücke zur Astrologie zu schlagen möglich ist, ergibt sich aus den Darlegungen des bedeutenden Dogmatikers Michael Schmaus in seinem Werke «Von den letzten Dingen» (Münster 1948, S. 26, 27): «Die Entscheidung (des Menschen im geschichtlichen Raum) setzt Freiheit voraus... Doch die Freiheit des Menschen ist keine willkürliche und unbedingte. Der Mensch ist vielmehr eingeordnet in Wirklichkeiten, die seiner Verfügungsgewalt entzogen sind, in eine bestimmte geschichtliche Situation, in ein bestimmtes Volk, in eine bestimmte Familie, ausgestattet mit bestimmten Kräften des Leibes und der Seele und zugleich auf sie beschränkt. Hölderlin schildert diese Zusammenhänge folgendermaßen:

> ... Denn
> Wie du anfingst, wirst du bleiben,
> Soviel auch wirket die Not
> Und die Zucht; das meiste nämlich
> Vermag die Geburt,
> Und der Lichtstrahl, der
> Dem Neugebornen begegnet.
>
> RHEINHYMNE

Der Mensch kann nicht alles, was er will, und er kann, was ihm an sich zu tun möglich ist, nicht zu jeder Zeit, wenigstens nicht zu jeder Zeit sinnvoll und wirksam.»

In dieser Erörterung eines katholischen Theologen werden in lauterster Weise auch zugleich die Grundlinien astrologischer Schicksalsschau sichtbar, und damit deutlich, daß Astrologie und Theologie, wenn sie nur wirklichkeitstreu und unvoreingenommen erkennend denken, zu einer Abgrenzung von Freiheit und Schicksal und zu einer Sinndeutung eben dieser Freiheit, wie der dem Menschen auferlegten Beschränkung, gelangen können.

Eine weitere Brücke von zeitgenössischer Wissenschaft zur Astrologie ist in unserer Zeit durch die Anschauungen der Tiefenpsychologie C. G. Jungs gegeben, die durch ihre Typenlehre (psychologische Typen und Archetypen) zu einer Korrespondenz der Schöpfungsgroßwelt mit dem Gefüge der menschlichen Seelenhaltungen gelangt ist.

III

DIE RELIGIÖSEN VORAUSSETZUNGEN
DER ASTROLOGIE

Das Kreuz der Entsprechungen

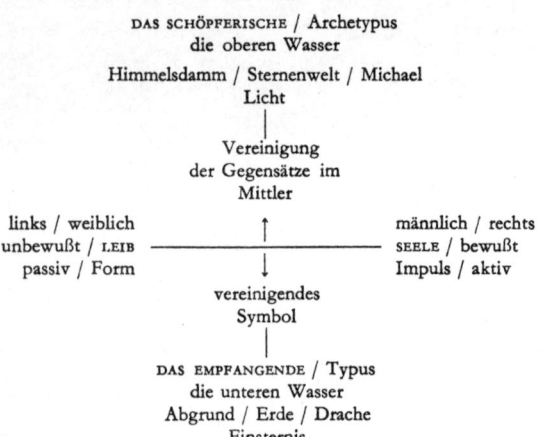

DAS SCHÖPFERISCHE / Archetypus
die oberen Wasser

Himmelsdamm / Sternenwelt / Michael
Licht

Vereinigung
der Gegensätze im
Mittler

links / weiblich   männlich / rechts
unbewußt / LEIB   SEELE / bewußt
passiv / Form   Impuls / aktiv

vereinigendes
Symbol

DAS EMPFANGENDE / Typus
die unteren Wasser
Abgrund / Erde / Drache
Finsternis

Alles geschöpfliche Leben beruht auf dem Wirken von Urphänomenen – alle wesenhafte Erkenntnis auf der Wahrnehmung derselben.
Darum enthüllt echte Einsicht in eine Erscheinung, in eine Bewegung das Urphänomen, das heißt jenen schöpferischen Akt, der aus
keinem andern mehr ableitbar ist, es sei denn aus einem Schöpfungs-
impuls von jenseits dieser geschaffenen Welt. In einer solchen Einsichtigkeit wird die unendliche Vielfalt des Lebens einfältig, und
der endlose Widerspruch, der dadurch entsteht, daß alle Lebenserscheinungen in doppelten Akten und Formen auftreten, gibt sich
sodann als Gesetz lebenszeugender Polarität innerhalb des Schöp-
fungsbereiches zu erkennen. Fragen wir nun nach dem grundlegenden kosmischen Urphänomen, so können wir eine Antwort finden
in jenem «Katalog der Urphänomene», die der Schöpfungsbericht der

TAFEL XI. Erhard Schön: Die astrologischen Elemente des Horoskopes
(16. Jahrhundert)

TAFEL XII. Das Ende der Zeit. Französische Miniatur aus dem 14. Jahrhundert

Genesis (1. und 2. Kapitel des 1. Buch Mose) darstellt. Dort wird die Polaritätsspannung von Licht und Finsternis als erstes genannt.

Als das Urphänomen alles Organischen hingegen, insbesondere des Menschen, erwähnt der Genesis-Katalog an sechster Stelle (Gen. 1, 27): die Urpolarität der Geschlechter, männlich und weiblich. Diese kosmischen und menschlichen Urphänomene sind zwar nicht die einzigen, aber die grundlegenden. Und insofern sie nicht isoliert wirken, sondern einander durchdringen, bilden sie ein erstes Beziehungskreuz. Zu seinen vier Punkten: Licht und Finsternis, männlich und weiblich, lassen sich auf den verschiedensten Ebenen nach innerer Gesetzmäßigkeit weitere Entsprechungen hinzufügen. Dadurch entsteht ein vielfältiges Beziehungssystem, an dem die verschiedensten Urphänomene und ihre wechselseitige Durchdringung sichtbar werden.

Da aber der Mensch mitten in den Kosmos gestellt ist – andererseits der Kosmos im Menschen wirkt, ergibt sich die Durchkreuzung der kosmischen Urpolarität durch die menschliche, so daß alles Menschliche einem Kosmischen entspricht. Der Mensch ist hineingestellt in eine unzählige Vielfalt von Weltbezogenheiten, und es gehört zu dem Wesentlichen seines Menschseins, daß er aus dieser Vielfalt die Einheit einer Geistwelt baut. Von diesem Auftrag des Menschen berichtet das zweite Kapitel der Genesis Vers 19 und 20, wo der Mensch aufgefordert wird, die Geschöpfe zu «benennen», d. h. sie in ihrem Wesensgefüge kenntlich zu machen, sie zu erkennen und sie aus der gestalthaften Dinglichkeit in eine geistige Sinnhaftigkeit und Dauerhaftigkeit zu erheben. Der frühe Mensch vollzieht dieses «Benennen», zugleich als eine Bewußtwerdung der menschlich-kosmischen Bezogenheit, mit dem Organ seines Auges, das ein zugleich physisches und geistiges ist: Er ist Seher und Künder des Geschauten. Erst in Hochkulturen tritt die Abstraktion durch Philosophie und Wissenschaft, durch die Begriffe und Formeln von Physik und Biologie an Stelle der anschaulichen Erkenntnis.

Denn dem Menschengeschlechte ist das Streben nach Erkenntnis, nach Bewußtwerdung des im Stoff und Schicksal verhüllten Gesetzes, eigentümlich. Es gibt darum keinen Augenblick in der Geschichte des Menschengeschlechtes, da dieses nicht nach Bewußtwerdung der kosmischen Bezogenheit seiner Existenz getrachtet hat. Die Menschengeschichte hebt an mit diesem Verlangen. Und da nun Urscheidungen vom Schöpfer gesetzt sind in Form der Urpolaritäten, so ist der Mensch nicht nur zur Unterscheidung, zur Analyse, sondern auch zu ihrer Verbindung, der Synthese, aufgerufen.

Zum kosmischen Urphänomen Licht und Finsternis und zum organisch-menschlichen, männlich und weiblich, tritt als ein drittes, geistiges, hinzu: Bewußtsein und Unbewußtheit. Diese drei Polaritäten gehören zutiefst zusammen, und ihr Ineinanderwirken bildet die Grundlage der menschlichen Kultur. Ist doch die fortschreitende Auffassung des Unterschiedes von Tag und Nacht, von Licht und Dunkel, die Voraussetzung aller menschlichen Kulturentwicklung. Denn auch der Prozeß des Aufhellens des Unbewußten zum Bewußtsein trägt den Charakter eines Licht-Dunkel-Phänomens. Und mit seiner Entfaltung ist eine Differenzierung des Seelischen und Schöpferischen verbunden, durch die der Mensch nicht nur der Weltraumtiefe geistig und physikalisch bewußt, sondern auch der Raumtiefe, der «Geräumigkeit» und Vielschichtigkeit seiner Seele, der Tiefenschichten seines Unbewußten inne wird.

In allen Kulturen, in den frühen wie den späteren, gilt das Licht seinem strahlenden Wesen nach als das positive, das Dunkel als das negative Urphänomen. Freilich nicht im Sinne einer moralischen Bewertung, denn im Genesisbericht der Bibel gilt auch das Dunkel, die Nacht, als von Gott geschaffen (Gen. 1, 5). Das Licht wirkt als das Spendende und Zeugende, als das «Schöpferische» – das Dunkel als das «Empfangende» und Gebärende. Damit wird auch das Wirken des Kosmischen unter dem Symbol des Männlich-Weiblichen geschaut, wie z. B. im jüdischen Henochbuch, einer nicht in den Kanon der Bibel aufgenommenen Schrift, wo von den «oberen und unteren Wassern» (Gen. 1, 7) gesagt wird: «... das Wasser oberhalb des Himmels ist das Männliche und das unterirdische Wasser das Weibliche» (Henoch 54, 8). Das Männlich-Weibliche in der horizontalen Schichtung des Lebens, in der eigentlich menschlichen Ebene, vertritt zugleich links und rechts. Das Weibliche ist der linken Seite als der Gemütsseite zugeordnet, das Männliche der rechten als der Geistseite. Zufolge der mehr geistigen, zeugenden, impulsgebenden Natur des Männlichen besitzt es eine innere Zuordnung zu dem Schöpferischen in der Höhe, dem Himmlischen – während das Weibliche im Menschen, als das Empfangende, Gebärende, Fruchtbare sich seiner Wesensart nach der Erde, dem Unteren, der Tiefe des Daseins zuordnet. So ergibt sich aus der Struktur des Daseins und seiner Polaritäten ein einfaches Beziehungssystem der Vierheit als Doppelpolaritäten, die sich durch organisch angefügte Entsprechungen erweitern und differenzieren lassen.

So entsprechen sich: links und unten – rechts und oben, weiblich-dunkel und Erde, männlich-licht und Himmel. Oder: unbewußt-weiblich entspricht der dunklen Erde – bewußt-männlich dem lichten Himmel. Doch wie unbewußt und bewußt, männlich und weiblich, Leib und Seele aufeinander bezogen sind und eines sich im andern spiegelt, eines sich im andern erkennt (dies in der menschlichen, horizontalen Ebene), so sind auch Höhe und Tiefe, Himmels- und Erdenwelt aufeinander bezogen und spiegeln sich eines im andern. Das Kreuzschema der Entsprechung versucht den Entsprechungscharakter aller Teile des Gesamtlebens darzustellen.

Jedoch die «Welt-Teile» Himmel und Erde, Mann und Weib, entsprechen sich nicht nur, sie drängen nach immer innigerer Vereinigung. In der Sprache des Mythos heißt die schöpferische Vereinigung dieser Gegensätze «Heilige Hochzeit», aus der, in Durchdringung von Geist und Stoff, des Inneren und des Äußeren, das göttliche Kind geboren wird, in dem die Gegensätze vereint und überwunden sind. Das «göttliche Kind» repräsentiert den Mittler der Gegensätze oder wird dargestellt im Zeichen des vereinigenden Symbols. Der Mittler ist sowohl Voraussetzung, Garant und Frucht der «Heiligen Hochzeit» von Himmel und Erde, von Mann und Weib, von Licht und Finsternis, von Stern und Schicksal.

Diese archetypische Grund-Symbolik, die ursprünglich allen Völkern und Zeiten eigen ist, und die auch heute noch jeder Mensch in den Tiefenschichten seiner Träume immer neu erfährt, dies Signieren kosmischer Urtatsachen durch die entsprechenden menschlichen, bedeutet, daß kosmische Vorgänge durch menschliche sinnbildlich vertreten werden können. Kosmisches kann durch menschliche Qualitäten und Menschliches durch kosmische Faktoren in ihrer verborgenen Tiefenbedeutung ausgedrückt werden. In dieser gegenseitigen Stellvertretung des Menschlichen und des Kosmischen ruhen die Wurzeln aller Symbolik, hier ist der Ursprung und das Alphabet der religiösen Gleichnissprache zu suchen. Denn die kosmischen wie die menschlichen Lebenserscheinungen entziehen sich einem unmittelbaren Verständnis – erst durch die Bezogenheit eines Polpaares auf ein ihm entgegengesetztes eröffnen sie sich in ihrer Bedeutung und Zuordnung. Indem nun der Mensch die Polarität, der er unterworfen ist, auf den Kosmos projiziert, offenbart sich ihm die Eigentümlichkeit, Gesetzmäßigkeit und Bedeutung des ihm gegenständigen Phänomens. Und ebenso erfährt er sein eigenes ihm unbegreifliches Geheimnis, indem er sein ganzes Menschsein in Analogie setzt zu kosmischen Phänomenen und Wirkweisen.

So ist in der den Urphänomenen entsprechenden Ursymbolik die Sonne ein Mann, der Mond ein Weib und die Sterne die Kinder des Himmelselternpaares. Und umgekehrt erkennt sich der Mensch nicht individuell, sondern typologisch im Mann als Sonne, das will sagen: als Geist und Geistträger, in der Frau jedoch als Mond, d. h. als Prinzip des Wechsels, des Zu- und Abnehmens, als Träger der Generationskräfte. Denn der Mensch wird sich als solcher bewußt, indem er sich als ein Glied der Großwelt erfährt und andererseits erkennt er diese, indem er sie vermenschlicht. Darum vollziehen sich die geistigen Prozesse im Menschen unter den Symbolen der kosmischen Licht-Dunkel-Polarität: Man spricht von Erleuchtung, vom Schauen in einen dunkeln Spiegel, vom Leuchten des Lichtes (des Göttlichen oder Geistigen) in die Finsternis (der verdunkelten Erkenntnis). Und umgekehrt erscheint der Kosmos als ein einheitlicher, belebter, beseelter Organismus, von einem einzigen Kraft- und Blutkreislauf durchwallt, als ein großer Mensch, als ein Großmensch mit Haupt und Gliedern, Organen und Rhythmen – der Mensch hingegen als ein kleiner Kosmos, dessen Rhythmen dem großen in der er eingebettet ist, entsprechen. Mit dieser Ursymbolik ist aber bereits jene Weltdeutung grundgelegt, die im Laufe der Jahrtausende unter dem Namen der Astrologie das Geistesleben der Menschheit wesentlich mitbestimmt hat.

Aber bis der nachparadiesische, geschichtliche Mensch zu einem Vertrauen in seine Lebensumwelt gelangen konnte durch Einsichtigkeit in dieselbe, hatte er erst einen Uraffekt zu überwinden: die Angst. Diese konnte erst gebannt werden, als der Mensch den Kosmos, und zugleich sich als den kleinen Kosmos, von einer höheren Gesetzmäßigkeit gelenkt erkannte und er dadurch zu seinen Abläufen Vertrauen faßte. Und es mag das Licht und sein konkreter Repräsentant (was bedeutet: Vergegenwärtiger), die Sonne, gewesen sein, durch dessen verläßliche Beständigkeit das Vertrauen des Menschen erweckt worden war. Denn der Mensch ist wie alle Kreatur sonnengenährt, sonnengeformt, weshalb ihm die Sonne schon früh als das Sinnbild der schöpferischen und göttlichen Kräfte erscheinen konnte. Jedoch die Nacht mit ihrem Dunkel erfüllt den Menschen, der noch nicht Herr über seine Innen- und Umwelt geworden ist, mit Angst vor dem Unbestimmten, «vor dem Unheil, das im Finstern schleicht» (Psalm 91, 6), vor dem Ausgeliefertsein an seine eigene Dunkelheit: vor der in seinem Innern lauernden Kainsnatur. Doch in dieses ihm unheimliche Dunkel seiner Sinne und seiner Seele leuchteten Zeichen göttlicher Gegenwart: die Klarheit der nächtlichen Gestirne und des Mondes als Garanten einer sinnvollen, nicht willkürlichen Wirklichkeit. Denn die Sonne, als das Lichtzentrum unseres Kosmos, zentriert zwar das Bewußtsein und Tun des Menschen und treibt ihn dadurch an zur Tat, – darum gilt sie als Sinnbild für jene Kräfte, die sie erregt. Die Sternenwelt der Nacht jedoch macht den Menschen still schauend, meditativ; sie offenbart ihm das Verborgene, differenziert sein seelisches Empfinden und sein Bewußtsein. In der Nacht sieht sich der Mensch überwölbt von einer Lichthöhle –: ein gestirnter Mantel hüllte ihn mütterlich ein. In ihr wurde der Mensch vom Anblick des Sternenheeres zum Seher, zum Visionär – und er vermochte schauend mit geistig geöffneten Augen das Geheimnis des Kosmos und der Sternenwelt inne zu werden, Jahrtausende bevor er es denkerisch-analytisch zu zergliedern lernte. Er sah am Himmel den Rhythmus der Sternbewegungen – den steten Wandel der Sterne. Aber er sah noch mehr: in der Dunkelheit, in die er mit nächtlich bildschaffender Seele hineinschaute, stieg auch die Bilderwelt seines Innern herauf und es wurden ihm an der Bewegung des äußern Himmels auch die Existenz und die Bewegung eines innern Himmels bewußt. In diesem unmittelbaren, intuitiven Schauen, das noch kein Rechnen mit Naturgesetzen war wie in späteren Zeiten, wurde ihm die Gewißheit zuteil, daß zwischen seiner inneren seelischen Bewegung und ihren Bildern, und derjenigen am Himmel ein inniger Zusammenhang bestehen müsse. Es dämmerte ihm, daß dem Oberen, der Sternenwelt und ihrer Bewegung, das Untere, die Erd- und Menschenwelt, entspreche. Die untere Welt ist Abbild der oberen: die obere, licht-geistig und männlich, ist die Prägende – die untere, weiblich-erleidend, stofflich, die Geprägte. Doch ist der ursprüngliche Gleichklang der beiden Welten gestört durch dämonische Mächte oder durch den Abfall der Menschen, dann bedarf die untere Welt, als die vom großen Gesetz abgeirrte, einer Reform durch einen erleuchteten Reformator, dessen Seele und Geist ein unzerbrochener Spiegel der beiden Welten ist. Die Reformatio mundi ist sein Auftrag und diese wurde je und je in Zeiten der Erschütterung und des Schreckens von einer solchen Gestalt, einem Seher und Propheten, erwartet.

So entdeckte der Mensch das Bestehen einer großen Weltharmonie, den Einklang aller Weltschichten – die Schöpfung, als eine unteilbare und in allem zusammenklingende Einheit, als eine harmonia mundi. Im Mythos wurde diese runde Einheit ausgedrückt durch das Bild vom Weltenei, so in der Theogonie des Hesiod, oder im Bilde des Weltenberges, auf dessen Spitze das Paradies sich befindet (Ezech. 28, 13, 14). Und schließlich weitet sich das schauende Erkennen zur gewaltigen Erfahrung vom jenseitigen Gott, der die Schöpfung als sternleuchtende Sphärenkugel in seinen Händen hält und dessen Gewand der leuchtende Sternenmantel bildet.

Doch die Lichthöhle des Himmels ist nicht nur belebt von feurigen Planetenklumpen, sondern auch von Geistwesen, die physisch in den Lichterscheinungen der Gestirne aufleuchten. Personhafte Weltkräfte wirken hinter der Sternenwelt und bilden sich in ihr ab. Einst wurden sie Götter genannt, d. h. geschaffene Geistwesen und Mächte – in der christlichen Gnosis wurden diese als «Engel» geschaut, d. h. als Gottes-Boten, ausgesandt zum Dienst an der Schöpfung. Es ist für die ganzheitlich-ungeschiedene, synthetische und noch nicht analytische Schau- und Denkweise der sumerischen, babylonischen Hochkulturen bezeichnend, daß vor allem ihre geistigen Führer, die Priester, gleichsam in das «Innere des Himmels» zu schauen vermochten, wie Jahrtausende später, freilich in einer durch Christus eröffneten, schrankenlosen Tiefe, der Seher Johannes: Sie sahen die Geistmächte in den Sternen leuchten. Sagt doch selbst noch der Apostel Paulus, freilich aus der Fülle einer alle Götterweisheit übersteigenden sophia theou, doch noch kundig der hierarchischen Schichtung der kosmischen Kräfte, daß der Mensch die Fähigkeit habe, hineinzuschauen (kathoran) in das unsichtbare Wesen, das als «ewige Kraft und Gottheit» aus der geschaffenen Welt (zu der auch die Sterne gehören) sich offenbart. Er betrachtet es als ein Verhängnis des Menschen, daß durch die Verdunkelung der Erkenntnis die Gabe des Geistesauges, das «Durchschauen» der Erscheinung, verlorengegangen sei (Römerbrief, Kap. 1,

19–21). Denn einst waren die Menschen von der inneren Gewißheit durchdrungen, daß ihr Leben erhalten und genährt werde durch einen beständigen Einstrom aus der Welt des Göttlichen, aus dem Welthintergrund, der sich in der Ordnung der Sterne abbildet. Sind doch in dieser Welterfahrung die Sterne Mittler, Sichtbarmacher und Repräsentanten der unsichtbaren, belebenden und lenkenden Gottheit. Denn für jene Hochkulturen von Sumer und Babylon galt der gestirnte Kosmos als Offenbarung göttlichen Lebens und göttlicher Urweisheit, als Weisung für den Weg des Menschen. Mit dem Alphabet der Gestirne ist der Text des himmlischen Lebensbuches geschrieben. Aus ihm weiß der durch Imagination, durch Ein-Bildung dieser Himmelsschrift erleuchtete Priester, die dort enthaltene Offenbarung des Welten- und Schicksalsweges zu lesen. Freilich umfaßt in dieser Astraltheologie oder religiösen Astrologie der Himmel ebenso fruchtbarkeitsschenkende wie lebensverderbende Mächte. Denn chaotische Mächte früherer Schöpfungsperioden wirken noch immer, im Versuch diese zu stören, in die göttlich gefügte Ordnung hinein. Infolgedessen entsprach z. B. den sieben guten oberen Göttern, eine untere böse Siebenheit von Gegenmächten. Ähnlich ist in Eran, auf babylonischen Traditionen fußend, ein Weltsystem entfaltet worden, in dem der oberen planetarischen Gestirnwelt eine kosmische Gegenhälfte gegenübergestellt wurde, die nach unten ebenso in Sphären und Hierarchien gestuft ist, wie die Sphärenlichtwelt oben. Noch fast 3000 Jahre später tritt uns in Dantes Göttlicher Komödie eine ähnliche Weltordnung entgegen – sein Inferno ist die untere dunkle Stufenhälfte des sterngestuften Paradisos und ersteres ist mit einer teuflischen Trinität ebenso abgeschlossen, wie das Paradiso mit der göttlichen. Und ebenso erscheint in den Visionen der hl. Franziska Romana († 1440) die untere Gegenwelt, siebenfach gestuft, unter der Herrschaft von sieben Teufeln stehend.

Wie aber begründet die Tradition der Sternenweisheit die große grundlegende These der astrologischen Kosmologie von der Doppeleinheit des Weltalls, die die Voraussetzung bildet für die Anschauung: Was oben ist, ist auch unten – was unten sich ereignet, ist oben vorgebildet? Die Antwort finden wir im altorientalischen Mythos, Jahrtausende bevor Platon das Weltgesetz der Analogie in seiner Ideenlehre ausgesprochen hat.

Hier wird es notwendig sein, ein klärendes Wort über das Wesen

des Mythos einzuschalten, um wenigstens den gröbsten Mißverständ-
nissen zu begegnen. In den Kreisen christlicher Theologen steht man
dem Mythos mißtrauisch gegenüber, in der Sorge, daß durch die Anerkennung seines Wirklichkeitsgehaltes die «Fleischwerdung des Wortes» in Jesus Christus, die Geschichtlichkeit der Menschwerdung Gottes sich zu einem «bloßen Mythos» verflüchtige. Aus dieser berechtig-
ten Abwehrhaltung wurde übersehen, daß doch in Christus die «Fülle
der Zeiten» angebrochen ist (Eph. 1, 10, 23; Gal. 4, 4). «Alle vorausgehenden Offenbarungen haben über sich hinausgewiesen auf die in
Christus geschehene Offenbarung. Alle haben ihn gemeint. Er faßt
denn auch alle vorausgehenden zusammen und offenbart ihren letzten
Sinn...» (M. Schmaus, Von den letzten Dingen, S. 66). Darum sind
in Christus nicht nur die Gesetze und Prophetien des Alten Bundes,
sondern auch die Mythen aller Völker und Zeiten zusammengefaßt,
transparent geworden und erfüllt.

Dies wollen unter anderem die lapidaren Stammbäume Jesu in den
Evangelien mitteilen, von deren Bedeutung Irenäus sagt (Adversus
haereses III, 22, 3): «Lukas zeigt, daß die Geschlechterreihe, welche
von der Generation des Herrn bis zu Adam zurückführt, 72 Genera-
tionen umfaßt. Er verbindet so das Ende mit dem Anfang und bezeugt, daß er es ist, der alle Völker, die von Adam an sich über die
Erde zerstreut haben, und alle Sprachen und die menschlichen Geschlechter mitsamt Adam in sich zusammenfaßt.» Christus ist aber
damit als der Erfüller und Schlußstein aller Mythen gekennzeichnet.
Dies wird am Text des Evangeliums dadurch deutlich, daß er nicht
nur unaufhörlich durchwebt ist von der Beziehung zum jüdischen
Gesetz und zu den Propheten, sondern auch von Hinweisen auf die
Mythen. Ja, so weitgehend sind die Begebnisse der Evangelien in der
Sprache, in den Symbolen der Mythen erzählt, daß die frühen Väter,
die noch die heidnischen Mythen und Kulte aus eignem Augenschein
kannten und ihre große Ähnlichkeit mit dem «evangelischen Drama»
wahrnehmen mußten, sich diese nicht anders als durch Nachäfferei
des Teufels erklären konnten. Was aber die Väter einst so entsetzte,
rührt einfach daher, daß die Hl. Schrift nicht nur in der Sprache des
Logos, sondern auch in der des Mythos geschrieben ist. Doch da im
Laufe der Jahrtausende die Kommentierung und geistige Auswertung
der Hl. Schrift einem stets wachsenden Logizismus innerhalb einer
immer abstrakter werdenden Theologie verfiel, mußte sie sich von

ihren Gegnern belehren lassen, die allerdings das verlorene Korn der Theologen zu einer Riesenfrucht aufbliesen. Dies waren die Gelehrten jener astralmythologischen Schule von Depuis bis Drews, die jene von den Theologen verleugneten mythischen Elemente des Neuen Testamentes zum Anlaß nahmen, nun die gesamte Überlieferung, ebenso unrichtig wie radikalistisch, als ungeschichtlich und nur astralmythologisch zu erklären.

Darum darf es als Zeichen einer theologischen Regeneration angesehen werden, wenn ein protestantischer Theologe wie Richard Krämer wieder ein Verständnis sowohl für den Mythos an sich, wie für die mythischen Elemente in den Evangelien aufbringt. Hat sich doch insbesondere die protestantische Theologie am weitesten vorgewagt auf dem Weg einer «konsequenten Entmythologisierung» der Evangelien. So schreibt R. Krämer in seinem Werk: «Schöpfer Himmels und der Erde» (Zürich 1944, S. 22): «Was heißt Mythos? Der Mythos ist eine in dichterisch erhobener Sprache und Form dargebotene Erzählung von Vorgängen am Himmelszelt, die in unmittelbarem und beherrschendem Zusammenhang mit Geschehnissen auf Erden stehen. Was hier am Himmel und auf Erden «geschaut» wird, läßt auf tiefere geheimnisvolle Vorgänge im Leben, in der Geschichte schließen, läßt in ihnen geheimnisvoll wirkende Kräfte ahnen und gleichsam «erschauen». Er befaßt sich auf eine Art mit dem tieferen Sinn des Lebens überhaupt, die das ganze geistige Leben des Menschen, Denken, Phantasie, Herz und Gemüt anzuregen geeignet ist. Der Mythos gebiert die Symbole... Es gilt, daß wir uns ins Wesen des Mythos einleben, in seine für das Verständnis der Hl. Schrift wichtigen Symbole.»

«Die Mythen sind ursprüngliche Offenbarungen der vorbewußten Seele, unwillkürliche Aussagen über unbewußtes seelisches Geschehen, und nichts weniger als Allegorien physischer Vorgänge», erklärt der Psychologe C. G. Jung (Jung-Kerenyi: Das Göttliche Kind). «Dem Mythos liegt nicht ein Gedanke zugrunde, wie die Kinder einer verkünstelten Zeit glauben, sondern er ist selbst ein Denken; er teilt eine Vorstellung der Welt mit, aber in der Abfolge von Vorgängen, Handlungen, Leiden», so äußert sich Fr. Nietzsche. «In einem Mythos wird anschaulich umfaßt, was das ganze Leben, der ganze Sinn und Inhalt der Schöpfung ist... Die Mythen sind Geschichtsschreibung mit innerer Sicht, sie geben eine Natur- und Menschengeschichte dem

Wesen nach, in Bildern und Symbolen... sie sind nicht erzählt um
des äußeren Ablaufes und Geschehens willen, sondern sie sind Darstellung mit innerer Bedeutung... Mythos ist nicht Dichtung, sondern das große, seelenhafte Einheitserleben im Geschehen... weit
über alles persönlich Bewußte hinaus», sagt Edgar Dacqué in seinem
«Verlorenen Paradies». Denn die Mythen sind nach Dacqué bildhafte
Erzählungen über den Verlauf der Auseinandersetzung des Menschen
mit sich selbst, mit der Natur und mit dem Welthintergrund. Oder in
der Formulierung von Oskar Goldberg: «Mythologie ist transzendente
Wirklichkeitsforschung.»

«Jede echte Mythologie ist ihrem Wesen nach religiös... Unter
allen Selbstverständlichkeiten der Mythologie ist das Göttliche das
Selbstverständlichste: die Göttlichkeit von all dem, was sich durch sie
der Menschheit zeigt. Wie die musikalische Welt, die die tönende ist –
die Welt in eine Tonwelt aufgelöst – so ist die mythologische Welt
die in Ausdrucksformen des Göttlichen aufgegangene Welt... denn
das Göttliche wählt zu seiner Ausdrucksform am liebsten die Mythologie» – so deutet Prof. K. Kerenyi in seiner «Antiken Religion» das
Wesen der Mythologie. Eine gute und gedrängte Überschau «Über
Mythologie» gibt Prof. Gebh. Frei in seinem Vorwort zu Commelin,
Mythologie der Griechen und Römer (Luzern 1948), wo er sich
eingangs fragt, ob auch der Christ zur Mythologie ein positives Verhältnis haben könne. Seine Antwort heißt etwa: «Mythos ist Erleben
und bildhaftes Sprechen vom Menschen her, die christliche Lehre aber
ein Ernstnehmen des Wortes Gottes in der Offenbarung, wenn dieses
Wort auch eventuell in bildhafte Sprache, die auch dem Mythos eigen
ist, eingekleidet ist. Mythos ist «‚Reden‘» – Glaube ist «‚Hören‘».

Aus diesen Zeugnissen ernsthafter Forscher geht hervor: der Mythos ist die älteste Ausdrucks- und Überlieferungsform des Religiösen,
der nie abreißende Versuch der Menschheit, das Unsagbare der göttlichen Welt in Sagbares einzubringen: Mit Bildern und Ereignissen
der sinnlichen und zeitlichen Welt Übersinnliches und Zeitloses mitzuteilen. Im Mythos verschränkt sich Göttliches, Kosmisches, Seelisches und Sinnliches zu einer lebendigen Einheit – abbildend die
Welteinheit, deren Ganzheit und Teile, die der Mythos in Form von Erzählungen von der Macht und Wirksamkeit der Götter und von
Weltenschicksalen berichtet. Auch die Bibel Alten und Neuen Testamentes verwendet mythische Bilder zur Deutung geschichtlicher Be-

gebenheiten, um Kunde zu bringen von jenseitigen und Ur-Geschehnissen. Sie ist in wesentlichen Teilen in einer altüberlieferten mythischen Sprache abgefaßt – wenn auch erst in der Frohen Botschaft der uralte Mythus von Anfang, Mitte und Ende der Welt seine letzte Erfüllung und Durchsichtigkeit gefunden hat.

Am umfassendsten liegt uns dieser Mythos von der Weltschöpfung, von der Einheit und Teilung der Welt vor in dem mit Keilschrift auf Tontafeln geschriebenen Siebentafel-Epos «Enuma elisch» aus der Bibliothek des assyrischen Königs Assurbanipal (668–626 v. Chr.). Dieses «Ur-Epos» schildert die Schöpfung der Welt durch den lichten Schöpfergott Marduk als dessen Kampf mit der drachengestaltigen Tehom-Tiamat, der «Urmutter». Diese salzige Urflut widersteht dem Schöpferwillen des Gottes dadurch, weil sie alles verschlingend, und in ihren großen Meeres-Bauch einsaugend, jede höhere und differenzierte Schöpfung unmöglich macht. In ihr verkörpert sich das Chaos (Mephistopheles, der vermenschlichte Satan, nennt sich in Goethes «Faust»: Des Chaos' liebster Sohn) in dem zwar alle Lebenskräfte, jedoch ununterschieden ineinander verwebt enthalten sind. Marduk aber, der eine durchlichtete und vielgestaltige Welt anstatt der dunkel-eintönigen der Tiamat schaffen will, durchbohrt «den Drachen und seine Engel», seine 11 Helfer: Riesenschlangen, Drachen, Molche, Skorpionmenschen und andere Ungeheuer. Und indem er Tiamat spaltet, bildet er aus den Hälften ihres Leibes das Weltall, nachdem er beide Teile durch den «Damm des Himmels», an dem er das leuchtende Band des Tierkreises befestigt, getrennt hat. Dann erschafft er die übrige Welt: die Gestirne, die Pflanzen und die Menschen auf der Erde. Auch der Mythos der Ägypter weiß von der Zweieinheit von Himmel und Erde und stellt diese dar im Bild eines sich umarmenden Paares, Himmel und Erde, das vom bösen Gott der Ausdehnung, des Raumes, getrennt wurde, indem dieser das «Weib», den Sternenhimmel, in die Höhe hob. Der Mythos von der Einheit des Weltalls, von einer oberen und unteren Welt, hervorgegangen aus der Spaltung des Urwesens Tiamat, ist aber schon darum bedeutsam, weil dessen Grundelemente in das Alte Testament eingegangen sind und sogar bis in die Bilderwelt der Johannes-Apokalypse weiterwirkten.

Sind aber Himmel und Erde aus einem einzigen Organismus durch Spaltung entstanden, so muß sich in den getrennten Teilen das gleiche Leben regen.

Der gleiche Rhythmus, der gleiche Kraftstrom kreist in beiden, und der Himmelsdamm mit seinem Sternen-Tierkreis trennt und verbindet zugleich beide Teile. Im Tierkreis bilden sich die «oberen Kräfte» ab – jene, die als geistige Gestalten und Willensträger hinter den Feldern dieses leuchtenden Himmelsbandes am Werke sind. Durch ihn, als Mittler innerhalb der Schöpfung, wirken sie herab auf die sublunare Welt, – er ist das Band, das Himmel und Erde umschlingt. Am «Himmelsdamm», der «rakia» (1. Mose, 1, 6. 14, 17), errichtet, ist er der Schutzwall gegen das erneute Hereinbrechen des vorweltlichen Chaos. Denn er trennt jene «oberen Wasser» von den unteren, die durch den Drachenkampf des Weltschöpfers gespalten wurden und deren erneutes Zusammenfließen die Schöpfung in den überwundenen Chaoszustand zurückreißen würde.

Dieser Mythos von der Entstehung der Schöpfung durch Teilung des noch undifferenzierten Chaos ist ein Urmythologem, das allen altorientalischen Religionen eigen ist. Auch in der Bibel hat dieser Urmythos seinen Niederschlag gefunden, verbunden mit der Schöpfertat des unerschaffenen, wandellosen und alleinigen Schöpfergottes. Denn auch die Heilige Schrift berichtet über- und vorweltliche Ereignisse nicht anders als durch mythische Erzählungen. Marduk spaltet das Urmeer und den Drachen Tiamat mittendurch, um das Himmelsgewölbe und die Erde zu schaffen – in seinem Wirken als Schöpfer führt er Scheidungen herbei. Ähnlich kennt auch der biblische Schöpfungsbericht (Genesis 1, 3-10) drei Scheidungen: die von Licht und Finsternis, die der oberen und unteren Gewässer und die von Festland und Meer. Der Vers 2 des 1. Kapitels spricht zudem davon, daß die Erde – noch nicht die unsere, sondern eine ungeschiedene Ur-Erde, die prima materia – tohu wa bohu das heißt: Chaos, gewesen sei, noch eins mit der Finsternis und der Urflut. Dieser Finsternis wird vom Schöpfer als erster Schöpfungsakt das «Urlicht» entgegengesetzt, das, unserer Lebensstufe näher, sodann in Tag und Nacht geschieden wird (Vers 3). Und ebenso scheidet der Schöpfer die Urgewässer durch eine «Feste», die rakia, den Himmelsdamm, in obere und untere Wasser. Diese eigenartige Feste, die wie ein Kristallgewölbe die Schöpfung überwölbt, wird sodann nach Vers 15 zum Ort der Sternenwelt, der Gestirne. Diese, die Planeten und die Tierkreis-Fixsterne, werden damit zum «Zeichen» der Chaosüberwindung und der dadurch möglich gewordenen Schöpfungsordnung. Darum richtet sich auch die Wut des Chaosdrachen insbesondere gegen die obere Welt der Sterne (Off. Joh., Kap. 12, 14), da diese seiner Begierde das Chaos wiederherzustellen, als ein leuchtender Damm von Kraft und Wirkung Widerstand leisten. Darum sind die Sterne nicht nur «Zeichen» (Vers 14) einer uranfänglichen, sondern auch Sinnbilder einer dauernden Überwindung des Chaos.

Trotz seiner «Entzweiung» versucht aber der Widersacher des göttlichen Schöpfungswerkes, der Drache, dieses beständig in maßlosem Ansturm zu vernichten. Im Alten Testament berichten darum verschiedene Texte von einem Kampf, den der Schöpfergott gegen das drachengestaltige Urwesen führte. So findet sich in Psalm 74, 13 die Lobpreisung:

> Du hast das Meer zerspalten mit deiner Kraft
> Die Häupter der Drachen über den Fluten zerschmettert.

Oder Hiob 26, 12 berichtet von dem Kampfe Jahwes:

> Durch seine Kraft stillte er das Meer,
> Durch seine Einsicht schlug er Rahab nieder.
> Durch seinen Hauch ward der Himmel heiter,
> Seine Hand durchbohrte die flüchtige Schlange.

Einmal jedoch in mythischer Frühzeit ereignet sich der Durchbruch des uranfänglichen Chaos und bewirkt Vernichtung und Einsaugung alles gestalteten und organischen Lebens. Veranlaßt durch eine sittliche Korrumpierung der Menschenwelt, überliefert der Schöpfer die Welt wieder dem Chaos, indem er die «Brunnen der großen Urflut» (Gen. 7, 11) und die «Fenster» des Himmels öffnet, auf daß die oberen und unteren Wasser zu einem erneuten Chaos, zur Sintflut, zusammenströmen. Dadurch fand ein Bruch des himmlischen Dammes als eine Weltkatastrophe statt. Jedoch die Wiederherstellung der Schöpfungswelt aus dem Chaos nach der Sintflut wird sinnvoll besiegelt durch ein «Zeichen» am Himmel, durch den «Bogen». Gemeinhin wird dieser als Regenbogen gedeutet. Sinnentsprechender ist hier an den «Bogen» des Tierkreises zu denken, der an der rakia, der «Himmelsfeste» in den Wolken, aufgerichtet ist, und das Zeichen bedeutet für den lebenschaffenden Rhythmus der Sternenwelt, der durch die Öffnung der «Fenster» der oberen Wasser, d. h. durch den Bruch der rakia, zerstört worden war.

Die ganze Bibel ist hintergründig durchzogen von jenem großen Drachenkampf. Denn immer wieder empört sich das gespaltene und gefesselte Chaos und versucht zur lebenszeugenden göttlichen Mitte vorzudringen – ob nun der Empörer aus der ursprünglichen Stern- und Engelordnung stammt wie Luzifer, oder als «Tier aus dem Abgrund» nach der Herrschaft strebt. Die Psalmen 89, 11 und 74, 13 künden in mythischer Sprache von der gespaltenen Urflut, vom Sieg über den Drachen, von jenem Drachen, der im Meere haust (Jesaia 27, 1). Ebenso weiß Hiob 9, 13 und 26, 12 von der Besiegung der Drachendunkelmacht Rahab, der flüchtigen Schlange, durch den Schöpfer und Lichtbringer. Da aber Chaos, Drache, Schlange und Satan nur verschiedene Aspekte eines Mythologems bilden, so erscheint Christus, wenn er sich als Retter und Heiland offenbart, im mythischen Bilde des Drachentreters, des Drachentöters, und das heißt: als Sieger über das Dunkelchaos.

Die Wut und der Angriff des Chaosdrachens gilt aber jeder Himmelsordnung und deren Sichtbarmachung in der Sternenwelt. Deren Inbegriff bildet das «Zeichen am Himmel», die virgo stellarum oder stella maris, jener Meeresstern, der über der Drachenmacht des Urmeeres schwebt. Das «große Zeichen am Himmel» (Off. 12) ist ein Weib, angetan mit der Sonne, den Mond unter ihren Füßen und auf ihrem Haupte jenen Kranz von 12 Sternen, in dem sich die zwölf Tierkreiszeichen abbilden. Und dieses Weib ist die Mutter dessen, der «wie ein Stern aufgehen» sollte aus Jakob (4. M. 24, 14), die Sternenmutter des Erlösers, dessen Stern die Magier gesehen. Gegen sie als das «große Zeichen», die, weil in sich alle Gestirne zusammenfassend, an der «Feste», dem Himmelsdamm zwischen Himmel und Erde erscheint, richtet sich der Angriff des rotes Drachen. Und es ist nur folgerichtig, daß dieser dabei, wie es in Off. 12, 4 heißt, den dritten Teil der Sterne des Himmels herunterreißt, denn er ist als der Drache des dunklen Urflutchaos der Urfeind des Lichtes und der Sterne. Wohl versucht er Wasser, sein Element, wie einen Strom (Off. 12, 15) aus seinem Munde nach dem Weibe zu speien. Doch mehr vermag er nicht, denn aus der Wunde, die er dem Sternenhimmel geschlagen, dadurch, daß er mit seinem Schwanze ein Drittel der Sterne herabgerissen hat, strömen der Sonnenengel Michael und seine Scharen hervor, als kämpfende und heilsame Gegenmacht gegen das Anbrausen des alten Chaos, «und der Drache, die alte Schlange genannt, der Teufel und der Satan... wurde auf die Erde geworfen.» (Off. 12, 9). Jedoch sein eigentlicher Gegenspieler, als dessen Bote und Vikarius der Erzengel

Michael auftritt, ist jener «glänzende Morgenstern» (Off. 22, 16), der als Urheber und Lenker der Sterne, über sie erhaben und doch ihnen innig verbunden, die sieben Sterne in seiner Rechten hält (Off. 2, 1): die Leuchte der verklärten Welt (Off. 21, 23): das Lamm, wie geschlachtet.

In diesen mythischen Bildern und Geschehnissen, die in dieser Form dem Apostel Johannes als Offenbarung der Wahrheit geschenkt wurden, kündet sich ein alle Worte Übersteigendes, das mit Begriffen und Abstraktionen nicht zu übermitteln ist. Darum wird auch im Bereich des Christlichen am Himmel, seinen Erscheinungen und Bewegungen, ein Überhimmlisches abgelesen und himmlische Wahrheit wird mit den Mitteln kosmischer, astraler Symbolik verkündet.

IV

DIE ELEMENTE DER ASTROLOGIE

Der Tierkreis und seine Bedeutung

Die Grundlage aller Astrologie und der aus ihrer Systematik hervorgegangenen Horoskopie, der Berechnung und Deutung des menschlichen Individualhoroskopes – bildet der Weg der Sonne durch die Ekliptik. Zwölfgeteilt ist dieser Weg, der die Sonne nicht nur für unser Auge, sondern in ihrer Wirkung auf das biologische Leben auf der Erde, im Laufe eines Jahres durch die Regionen der zwölf Sternbilder führt, die am Band der Ekliptik unregelmäßig verteilte Fixsternhaufen bilden. Diese Zwölfheit ist die Grundlage jeder Zeitmessung und Zeitsymbolik. Jedoch die Astrologie rechnet nicht, wie es den Anschein haben könnte, mit diesen unregelmäßigen Fixsterngruppen, sondern sie schaut die Ekliptik als zwölf gleich große Himmelsfelder, die sie nach den etwa in ihnen liegenden Sternbildern benennt. So entsteht im Unterschied zum astronomischen Tierkreis ein zweiter, nämlich der astrologische, durch dessen kreisförmiges Band die Sonne sich dem Augenschein nach gleich einem Uhrzeiger bewegt.

Dieser astrologische Tierkreis umfaßt 360 Grade, so daß jedes einzelne Tierkreiszeichen sich in einen Raum von 30 Graden ausbreitet. Doch ist es notwendig, sich immer wieder ins Bewußtsein zu rufen, daß die astronomischen Tierkreisbilder am physikalischen Himmel und die astrologischen Tierkreiszeichen eines symbolischen Himmels zu unterscheiden sind. Denn nicht nur stimmen beide nicht überein in Hinsicht auf Unregelmäßigkeit und Regelmäßigkeit ihrer Teile, sie unterscheiden sich auch in bezug auf ihre Lage. Freilich gab es eine Zeit, – im Weltjahr des Widders vor etwa 3000 Jahren – da sich wenigstens die Regionen beider Tierkreise deckten. Jedoch durch das Phänomen der sogenannten Präzession des Frühlingspunktes der Sonne, hervorgerufen durch eine kreiselnde Bewegung der Erdachse (siehe Kapitel Weltjahr), haben sich die Tierkreiszeichen gegenüber den Tierkreissternbildern um mindestens ein Zeichen verschoben und werden dies noch weiterhin in gleichem Maße tun. Darum ist festzuhalten, daß die Astrologie in bezug auf den Tierkreis nicht mit Wirkungen oder Entsprechungen seiner Sternbilder, sondern mit Himmelsbezirken rechnet, die Namen von Sterngruppen tragen.

Der astrologische Tierkreis beginnt, wie der astronomische, mit 0⁰ Widder – jenem Punkt im Jahreslauf der Sonne, mit dem sie die Frühjahrs-Tag- und Nachtgleiche anzeigt. Beide Jahreskreise nehmen dort jeweils ihren Anfang. Von diesem Punkt aus entfalten sich die Tierkreiszeichen in folgendem Rhythmus:

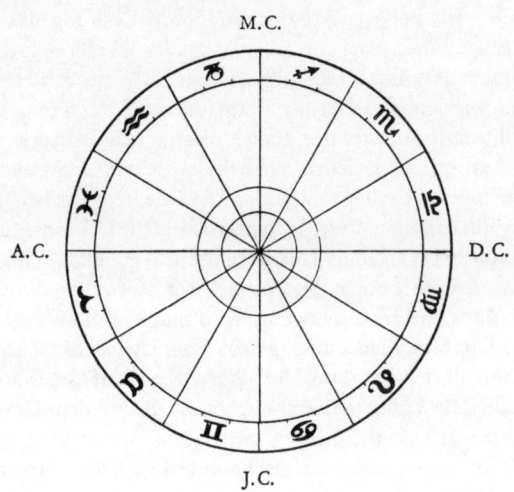

Abb. 7. Die zwölf Felder

Grad	Zeichen	Symbol	Monatsabschnitt
Frühlingszeichen			
0–30	Widder	♈	21. März bis 21. April
30–60	Stier	♉	21. April bis 21. Mai
60–90	Zwillinge	♊	21. Mai bis 21. Juni
Sommerzeichen			
90–120	Krebs	♋	21. Juni bis 22. Juli
120–150	Löwe	♌	22. Juli bis 23. August
150–180	Jungfrau	♍	23. August bis 23. September

Grad	Zeichen	Symbol	Monatsabschnitt
Herbstzeichen			
180–210	Waage	♎	23. September bis 23. Oktober
210–240	Skorpion	♏	23. Oktober bis 22. November
240–270	Schütze	♐	22. November bis 21. Dezember
Winterzeichen			
270–300	Steinbock	♑	21. Dezember bis 20. Januar
300–330	Wassermann	♒	20. Januar bis 20. Februar
330–360	Fische	♓	20. Februar bis 21. März

Die Namen der Tierkreiszeichen leiten sich aus jahreszeitlichen Situationen wie aus den Mythen Babylons und Ägyptens her. Der größte Teil von ihnen war den Babyloniern schon bekannt gewesen, denn man hat ihre Bildzeichen auf babylonischen Grenzsteinen festgestellt. Freilich hat es ursprünglich nur 11 Zeichen gegeben, denn die Waage als selbständiges Zeichen war noch nicht bekannt. Sie wurde entweder von der vorhergehenden Jungfrau «gehalten» oder als die Scheren des nachfolgenden Skorpion betrachtet. Erst die Griechen mit ihrem Maß- und Harmonievermögen bildeten die Waage als Einzelzeichen. Diese 12 Zeichen des astrologischen Jahres stehen aber in einer inneren Beziehung zum lebendigen Kreislauf des Naturjahres. So entspricht der Widder der männlichen Kraft und dem Drängen zur Zeugung, der Triebkraft, die den in der Erde ruhenden Samen zum Sprießen bringt, er verkörpert die Potenz. Der Stier entspricht dem Blühen des Monats Mai – der lieblichen, gewissermaßen weiblichen Schönheit des Wonnemonats – der Raum-Fülle des sich erschließenden irdischen Lebens. Zur Zeit des Fruchtansatzes steht die Sonne im Zeichen der Zwillinge – nun scheiden sich die schönen Möglichkeiten und beschränken sich aus der Fülle zur einen Frucht – die erste Differenzierung des Jahres. Der Krebs ist ein Zeichen der Fruchtbarkeit – im Juli ist das Jahr schwanger mit den heranreifenden Früchten. Der Löwe bedeutet den sonnenstrahlenden Höhepunkt des Jahres, da das Korn golden in der Vollreife erglänzt gleich der Sonne – bevor in der Jungfrau, deren Symbol eine Jungfrau mit der Ähre in der Hand, da alles Wachsen ans Ende gelangt ist, die Ernte sich vollzieht. Im Herbstmonat Waage, dem Zeichen des Gerichtes, ist die Schau über die abgeerntete Welt und über die Ernte möglich – über die gute oder schlechte Ernte der Natur, wie des Menschen. Und zugleich werden jetzt im Harmoniezustand einer von Zeugung und Frucht befreiten Welt die Herbstfeste gefeiert. Der Skorpion im November, da die Kraft der Natur sich aus der Außenwelt zurückzieht und die Blätter fallen, ist ein abwärtssteigendes tödliches doppeldeutiges Zeichen – als Adler der höchsten Erhebung fähig – als Schlange in den Abgrund führend. Doch was in ihm tödlich verwundet, das wird im weltliebenden Schützen geheilt – der Zentaur Chiron, das mythische Bild für die gütige Heilkraft des Lebens und des Geistes, ist ihm zum Zeichen gesetzt. Mit der tiefsten Verdunklung und Schwächung der Sonne endet der Schütze. Mit ihrer «Neugeburt» beginnt der Steinbock, dem als Zeichen der babylonische Ziegenfisch eigen ist. Halb Fisch, halb Klettertier, kriechend und springend, eilt er aus Erdtiefen von Sehnsucht getrieben der Höhe des Lichtes zu. Mit ihm beginnt die Regen- und Wasserregion der drei Winterzeichen Steinbock, Wassermann, Fische. Doch wie der Steinbock ist auch der Wassermann eine Sphäre des philosophischen Denkens und des wissenschaftlichen Forschens sowie der praktischen Umsetzung des so Gewonnenen. Durch seine ebenso auflösende wie umfassende Tendenz gilt er als Zeichen einer Brüderlichkeit, besonders in der Ebene der äußeren Mittel, die sich freilich erst im alliebenden, wenn auch verfließenden Zeichen Fische erfüllt. Hier ist das Ende des Jahres, der Seele, der sichtbaren Welt, des Lebens herangekommen – alles löst sich auf und die innig empfundene Todesnähe macht den Menschen fähig für das Opfer seiner selbst im Dienste der Gottheit oder des Nächsten. Und dieses Versinken in die Todestiefe bereitet zugleich das Saatfeld für die darnach wieder herandrängende Zeugungskraft des Widders.

Die alljährliche Wanderung der Sonne durch diese zwölf Tierkreiszeichen wurde im Altertum als ein kosmisches Drama erlebt: die Sonne als Held und die Finsternis, ihr Feind, als Drache. In dieser Schau wird das Jahr zum Schauplatz eines Drachenkampfes im Hervortreten, im Kampf und Sieg, im Verschlungenwerden und im Auferstehen der Sonne, gemäß den verschiedenen Qualitäten der Zeichen, in denen die Sonne jeweils weilt. Dieser Drachenkampf-Mythos – der Weg der Sonne durch den Tierkreis – wurde damit zum Sinnbild des gesamten kosmischen und seelischen Lebensablaufes.

Der zweite, astrologische Tierkreis wird einer innern Gesetzmäßigkeit entsprechend zu Sinn-Gruppen zusammengefaßt. Und zwar:

nach den 3 Kreuzen in kardinale, feste und bewegliche Zeichen;
nach den 4 Elementen in 4 Trigone und
wechselweise in 6 männliche Tag- und 6 weibliche Nachtzeichen.

Die Zeichen

Abb. 8.
Kardinales Kreuz der Zeichen.

Kardinal: Widder, Krebs, Waage, Steinbock

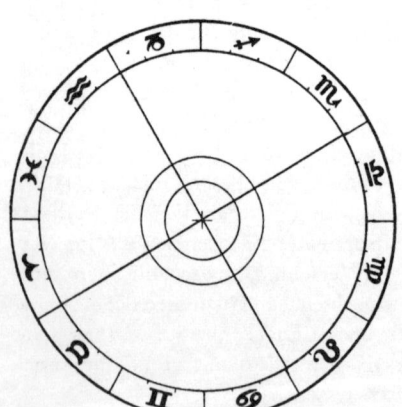

Abb. 9. Festes Kreuz der Zeichen.

Fest: Stier, Löwe, Skorpion, Wassermann

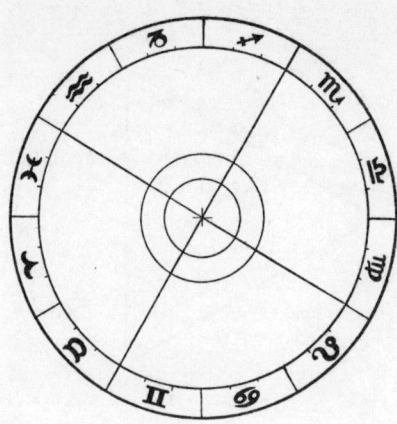

Abb. 10.
Bewegliches Kreuz der Zeichen.

Beweglich: Zwillinge, Jungfrau, Schütze, Fische

Die Vierheit der kardinalen Zeichen wird den vier Erzengeln zugeordnet:

Widder	–	Gabriel
Krebs	–	Raphael
Waage	–	Michael
Steinbock	–	Uriel

Die vier festen Zeichen entsprechen jenem kosmischen Kreuz der vier Gestirnwesen, die in der Vision des Propheten (Ez. 1) das Himmelsgewölbe und über ihm den Thron Gottes tragen. Sie wurden später folgendermaßen zu Sinnzeichen der vier Evangelisten:

Stier	Lukas
Löwe	Markus
Skorpion (Adler-Schlange)	Johannes
Wassermann (Mensch-Engel)	Matthäus

Die Unterscheidung der Tierkreiszeichen in vier Trigone nach Elementen, nicht im Sinne der physikalischen, sondern als Zustände und Qualitäten, geschieht nach folgender Einteilung:

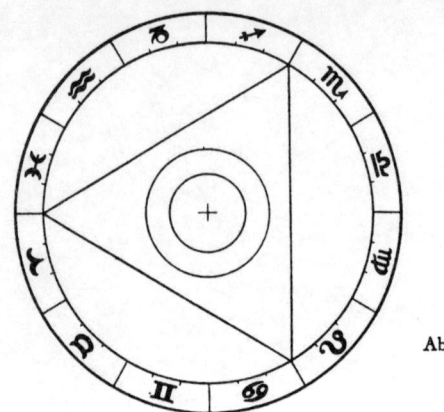

Abb. 11. Feuriges Trigon.

Feuerzeichen: energisch, impulsiv, cholerisch, aktiv, intensiv
Widder, Löwe, Schütze

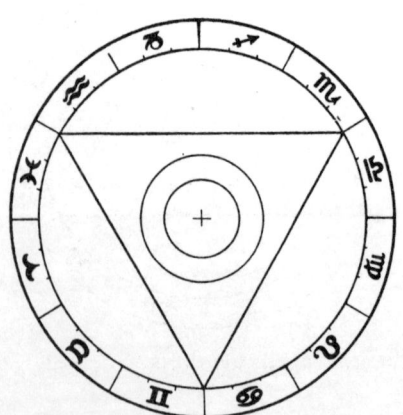

Abb. 12. Wässriges Trigon.

Wasserzeichen: empfindlich, reaktiv, phlegmatisch
Krebs, Skorpion, Fische

166

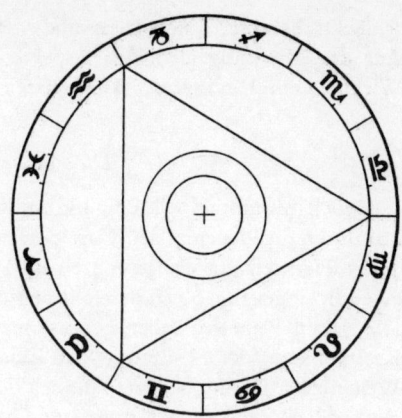

Abb. 13. Luftiges Trigon.

Luftzeichen: beweglich, extensiv, sanguinisch, wandelbar
Zwillinge, Waage, Wassermann

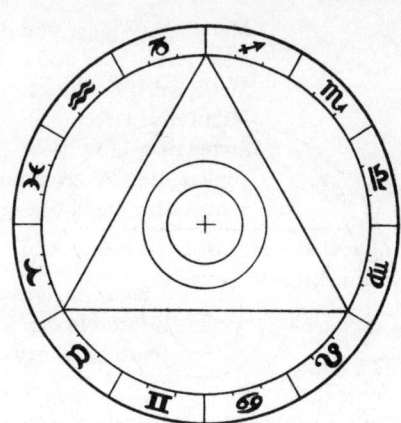

Abb. 14. Irdisches Trigon.

Erdzeichen: praktisch, geduldig-zäh, zurückhaltend, melancholisch
Stier, Jungfrau, Steinbock

So erstreckt sich jedes Tierkreiszeichen in vierfacher Bedeutung: bestimmt durch ein Element, durch einen Zustand, durch den Geschlechtscharakter differenziert und von einem Planeten beherrscht. Aus der Mischung all dieser Aspekte baut sich erst der plastische Wirklichkeitscharakter der Tierkreiszeichen auf.

Die Planeten

Jedoch ihre individuelle Prägung und Wirkmöglichkeit erhalten diese erst durch die Planeten, den Wandelsternen, die um die Sonne kreisen. Jedes Tierkreiszeichen ist von einem Planeten beherrscht, der seine eigentliche geistige Kraft darstellt und der ihm Aktionskraft verleiht. Die sieben Planeten stellen gewissermaßen das geistige Stufen- und Kraftgebäude der Schöpfung dar – eine siebenfache Hierarchie des Weltenbaus. Darum bedeuten die seit dem Ende des 18. Jahrhunderts neu entdeckten Uranus, Neptun und Pluto nicht neue Kräfte, sondern nur neue Kombinationen der Siebenerreihe.

Die Zuordnung der Planeten zu den Tierkreiszeichen

Mars dem Widder und dem Skorpion
Venus dem Stier und der Waage
Merkur den Zwillingen und der Jungfrau
Mond dem Krebs
Sonne dem Löwen
Jupiter dem Schützen und den Fischen
Saturn dem Steinbock und dem Wassermann

Die drei neuentdeckten Planeten bilden jeweils die höhere Oktave in den Zeichen:

Uranus im Wassermann
Neptun in den Fischen
Pluto im Skorpion

Innerhalb der Planeten nehmen freilich Sonne und Mond eine Sonderstellung ein. Denn die Sonne als der einzige Fixstern unter ihnen, um die sich die andern bewegen, stellt das ruhende Zentrum unseres Himmels dar – und andererseits ist der Mond als Trabant der Erde mit ihr gewissermaßen zu einer Einheit verbunden. Der Überlieferung gemäß repräsentiert die Sonne das geistige Prinzip und auch dasjenige der Freiheit, der Mond das der Seele und der Empfänglichkeit, und die Erde das des Leibes und der Einschränkung – jene Drei-

Abb. 15. Das Planetenstundenrad. Ein Engel bewegt die Planeten in überlieferter Reihenfolge durch den Tageslauf. Titelbild des «Judicum lipsense Magistri wenceslai De Budweyss». Um 1500.

heit des Gesamtmenschlichen, innerhalb derer erst die übrigen Planetenprinzipien als Gaben zu wirken vermögen. Auch die Planeten werden in ihrem Wirken und Wesen in männliche und weibliche eingeteilt, die in Geschlechterspannung polar aufeinander bezogen sind.

männlich		*weiblich*		*hermaphroditisch*
	Sonne		Mond	
	Mars		Venus	Merkur
	Jupiter		Saturn	
	Uranus		Neptun	

Als Wandelsterne kreisen die Planeten nicht im Rhythmus der Tierkreiszeichen, sondern gemäß ihrem eigenen individuellen Rhythmus – dadurch verschiebt sich gesetzmäßig beständig ihre Stellung in den Tierkreiszeichen, denen sie ursprünglich zugeordnet sind und in denen sie am stärksten wirksam werden. Ihre Wirksamkeit in den verschiedenen Zeichen kann aber je nach der Stellung, die sie auf ihrer Wanderung einnehmen, erhöht oder erniedrigt werden.

So gelten	die Planeten	als erhöht	als erniedrigt
	Sonne im	Widder	Waage
	Mond im	Stier	Skorpion
	Jupiter im	Krebs	Steinbock
	Merkur in der	Jungfrau	Fische
	Saturn in der	Waage	Widder
	Mars im	Steinbock	Krebs
	Venus in den	Fischen	Jungfrau

Entscheidend für die astrologische Deutung ist neben den Tierkreiszeichen Sinn und Wirkung der Planeten als symbolische Kraftträger. So ist die Sonne nicht nur das Symbol für den Geist, sondern auch für die aktive Willensenergie. Als das Zentrum vertritt sie darum die Prinzipien der zentralen Macht und des Königtums. Sie ist Herr im Universum und darum auch Herrscher in Sichtbarkeit, unabhängig und unbeirrbar, männlich und schöpferisch, gilt sie als das geistig zeugende Prinzip der Ganzheit. Als solches vertritt sie das Bewußtsein und die bewußte Persönlichkeit – sie bedeutet Leben und dient dem Gesamtleben. Ihr Element ist das Feuer.

Der männlichen Willensnatur der Sonne steht die weibliche Gefühlsnatur des Mondes gegenüber. Er faßt in sich die Gesamtheit der unbewußten Antriebe zusammen und vertritt das passive Prinzip gegenüber der Aktivität der Sonne – das Wandelbare gegenüber dem Beharrenden und sonnenhaft Zentralen. Das Wasser ist sein Element – Ebbe und Flut, Ab- und Zunehmen seine Bewegung, das Prinzip des Wechsels. Nicht der impulsgebende Führer wie die Sonne, sondern das Volk und innerhalb des Seelischen nicht das höhere Ich, das Selbst, sondern das Ich wird durch ihn repräsentiert.

Der Saturn erscheint als das Symbol der Zeit und der Begrenzung. Ihm, dem sonnenfernsten Planeten, ist Langsamkeit, Verzögerung, Hemmung eigen. Er ist das Signum der Philosophie und der Einsiedler – er wirkt kalt, streng denkend, systematisch und melancholisch. Selbstbeschränkung und Askese, aber auch tiefe Einsicht sind ihm eigen. Das «kleine Glück» nannten ihn die Alten – da er die Menschen durch Hemmung weise macht und in die Tiefe führt. Er ist der Uralte und Hüter jeder Tradition. Auch erscheint er als der Hüter der Schwelle – jeder Schwelle, sei es jene zwischen Sinnlichkeit und Weisheit, zwischen Tod und Leben, von Oberwelt und Unterwelt, von Bewußtsein und Unbewußtem. Er verkörpert das große Schicksalsprinzip, den unerläßlichen Faktor aller Selbstverwirklichung. So kann es ohne ihn keine Ausprägung der Individualität geben.

Als sein Gegensatz erscheint Jupiter, «das große Glück», das Symbol der religiösen Kräfte, das gerechte Gesetz, der Gnädige und Schenkende schlechthin. Ihm ist die Kraft der Ausdehnung im innern wie im äußern Sinne eigen und der Sinn für große Zusammenhänge – er drängt in die Weite und alles Fließende, im Rhythmus wie in den Säften ist ihm unterstellt. Das Weltanschaulich-Philosophische, das Ethisch-Moralische, aber auch jeder freudige, im Negativen auch der unbedenkliche, Lebensgenuß, hängt mit seiner Wirkung zusammen. Mystiker, Gesetzgeber, Vertreter des Lebensgenusses im hohen wie im niedrigen Sinne, Weltreisende und Köche unterstehen seinem Zeichen.

Der Merkur gilt als das Symbol für alle Verstandestätigkeit urteilender und praktischer Natur. Er vertritt das intellektuelle Prinzip. Er ist der Bewegliche, der Vermittler – ohne eignes Gesicht nach allen Seiten dienend durch die Vielseitigkeit seiner Interessen wie seines Erinnerungsvermögens. Der Redner, Kaufmann, der Geschäftsreisende, der Verleger, Lehrer, aber auch der Dieb und Betrüger drücken die Doppeldeutigkeit seiner Wirkung aus.

Im Mars äußert sich das kosmische Kampfprinzip. Begehren und Trennungskraft sind ihm eigen. Er ist der Repräsentant für gezielte Willenskraft und für das männliche Geschlechtsleben. Wie ein Schwert ist er scheidend und schärfend zwischen alle Kräfte und Gestalten gestellt. Der Soldat, der Pionier, der jüngere Mann und der Geschlechtspartner der Frau sind seine Typen.

Die Venus bildet seinen Gegensatz und seine Ergänzung. Sie vertritt das weiblich Anschmiegende und Bejahende – das frohe Ja zum Dasein wie es ist, zur Schönheit und zu den Sinnen. Dem Trennungstrieb des Mars steht sie als Vereinigungstrieb, als die Kraft der Harmonisierungskräfte gegenüber. Alles Künstlerische ist ihre Domäne –

Plastik und Malerei– Schauspielkunst und Tanz, Literatur und Mode. Der formende und der liebende Mensch in allen Ebenen sind ihre typischen Ausprägungen.

Der Uranus – in der Zeit der französischen Revolution entdeckt, drängt zur Reformierung und zur Revolution – auch zu plötzlichen Erkenntnissen tiefsichtiger Art. Der Psychologe, der Sozialreformer wie der Okkultist, auch der moderne Techniker, sind von ihm geprägt.

Der Neptun, in der Mitte des letzten Jahrhunderts rein rechnerisch gefunden, ist der Ausdruck fernster und feinster Kräfte und Schwingungen – transnormale Fähigkeiten treten als seine Wirkungen zutage, ebenso eine hohe Verfeinerung der Gefühle und Sinne – im Erotischen, Künstlerischen, im Mitschwingen mit jeder Kreatur. Freilich schlägt dieser hochempfindliche Planet schnell ins Negative um – der Mystiker wie der Rauschgiftsüchtige, der platonisch Liebende wie der Verblendete stehen unter seiner Einstrahlung.

Der Pluto, dem die längste Umlaufzeit aller bekannten Planeten eigen ist, wurde erst um 1930 entdeckt – infolgedessen mangelt zu seiner Deutung noch die Erfahrung. Aber die abgründigen wie hochgespannten Kräfte unserer Zeit werden wohl mit ihm in Beziehung stehen.

Das Horoskop und seine Felder

Alle astrologische Systematik und Typologie mündet in die Gestaltung des Horoskopes, das als Schema eines zwölfspeichigen Schicksalsrades erscheint. Im Horoskop eines Menschen, das das genaue Himmelsbild in der Stunde der Geburt aufzeichnet, werden aus Gestirnsstellungen und Gestirnsbewegungen grundsätzliche Aussagen über die leib-seelische Beschaffenheit des Menschen, über seinen Charakter und von dessen Ausstrahlungen ins Schicksalsgefüge abgelesen. Die Zwölfteilung des Horoskopkreises ist aber vom Horizont abhängig. Sechs seiner Felder befinden sich über, sechs unter diesem. Denn von jedem Großkreis der Himmelskugel ist stets die Hälfte über, die Hälfte unter dem Horizont. Maßgebend für die Feldereinteilung des Horoskopes sind infolgedessen die aufgehenden und die untergehenden Punkte des Tierkreises, die im Horoskop links und rechts von der Horizontlinie liegen, und ebenso dessen beide Schnittpunkte mit dem Mittagskreise. So entstehen kreuzförmig in der Waagrechten und in der Senkrechten im Horoskopkreis eingezeichnet, die vier Eckpunkte: der Ascendent, zugleich die Spitze des ersten Feldes bezeichnend, der Descendent als Spitze des 7. Feldes, die Himmelsmitte mit der Spitze des 10. Feldes und die Himmelstiefe mit dem 4. Feld. Mit diesen vier Punkten kommt die erste Teilung und Bewegung in das Schicksalsrad.

Jedes Horoskop beginnt mit dem Ascendenten, seinem wichtigsten Punkt. Er kennzeichnet das in der Minute der Geburt am Osthorizont aufsteigende Tierkreiszeichen, das den Charakter wie den Körperbau des Horoskopeigners wesentlich bestimmt. Der Descendent, ihm gegenüberliegend in Opposition, zeigt hingegen die Aufgabe des Lebens an – er vertritt das Du im Gegensatz zum Ich des Ascendenten. Die Himmelstiefe (Imum Coeli) erschließt die Erbmasse und die Ahnen des Menschen. Die Himmelsmitte (Medium Coeli) zeigt die geistige Lebenshaltung und die Art des Berufes.

Mit dem Ascendenten beginnt das sogenannte erste Feld des Ich – wie am Descendenten das siebte Feld des Du, der Gemeinschaft. Am Medium Coeli kulminiert das 10. als Feld des Berufes und der Öffentlichkeit und das Imum Coeli bildet die Spitze des 4. Hauses, des eignen Heimes und der Ahnen. Diese Tatsachen ergeben sich aus dem dritten Element der Astrologie: den Feldern oder Häusern. Analog den zwölf Tierkreiszeichen sind diese als ein Kreis von zwölf schicksalsgestaltenden Feldern ausgebildet – die zwölf Felder bilden den erd- und menschenbezogenen Sinn der Tierkreiszeichen. Dadurch werden die zwölf Himmelsfelder gewissermaßen vermenschlicht und zu Kategorien menschlicher Bezogenheit (siehe Tafel XI).

Das erste Feld – im Idealhoroskop identisch mit dem ersten Tierkreiszeichen Widder – zeigt das Ich in seiner physischen Gestalt und dessen seelischen Eigenheiten, den Habitus – das Sosein des Geborenen.

Das zweite Feld zeigt die Mittel und die Kräfte, über die dieses Ich zu seiner Realisierung verfügt.

Das dritte Feld, den Zwillingen entsprechend, zeigt die «kleine Gemeinschaft», die Brüder und Verwandten – die Art der Kontaktnahme, auch literarische Tätigkeit und kleinere Reisen.

Das vierte Feld, dem Krebs ursprünglich zugeordnet, ist das Haus der Mutter, der Ahnen, aber auch des eignen Heimes.

Das fünfte Feld, dem Löwen entsprechend, umfaßt die Erotik, das Spiel auf jeder Ebene, auch das künstlerische, die Sättigung der eignen Wünsche, auch die Rolle der Kinder in einem Leben.

Das sechste Feld, in Parallele zur Jungfrau, kennzeichnet Alltag und Arbeit, Krankheiten – die Ärzte, Krankenpfleger und auch die Volksmassen. Das siebte Feld, entsprechend der Waage – ist jenes der Partnerschaften individueller oder kollektiver Natur – die Ehe.

Das achte Feld, Skorpion, das des Todes oder des kollektiv Unbewußten, bezieht sich auch auf Erbschaften – es ist der Ort des Rückzuges auf sich selber, in den kein Du dem Ich nachfolgen kann.

Das neunte Feld, Schütze, umfaßt Weltanschauung und alles denkerisch Religiöse – das ethische Weltgesetz – aber auch alles in weiter Ferne liegende und die Reisen dorthin – vor allem über das Wasser.

Das zehnte Feld, Steinbock, kennzeichnet den Beruf und die Stellung in der Öffentlichkeit, die Art des öffentlichen Erfolges und der Ehrungen. Es zeigt den Vater an im Gegensatz zur Mutter des 4. Feldes.

Das elfte Feld, Wassermann, gibt dem Menschen Freiheit und Möglichkeit der Wahl der Freunde – es ist das Freundschaftsfeld und es hebt den Menschen über Geburt und Gesetz hinaus – und zeigt die zum voraus vom Geschick verliehenen Gaben an.

Das zwölfte Feld gilt als von Tragik umwittert. Als das Haus der Läuterung, der Einsamkeit oder der unfreiwilligen Eingeschlossenheit eröffnet es den Weg nach Innen und für ein verborgenes Wirken. Für den Opferwilligen ist es ein Ort der Erlösung, für den Ichsüchtigen eine Stätte der Gefangenschaft und der Verzweiflung.

Aus einer niemals erschöpfbaren, auf den Einzelnenen bezogen individuellen Mischung dieser drei astrologischen Grund-Elemente baut sich nun das individuelle Horoskop auf: aus den Tierkreiszeichen, den Planeten und den Feldern, wozu als viertes die Direktionen treten. In dieser Mischung bedeuten jeweils die Tierkreiszeichen die generellen Faktoren, die Planetenstellungen in den Feldern die auslösenden Kräfte, und die Felder selber, die auf den Menschen bezogene individuelle Sinndeutung der seelisch-leiblichen Bezogenheiten. Die Primär- und Sekundärdirektionen zeigen die Bewegung dieses reichen Gebildes während des ganzen Lebens. Gerade die unerschöpfliche Fülle dieser Mischungen erweist, wie sehr jedes Individuum einmalig und unwiederholbar ist – und daß es ebensowenig wiederkehren kann, wie jemals die Gesamtkomposition eines Horoskopes. Jedes Individuum, das lehrt das Horoskop, bedeutet eine neue Schöpfung – auch dann, wenn, wie die Vergleichung von Familienhoroskopen zeigt, allgemeine Faktoren oder vererbte Familieneigenschaften zutage treten.

Ein wichtiges Mittel, das sogenannte Radixhoroskop, das Himmelsbild der Geburtsstunde in seinen Auswirkungen durch die ganze Lebenszeit zu zeigen, sind die Direktionen. Sie erst machen das Horoskop nach einem ihm innewohnenden Gesetz im Zeitlauf lebendig und erlauben Prognosen auf weite Sicht. Schon Ptolemäus war mit ihnen vertraut, wenn sie auch späterhin ausgebaut und verfeinert wurden. Das Prinzip, nach dem solche Direktionen aufgestellt werden, heißt: 4 Minuten gleich einem künftigen Lebensjahr. In diesen Primärdirektionen werden Sonne, Mond und die Planeten, aber auch die sensitiven Punkte zu Planetenplätzen oder Felderspitzen in Beziehung gesetzt. Die Sekundärdirektionen werden auf Placidus von Titis (17. Jh.) zurückgeführt. Sie bedeuten, daß das ganze Planetensystem des Horoskopes sich nach einem ihm eignen Gesetz vorwärts bewegt. In ihm entspricht ein Tag einem zukünftigen Jahr – so daß man jedes Jahr des mutmaßlichen Lebens in seinen progressiven Planetenaspekten zu den Planeten des Radixstandes ablesen kann. Dadurch entsteht das sogenannte progressive Jahreshoroskop.

Das eigentliche und gewöhnliche Jahreshoroskop aber ist auf den Transiten aufgebaut, die sich aus den laufenden Jahres-Ephemeriden für jedes Horoskop ausziehen lassen. Ein Transit ist der Übergang eines Planeten über eine Planetenstellung oder eine Häuserspitze des Radixhoroskopes. Wirksam sind aber meist nur die größeren Planeten Pluto, Neptun, Uranus, Saturn, Jupiter. Vielfach jedoch werden Prognosen aus den Transiten überschätzt. Sie sind nur wie ein leichter Wellenschlag, verglichen mit den verschiedenen Direktionen, die gewaltigen Grundwellen gleichen. Aber im Zusammenklang von Direktionen und Transiten läßt sich ein ganzer Lebenslauf aufbauen – was freilich ohne große Übung und Kombinationskraft nicht möglich sein wird.

Ein weiteres wichtiges Element, um die Beziehungen der Planeten und der sensitiven Punkte eines Horoskopes festzustellen, sind die Aspekte – erst durch ihre Einbeziehung wird die innere und lebendige Struktur eines Horoskopes sichtbar. Bereits die Zeichen und Grade, in denen ein Planet sich befindet, geben ihm eine verschiedenartige und eigentümliche positive oder negative Färbung. Aber erst die Aspekte zeigen im eigentlichen seine bindende oder lösende, harmonische oder disharmonische Wirkung. Folgende Aspekte sind für die Bewertung jedes Horoskopes grundlegend:

Konjunktion – der Zusammenstand zweier oder mehrerer Plane-

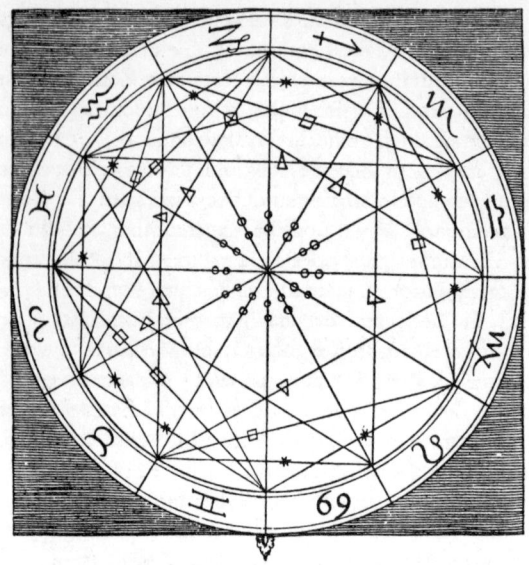

Abb. 16. Aus Robert Fludd: De Planet. Dispos. et Natur.
Der Tierkreis mit den Felderspitzen und deren Aspektschema
△ Trigon   * Sextil   □ Quadrat   ○ Opposition

ten, ein Aspekt der Häufung und Kraftballung. In solchen Vereinigungen stärken oder schwächen sich die Planeten je nach ihrer positiven oder negativen Art gegenseitig. In der Opposition – 180° – stehen die Planeten zueinander im Gegenschein – in Spannung, einander
negativ bindend und hemmend. Die Quadratur – 90° – drohend
und hemmend, ist nicht nur ein negativer Aspekt, sondern zeigt auch
die auferlegte Aufgabe an. Das Trigon – 120° – ist die günstige Verbindung der Planeten – hier erfolgt ein Ausgleich der Planetenkräfte
und eine harmonische Förderung. Das Sextil – 60° – ist verbindend
und fördernd – oft mehr als die Überfülle eines Trigons, weil von ge-
ringerer Spannung. Das Halbsextil ist ein schwach günstiger, das
Halbquadrat ein schwach negativer Aspekt. Wichtig ist auch noch die
Beachtung der Felderspitzen und der in ihrem Umraum stehenden
Planeten, denen dort eine erhöhte Bedeutung zukommt – ebenso die
beiden Mondknoten oder der Glückspunkt.

Jedoch älter als die Individualhoroskopie, die Astrologie des individuellen Schicksals, ist die mundane, die Geschichtsastrologie – vor allem die Babylonier haben sie zu einer lebensdurchdringenden Systematik ausgebaut. Im Abendland hatte Michel de Nostradamus am Beginn der Renaissance mit ihren Methoden die geheimnisvollen weltgeschichtlichen Prophezeiungen seiner Centurien geschaffen. Voraussetzung für die Mundanastrologie ist wiederum die Grundthese, daß die Länder und Völker der Erde den Himmelsfeldern des Tierkreises entsprechen – daß also jedes Land den Charakter eines seinem Wesen entsprechenden Tierkreiszeichens trage. So entspricht die Schweiz z. B. in Charakter und Rhythmus der Jungfrau, Deutschland dem Skorpion, Österreich der Waage, England und Palästina dem Widder, Frankreich dem Löwen, Spanien und Ungarn dem Schützen, Griechenland und Indien dem Steinbock, USA. und Belgien den Zwillingen, Schweden, Preußen und Rußland dem Wassermann, Holland und Ost- und Südasien dem Krebs, Portugal und Südasien den Fischen, Irland, Kleinasien und Persien dem Stier.

Ein weiteres Element der Mundanastrologie haben die Araber des Mittelalters gestaltet: ihre Lehre von der Bedeutung der großen Planetenkonjunktionen für allgemeine geistige oder politische Bewegungen unter den Völkern. Wenn nun zwei oder mehr Planeten – vor allem die sogenannten «großen Zwillinge», Jupiter und Saturn – in einem Tierkreiszeichen in Konjunktion stehen (oder auch aus verschiedenen Tierkreiszeichen in großen Aspekten aufeinander bezogen sind), so ist das Land, die Völkergruppe oder der Erdteil, die mit dem entsprechenden Tierkreiszeichen signiert sind, davon in aktueller Weise betroffen. Aus diesem Grunde konnten die «Magier» des Evangeliums der «großen Konjunktion» des Jupiter und des Saturn in den Fischen des Jahres 7 v. Chr. (747 nach der Gründung Roms) entnehmen, daß sich in Palästina, das nach damaliger Auffassung dem Zeichen Fische unterstand, ein bedeutsames Ereignis ankündigte.

So haben in unserer Zeit die Astrologen mit höchstem Interesse und mit Bangen das Schauspiel von drei fast gleichzeitigen Konjunktionen von Schicksalsplaneten erwartet, das sich dann im 2. Weltkrieg 1941/1942 ereignen sollte: Jupiter–Saturn in Königskonjunktion von Juli 1941 bis Mai 1942, Uranus-Jupiter-Konjunktion April/Juni 1941 und Uranus-Saturn-Konjunktion 1941 bis April 1943. Außerdem stand die dreifache Konjunktion von Saturn–Uranus–Jupiter – eine der gewaltigsten Planetenkonstellationen – im Trigon zum Neptun aus der Jungfrau. Es war demnach eine Umwälzung, ein neuer Status des Lebens in der konkret irdischen Sphäre angezeigt, ein Übermaß von Kräfteballungen im Irdischen und Sichtbaren – im Gegensatz zu jener Jupiter-Saturn-Konjunktion in den Fischen zur Zeit der Geburt Jesu Christi, die ein Königtum und eine Umwälzung innerhalb eines geistigen Reiches anzeigte.

Von Jupiter–Saturn-Konjunktionen erwartete man von altersher weltweite Umwälzungen und das Erscheinen mächtiger Persönlichkeiten. So wollte sogar der berühmte spanische Astrologe, Rabbi Abarbanel (1437–1508) den ganzen Gang der Weltgeschichte auf den Perioden der Jupiter-Saturn-Konjunktionen aufbauen. Er berechnete solche für die Geburt Moses und Mohammeds, wie auch für jene Alexanders des Großen. Jedoch die durch den Uranus, dem Symbol Rußlands, potenzierte Jupiter-Saturn-Konjunktion von 1941 war eine Entscheidungsstunde Europas, dem im Sinne des alten Mythos – der Jupiter-Stier entführte die Königstochter Europa von Kreta nach dem abendländischen Festland – der Stier als ein Ursymbol zugeeignet ist.

Gewiß ist es möglich, das Horoskop eines Staates dadurch aufzustellen, daß man das Datum des mutmaßlichen Gründungsaktes als Geburtsstunde zugrunde legt. Jedoch sind die Geburtstage von Staaten, wenn sie nicht gerade in der Gegenwart erfolgen, oft so unbestimmt, daß solche Kollektivhoroskope nur mit Vorsicht zu gebrauchen sind.

In unserer Zeit ist die nie ganz verklungene Lehre von den astrologisch signierten Weltperioden wieder neu ins Bewußtsein getreten. Die Lehre vom Weltjahr stellt wohl die tiefsinnigste und aufschlußreichste Betrachtungsweise der Geschichte dar – denn sie vereint in sich Geschichtstheologie mit einer Geschichtsrhythmuslehre. Und sie erscheint so bedeutsam, daß ihr ein eignes Kapitel gewidmet ist.

Astrologie und Medizin standen von altersher in Beziehung zueinander. Erst in den letzten Jahrhunderten ist die Verbindung beider
Gebiete mehr in den Hintergrund getreten, doch hat sie nie ganz auf-
gehört. Trotzdem in neuerer Zeit einige kleinere Arbeiten über dieses
Gebiet erschienen sind, bedarf dieses noch einer umfassenden, durch
Experimente und Forschungen ergänzten Darstellung. In der astrologischen Medizin sind vor allem für die Krankheitsdiagnose außeror-
dentlich wertvolle Hilfsmittel enthalten, die Auskunft nicht nur über
die durch die Konstitution des Menschen möglichen, sondern auch
über die akuten Krankheiten zu geben vermögen. Als diagnostisches
Hilfsmittel wird ja bereits offiziell die Graphologie verwendet – so z. B.
in Chicago, wo ein zentrales, von der Ärzteschaft begründetes Grapho-
logie-Institut besteht, wohin die Ärzte die Handschriften ihrer Patien-
ten zur Erlangung einer Hilfsdiagnose einsenden.

Die Grundlage der astrologischen Medizin ist bereits erwähnt: es
ist der kosmische Mensch – der Tierkreis als Anthropos und der
Mensch ein organischer Tierkreis, im Mittelalter dargestellt durch das
«Tierkreis-Männchen». Wohl wird in diesem Schema der aufrechtste-
hende Mensch mit den zwölf Tierkreiszeichen signiert – aber dieser
lebte ja einmal als Embryo in kreisförmiger Haltung im Mutterleibe.
Die Zuordnung ist folgende: Widder–Kopf, Stier–Hals und Nacken,
Zwillinge–Schulter, Krebs–Brustkasten, Löwe–Rücken, Jungfrau–
Bauch, Arme, Hände, Waage–Lenden und Leistengegend, Skorpion–
Geschlecht, Schütze–Oberschenkel, Steinbock–Knie, Wassermann–
Unterschenkel, Fische–Füße (siehe Tafel IV).

Je nachdem nun die entsprechenden Tierkreiszeichen und Felder im
Horoskop eines Menschen durch Planetenstellungen aspektiert sind,
ergeben sich – vereinfacht ausgedrückt – Schlüsse auf Krankheitszu-
stände, erkrankte Körperteile oder Organe (siehe Tafel X).

So betrifft die Sonne die Vitalität des Menschen und steht in Korrespondenz mit dem Herzen. Gute Position und Aspekte der Sonne lassen

auch auf eine gesunde Vitalität schließen, welche eine wichtige Hilfe ist zur Überwindung einer Krankheit. Eine beschädigte Sonne wird oft zu Herzkrankheiten führen.

Der Mond, als Planet des raschesten Umlaufes, repräsentiert die Verteilung alles Flüssigen im Körperhaushalt – die Zirkulation – und wirkt auch auf die Assimilierung der Nahrung. Verdauung, Lymphstrom und Ausscheidung unterstehen ihm, wie auch alle Perioden des Organismus – die Auslösung wie der rhythmische Ablauf einer Krankheit. Ungünstige Stellung im Radix- oder progressiven Horoskop ergeben den Schluß auf Zirkulationsstörungen, besonders der weiblichen Periode und der innern Sekretion.

Der Merkur ist Regulator der geistigen Zirkulation – der Funktion der Nervenbahnen. Geistesstörungen, die auf Veränderungen im Gehirn beruhen, unterstehen dem Mond, Psychosen und Neurosen jedoch dem Merkur.

Die Venus beherrscht die Nieren, Hals und Rachen und das Venensystem. Negative Venusstellungen können pathologische und Erschlaffungszustände des Zellgewebes anzeigen, wie auch Halskrankheiten.

Mars repräsentiert die männlichen Geschlechtsorgane und die Prozesse der Galle. Auch er steht in Beziehung zum Zellgewebe und seinen Spannungen. Doch bewirkt er negativ nicht dessen Erschlaffung, sondern dessen Entzündung.

Dem Jupiter ist das Wachstum eines Individuums unterstellt. Er ist neben der Sonne der eigentliche Lebensförderer. Ihm untersteht die Leber und der gesamte Blutkreislauf. Krebsleiden können von schlechten Jupitereinflüssen herrühren. Zuckerkrankheit und Überproduktion von Harnsäure im Blute, fettige Entartungen des Zellgewebes – Verfettungen des Leibes – werden in Zusammenhang mit seinen schlechten Aspekten gebracht.

Dem Saturn sind die Knochen zugeordnet – seinem negativen Aspekte entsprechen: Gicht, Rheumatismus, Harn-, Nieren- und Gallenstein. Als Repräsentant der Zeit wirkt er auf das Ohr. Ihm sind alle langwierigen, chronischen oder schleichenden Krankheiten unterstellt.

Vom Uranus wird – hypothetisch – angenommen, daß seine negativen Stellungen plötzliche Krankheiten, sowie solche der Hirnhaut, des Rückenmarkes, des Nervenlebens, wie auch rein psychische Krankheiten herbeiführen.

Neptun gilt als Symbol für alle Süchte: Schlafsucht, oder entgegengesetzt die Manien, sowie Rauschgiftsucht und Wahnideen, Geistesstörungen, Halluzinationen. Doch infolge seines erst kurzen Bekanntseins sind noch nicht ausreichende Erfahrungen gesammelt worden.

Diese Angaben sind freilich nur winzige erste Bausteine des ausgedehnten Gebietes der astrologischen Medizin, die ja nicht nur die Krankheitsdiagnose sowie Zeit und rhythmischen Verlauf der Krankheit umfaßt, sondern auch eine astrologische Heilmittelkunde, wie sie besonders durch Paracelsus auf biologischer und chemischer Grundlage ausgebaut wurde und wie sie heute wieder im Anschluß an die Tradition und neuere Forschung von den Anthroposophen in Arlesheim praktiziert wird.

VI

DIE FARBSYMBOLIK IN DER ASTROLOGIE

Seit den Anfängen der Astrologie ist mit der Sinndeutung der Sternenwelt und des gesamten Lebens eine Farbsymbolik miteinbezogen, durch die die sinnliche Erscheinung des Lebens, sein «Inkarnat», zum Ausdruck des großen Weltprozesses wird. Sind doch die Sterne, Licht erzeugend oder es reflektierend, die Lichtträger unseres Universums. Die Farben aber, so sagt uns Goethe, «sind die Taten und Leiden des Lichtes» – des Lichtes sich teilende und sich mitteilende formschaffende Kräfte.

Schon die sieben Stufen der babylonischen Tempeltürme, die alten Sternwarten und Geburtsstätten der Astrologie waren mit sieben Farben bemalt. Noch heute ragt die in Teilen erhaltene babylonische Turmruine aus den Trümmern von Birs-Numrud. Von oben nach unten trug der Turm einst die Planetenfarben: Silber–Mond, Dunkelblau – Merkur, Weißgelb – Venus, Gold – Sonne, Zinnober – Mars, Tiefrot – Jupiter, Schwarz – Saturn. Ebenso waren die von Herodot beschriebenen Farben der Mauern der Stadt Ekbatana von oben nach unten: golden, silbern, sandelfarben, blau, purpurrot, schwarz, weiß. Als Ausdruck der sieben Himmelstore sind diese Farben den sieben Planeten zugeordnet gedacht. Ihnen entsprechen auch sieben Edelsteine. Doch auch den zwölf Tierkreiszeichen sind Farben und Edelsteine zugeordnet. Ein Beispiel dafür ist die Orakeltasche, ohne die der jüdische Hohepriester nicht ins Allerheiligste eintreten durfte. Nach 2. Mose 28, 15–30 war diese mit zwölf Edelsteinen besetzt, entsprechend den zwölf Stämmen. Die erste der vier Steinreihen bildeten Karneol, Topas und Smaragd, die zweite Rubin, Saphir und Jaspis, die dritte Hyazinth, Achat und Amethyst, und die vierte Chrysolith, Onyx und Beryll. Da aber die zwölf Stämme offensichtlich den zwölf Tierkreiszeichen entsprechen, so müssen diese Edelsteine auch auf letztere Bezug haben. Diese Edelsteine als Ausdruck einer kosmischen und himmlischen zwölffachen Urteilung finden sich wieder in der Geheimen Offenbarung, im 21. Kapitel. Dort ist ihre Reihenfolge infolge einer psychischen und symbolischen Verschiebung (bei Mose weisen sie auf einen Anfangszustand, bei Johannes auf den Endzustand der Welt) eine andere. Diese Grundsteine der Stadtmauer des himmlischen Jerusalem sind: Jaspis, Saphir, Chalzedon, Smaragd, Sardonyx, Sardis, Chrysolith, Beryll, Topas, Chrysopras, Hyazinth, Amethyst. Doch nun entsprechen sie nicht mehr den zwölf Stämmen, sondern den zwölf Aposteln. Im Laufe der Jahrtausende sollte die Zuordnung je nach der auszudrückenden Symbolik noch öfter wechseln – immer neu ordnet die schauende und sinngebende Kraft des Menschen das sich ihm anbietende Material, je nach dem Sinn der Weltstunde.

Eine ähnliche Vielfältigkeit in den Zuordnungen weisen auch die Verbindungen von Planeten, Metallen und Farben auf. Eine auf alte chaldäische Tradition zurückgeführte Systematik ergibt folgendes Schema:

Sonne	Gold	Sonntag	orange
Venus	Kupfer	Freitag	blau
Merkur	Quecksilber	Mittwoch	gelb
Mond	Silber	Montag	violett
Saturn	Blei	Samstag	grauschwarz
Jupiter	Zinn	Donnerstag	purpur
Mars	Eisen	Dienstag	rot

Doch stellen solche Zuordnungen zwar Annäherungs- aber keine absoluten Werte dar. Denn je nach dem Symbolprinzip, das der Anordnung zugrunde gelegt wird, können, ja müssen die Entsprechungen wechseln. Nicht anders verhält es sich ja mit der allgemeinen Farbenlehre – Newton beruft sich auf eine andere Einteilung der Farben wie Goethe oder wie in unserer Zeit Ostwald.

Als Beispiel eines modernen Planetenfarbkreises sei nach der Astrologischen Farbenlehre von Bressensdorf/Dr. Koch (München 1930) folgende Tabelle wiedergegeben.

Neptun	–	violett
Jupiter	–	indigo
Saturn	–	eisblau
Uranus	–	blaugrün
Mond	–	grün
Merkur	–	gelb
Venus	–	orange
Mars	–	rot

Diese Zuordnungen sind einerseits organisch aus dem natürlichen Licht-Farbkreis entwickelt und entsprechen andererseits in einer harmonischen Weise dem Wesen der Planeten und den ihnen unterstehenden Menschentypen. Dem Neptun als dem sonnenfernsten Planeten ist die lichtärmste Farbe verbunden, das Veilchenblau, das Violett. Sie drückt das Verborgene und Jenseitige seines Wesens aus – einen tiefen, innerlichen Ernst, der sich mit unruhiger Sehnsucht paart. Zwar fehlt dieser feierlichen Farbe, die im Alltag unerträglich wirkt, jede Freudigkeit; sie ist jedoch der Ausdruck für das Wesen Neptuns, dem durch hohe Schwingung und durch Inspiration die höheren Grade der Weisheit zugänglich sind.

Wohl trägt auch das Indigoblau des Jupiters noch feierliche Züge – aber dennoch klingt sie erdnaher, verfestigter. Diese Farbe zeigt einen Zug ins Weite und ins Königliche an – eine Tendenz zur Fülle in jeder Hinsicht. Die geistige Bedeutung dieses Ultra-marins weist auf die Kräfte der Philosophie und des religiösen Denkens.

Entgegen der Wärme des Indigos glüht in lauterer Kälte das Eisblau des Saturn, des alten grauen Mannes, der inwendig voll «Edelstein» ist. Einschränkung und Langsamkeit – die Zeichen des Alters bezeichnen diese Farbe, die kühle strenge Kraft des denkenden Schauens. Das Blaugrün des Uranus birgt den Ausdruck seiner zwar kühlen aber heftigen Bewegung. Drängende Hoffnung, sich aufklärender Himmel künden von der Originalität und dem oft sonderbaren Idealismus, den die Uranuskräfte bewirken.

Das Grün des Mondes zeigt seine vegetative, wuchernde Kraft an – er vertritt das Allgemeinste, wie in der Natur das Grün des Grases gegenüber dem der vielfältigen Differenzierung der Blüten. Passiv, empfänglich, unselbständig – ohne Geschichte, dies besagt das milde und vielschattierte Mondgrün.

Das Gelb des Merkur ist ein Ausdruck seiner Beweglichkeit und rationalen Helligkeit. Merkur ist im Gegensatz zum Mond aktiv empfänglich. Er nimmt die Einflüsse vieler Strömungen in sich auf, so wie er die Menschen seines Typus zu Suchen und Erkennen, zur intellektuellen Beschäftigung mit einer Vielheit von Möglichkeiten treibt.

Das Orange der Venus ist eine ausgleichende, harmonisierende Farbe. Gelb und Rot haben sich im Orange zu einer freundlichen Einheit verbunden, die verbindet und erholt. Hingegen ist das Rot des Mars erregend und unruhig trotz seiner Wärme. Impulsivität, Leidenschaftlichkeit und Willensaktivität strahlt von ihr aus. –

Wenn wir die verschiedensten Überlieferungen alter und neuer Zeit zusammenfassen, ergeben sich für die einzelnen Tierkreiszeichen folgende vielfache Entsprechungen:

Widder: alle roten Farben
Stier: grün und weiß, hellgrün, hellstes bis dunkles Blau
Zwillinge: dunkelgrün und hellgelb
Krebs: meergrün, weiß und violett
Löwe: hellgelb, gelb, orange, gelbrot
Jungfrau: hellgelb, goldgelb, weiß
Waage: orange, blau und grün
Skorpion: grün und rot, schmutziggrün und dunkelrot.
Schütze: leuchtendes Rot, rotgelb, braunrot bis purpur
Steinbock: schwarz, meergrün, dunkelgrün, grau, graurot
Wassermann: grau, lila, violett, indigo
Fische: grau, blaurot, silberblau, braun.

Aus dieser sich überschneidenden Vielheit sind die verschiedensten Tierkreis-Farbkreise entwickelt worden. So sind nach Libra die Farben desselben folgende:

Widder – rot, Stier – blau, Zwillinge – gelb, Krebs – violett, Löwe – goldgelb, Jungfrau – orange, Waage – blau, Skorpion – rot, Schütze – purpur, Steinbock – schwarz, dunkelgrün, Wassermann – indigo, Fische – silberblau.

Ein anderer, in unseren Tagen entwickelter farbiger Tierkreis vereinigt in glücklicher Weise die Anschauungen der Überlieferung mit den Forschungen heutiger Farbkreissystematiker.

Planet	Farbe	Zeichen	Edelstein
Merkur	gelb		
	reingelb	Jungfrau	Karneol
	goldgelb	Zwillinge	Topas
Venus	orange		
	hagebuttenrot	Waage	Opal
	ziegelrot	Stier	Smaragd
Mars	rot		
	reinrot	Widder	Rubin
	purpurrot	Skorpion	Granat

Planet	Farbe	Zeichen	Edelstein
Jupiter	purpur		
	violett	Fische	Amethyst
	indigoviolett	Schütze	Saphir
Saturn	blau		
	reinblau	Steinbock	Lapislazuli
	türkischblau	Wassermann	Türkis
Mond	grün	Krebs	Aquamarin, Opal
Sonne	gelbgrün	Löwe	Chrysolit, Feueropal

In den Farben sprechen sich – da sie eng mit den Schwingungen der Töne verwandt sind – in einer reinen, unmittelbar das Gemüt berührenden Weise geistige Kräfte aus – nicht andere, als sie in den Planeten- und Tierkreiszeichen, dem formenden Bewußtsein des Menschen aufgeleuchtet sind. Doch was in den Zeichen der Astrologie bewußt geformt werden muß, das tritt in der Schwingung der Farbe unmittelbar in das Bereich der Seele ein. Erst die Vereinigung der Farben mit den kosmischen Zeichen der Astrologie ergibt deren gesamten seelisch-geistigen Umkreis, eine ästhetisch-logische Symbolik des Lebens, von der hier – da die Farbsymbolik alle Kapitel des Lebensbuches umfaßt, nur ein bescheidener Ausschnitt geboten werden kann.

VII

DIE ASTROLOGIE ALS SEELENKUNDE

1.

Zu den drei konstituierenden Elementen der Astrologie: der Zeit-symbolik, der mythischen Bildersprache und dem mathematischen Beziehungssystem, tritt jedoch noch ein viertes, das eigentlich mensch-liche Element hinzu: die Psychologie. Die Astrologie ist bezogen auf das Innerste des Menschen, eine psychologische Schicksalskunde – als Deutung des Schicksals, nicht nur aus der kosmischen All-Verbunden-heit des Menschen, sondern auch aus den Kräften, Bewegungen und Gesetzen der Seele. Und es hat geradezu den Anschein, als ob in einer erneuerten astrologischen Psychologie die zukünftige Form und Wirkweise der Astrologie enthalten wäre. Da sich, neben Hans Künkel, der Schöpfer der Tiefenpsychologie Prof. C. G. Jung am ernsthaftesten mit den Beziehungen der Astrologie zur Psychologie befaßt hat, sei seine Systematik diesem kurzen Abriß einer astrologi-schen Psychologie zugrunde gelegt.

Jung nimmt an, daß die Astrologie schon in ihren Anfängen ein Versuch des Menschen war, seiner unbewußten Seelenkräfte bewußt zu werden, sein Innerstes zu erkennen. «So fand sich das erste Wissen um seelische Gesetz- oder Regelmäßigkeit ausgerechnet in den Ster-nen (Astrologie), und ein weiteres im unbekannten Stoff (Alchemie). Von beiden Erfahrungsgebieten haben sich Wissenschaften abgetrennt, von der Astrologie die Astronomie und von der Alchemie die Chemie. Die eigentümliche Beziehung zwischen astronomischer Zeitbestim-mung und Charakter hingegen ist erst in neuester Zeit im Begriffe, sich zu etwas wie wissenschaftlicher Empirie zu formen» (C. G. Jung, Symbolik des Geistes, Der Geist Merkurius, S. 129).

In dieser Abhandlung C. G. Jungs, «Der Geist Merkurius», der die obigen Sätze entnommen sind, unternimmt es der Psychologe, die in den alchemistischen Überlieferungen bewahrte, sonst aber ver-schollene Merkuriusphilosophie der Spätantike und des Mittelalters wieder aufzudecken. Sie stellt eine Parallele zur Saturnphilosophie der Renaissance dar (siehe das Kapitel: Die Astrologie in der Kunst) – eine symbolische Naturphilosophie auf astrologischer und alchemistischer Grundlage. Beide Weisheitsformen, die saturnische wie die merkuriale, suchen den Geist in der Natur. Die saturnische durch das mathematische Formprinzip, die merkuriale durch eine symbolische Elementenlehre des organischen Lebensprozesses im Stoffe. Die saturnische Naturphilosophie mündete in der Astrologie, die merkuriale nach C. G. Jung in der Alchemie. Die Verwandtschaft beider Erkenntnisweisen, wie auch die Beziehung des Merkurius zur Astrologie, wird von Jung im 7. Kapitel seiner Untersuchung «Der Geist Merkurius» einläßlich dargelegt.

Der aus Jungs Merkuriustraktat wiedergegebene Text ist aber nur verständlich, wenn man die psychologische Voraussetzung dieser engen Verbundenheit von menschlicher Seelengesetzlichkeit und Himmelssymbolik kennt. Sie besteht in der Lehre von den psychischen Projektionen, die etwa besagt: «Projektion bedeutet die Hinauslegung eines subjektiven Vorgangs in ein Objekt. Die Projektion ist demnach ein Dissimilierungsvorgang, indem ein subjektiver Inhalt dem Subjekt entfremdet und gewissermaßen dem Objekt einverleibt wird» (C. G. Jung, Psychologische Typen, S. 657). Jedoch ist eine Projektion nicht eine absichtliche Verlegung psychischer Inhalte in Raum, Zeit oder in den Stoff, sie ist kein Willensphänomen, sondern ein spontanes, das dem willensmäßigen Zugriff des Bewußtseins entzogen ist.

Es geht bei Projektionen um wirkliche Geheimnisse im Menschen, die zu erkennen er aber nicht fähig ist, wegen der Dunkelheit und Unbewußtheit aller seelischen Prozesse, die mit der Ratio nur am Rande abgeleuchtet werden können. Denn «das wirkliche Geheimnis tut zwar nicht geheim; es spricht aber geheim: es deutet sich an durch vielerlei Bilder, die auf sein Wesen hinweisen... So war dem Alchemisten die wirkliche Natur des Stoffes unbekannt» – und man könnte hinzufügen: dem Astrologen die wirkliche Natur des Kosmos –, «er kannte sie nur aus Andeutungen. Indem er sie zu erforschen suchte, projizierte er das Unbewußte in das Dunkel des Stoffes (oder der Astrologe in den Kosmos), um dieses zu erhellen. Um das Geheimnis des Stoffes zu erklären, projizierte er ein anderes Geheimnis: nämlich seinen unbekannten seelischen Hintergrund in das zu Erklärende, ,obscurum per obscurius, ignotum per ignotius'! Dies war nun, wohlverstanden, keine absichtliche Methode, sondern ein unwillkürliches Geschehnis. Projektion wird, streng genommen, nie gemacht – sie geschieht, sie wird vorgefunden. Im Dunkel eines Äußerlichen finde ich, ohne es als solches zu erkennen, mein eignes Innerliches oder Seelisches. Es wäre demnach meines Erachtens verfehlt, die Formel ‚tam ethice quam physice‘ auf die Lehre der Entsprechung als das ‚prius‘ zurückzuführen. Diese Lehre wäre im Gegenteil eher eine Rationalisierung des Projektionserlebnisses. Nicht weil der Alchemist (oder der Astrologe) aus theoretischen Gründen an eine Entsprechung glaubt, betreibt er seine Kunst, sondern vielmehr hat er eine Theorie der Entsprechungen, weil er die Gegenwart der Idee in der Physis erlebt... Er erlebte seine Projektion als Eigenschaft des Stoffes (des Kosmos, der Sterne). Was er in Wirklichkeit erlebte, war sein Unbewußtes. Er wiederholte damit die Geschichte der Naturerkenntnis überhaupt. Die Wissenschaft fing bekanntlich bei den Sternen an, in welchen die Menschheit die Dominanten des Unbewußten, die sog. Götter, entdeckte; ebenso die seltsamen psychologischen Qualitäten des Zodiakus, eine ganze projizierte Charakterlehre. Astrologie ist ein ähnliches Urerlebnis wie Alchemie. Solche Projektionen wiederholen sich überall dort, wo der Mensch ein leeres Dunkel zu erforschen versucht und unwillkürlich mit lebendiger Gestalt erfüllt» (C. G. Jung, Psychologie und Alchemie, Zürich 1944, S. 336/37).

Jung umschreibt demnach die Astrologie als eine Erfahrungsweise, durch die seelische Gesetze als eine komplexe menschliche Charakterkunde, als eine Lehre von den Menschentypen an der Projektionsfläche des Himmels erkannt werden. Dies ist eine Hypothese von weittragendster Bedeutung und Konsequenz. Freilich wird ein Rationalist dieser Erkenntnis damit begegnen, daß er hier von «nur psychischen» Vorgängen spricht, die keinen objektiven Wert besäßen. Dem ist aber entgegenzuhalten, daß auch die Erkenntnisse der Naturwissenschaften auf seelischen Prozessen gemäß der archetypischen Struktur der menschlichen Seele beruhen – dazu haben sich Physiker wie Prof. Pauli (Zürich) und Prof. Fierz (Basel) bekannt.

Zum andern aber ist zu sagen: Die menschliche Seele ist nicht eine beliebige Lebenseinheit unter vielen möglichen und bestehenden – sie ist vielmehr einzigartig und von geistiger, komplexer Natur. Im Menschen und seiner Seele ist alles enthalten. Denn die Seele ist, nach der Überlieferung der Bibel von der Erschaffung des irdischen Menschen (1. Mose, 2. 7), Geist vom Geiste Gottes und darum auch der Erkenntnis, der Einsicht in das Wesen der Schöpfung und der «Erinnerung» fähig. Andererseits ist nach Paracelsus (siehe das Kapitel) auch der Leib des Menschen nicht aus gewöhnlicher Ackererde geschaffen, sondern aus dem «limus» der Quintessencia aller Elemente, der Zusammenfassung aller Weltbaustoffe. Was aber «Erinnerung» sei, das sagt Platon, wenn er seinem Sklaven darlegt, jene eben von ihm gelöste mathematische Aufgabe stamme, da er sie offensichtlich nie gelernt, aus der «Erinnerung», d. h. ist aus dem Unbewußten der Seele, aus dem, alle Einsichten, auch die nicht erlernten, als ein Vor-Wissen latent ruhend, durch Innewerden heraufgerufen werden können. Denn jeder Erkenntnisakt bedeutet eine Evokation.

Infolge der Geistigkeit seines Seelischen, das seine Grenze nicht wie das Bewußtsein an den Kategorien von Zeit und Raum findet, und der Gegründetheit seines Leiblichen auf der Quintessencia als Zusammenfassung aller stofflichen Naturprinzipien – ist der Mensch mit der ganzen Schöpfung verwandt. Was er darum aus den Tiefen seines unbewußt Seelischen, sich «erinnernd», hervorruft (evoziert) als Erkenntnis – was er als Projektion seelischer Inhalte hinauswirft an die Projektionswand des Himmels oder in die Projektionstiefe des Stoffes – tritt zwar in der subjektiven Formung seelischer Bilder auf, aber infolge der Allverwandtschaft des Menschen ist dieser seelischen Bilderwelt stets ein Stück der Objektwelt zugeordnet. Die Seele produziert, wenn sie nicht willentlich agiert, nicht trügerische Bilder, sondern innere Abbilder der Wirklichkeit. Denn wo kein Haken ist, da kann man auch nichts aufhängen.

Daß die Seele die ihr eignen Gesetze in einer allgemeinverständlich-bildhaften Form herausstellt – und das will psychologisch gesprochen besagen: in einer archetypisch-bildhaften Weise, entsprechend den Dominanten des kollektiv Unbewußten, den Archetypen – das mag noch begreiflich erscheinen. Daß aber diese archetypischen Gesetze und Bilder zugleich auch dem Wesen und Rhythmus des Kosmos oder dem Wesen des Stoffes entsprechen sollen, insoweit beide auf den Menschen bezogen sind – dies mag nicht ohne weiteres einleuchtend sein. Doch ist dies zweite psychologische wie astrologische Grundgesetz unbedingt festzuhalten, wenn man den Menschen nicht vom kosmischen oder stofflichen Leben der Schöpfung isolieren will. Denn der Mensch ist auf die Gesamtheit der Schöpfung hingeordnet, wie diese auch auf ihn. Von ihr empfängt er alle Kräfte und stofflichen Möglichkeiten – sie hingegen von ihm die Erkenntnis ihrer selbst durch die seelischen Kräfte des Menschen, und durch sein Bewußtsein – die Durchschauung und Überwindung ihrer unentrinnbaren Schöpfungs-Gesetzlichkeit – die Erlösung. Denn es harrt ja alle Kreatur auf die Erlösung durch die Kinder Gottes.

So treten zwar die Projektionen unbewußter seelischer Inhalte und Gesetze in einer subjektiven Form hervor – doch diese enthält einen objektiven Kern und ist auf einen Ort im objektiven Gefüge der Welt hingeordnet. Es handelt sich freilich bei diesen nicht von einem Einzelnen, sondern von der Gesamtheit bewirkten und darum auch wieder auf diese wirkenden Projektionsbildern, so z. B. bei denen der Astrologie, Alchemie, oder bei den Mythen, nicht um Ausformungen des individuell Unbewußten, dessen Bilder nur für den Erzeuger Gültigkeit haben können. Sondern es handelt sich hier um Ausprägungen des kollektiv Unbewußten und dessen Dominanten, den Archetypen – die, weil sie aus kollektiven Schichten des Seelischen stammen, eben für die Gesamtheit – das Kollektiv – für alle Zeiten und in allen Kulturen Gültigkeit haben. Denn «die archetypischen Ideen gehören zu den unzerstörbaren Grundlagen des menschlichen Geistes. Mögen sie auch noch so lange vergessen und verschüttet sein, immer kehren sie wieder – immer stellen sie sich in neuen Formen wieder her als zeitlose, der menschlichen Natur eingeborene Wahrheit» (Symbolik des Geistes, S. 351). «Die Archetypen sind, ihrer Definition entsprechend, Faktoren und Motive, welche psychische Elemente zu gewissen (als archetypisch zu bezeichnenden) Bildern anordnen, und zwar in einer Art und Weise, die immer erst aus dem Effekt erkannt werden kann. Sie sind vorbewußt vorhanden und bilden vermutlich die Strukturdominanten der Psyche überhaupt» (S. 374).

Von solch archetypischem Charakter sind nun alle Symbole und Elemente der Astrologie. Und weil sie durch diese ihre Herkunft dem Wahrheitsgrunde der sich «erinnernden» menschlichen Seele entstiegen und durch die struktuierenden Archetypen, die zugleich die heimliche Struktur der ganzen Schöpfung bilden (siehe Synchronizität, S. 194), zu Projektionen am Himmel geworden sind – so sind sie über alle Zeiten hin gültig und unzerstörbar. Man kann sie wohl verdrängen, wie dies in den letzten zwei Jahrhunderten geschehen ist – aber dann werden sie zu einer allgemeinen Gefahr – indem durch solche Verdrängung eine kollektive Neurose ausbricht. Die Bildverdränger werden nun von einer Inflation unkontrollierbarer Bilder bedrängt, ja geradezu belagert.

Wenn nun heute, was an Hand eines bedeutsamen Schrifttums nachweisbar ist, über viele Länder hin der Ruf ertönt: «Die Götter kommen wieder» – so drückt sich in dieser Erfahrung der Tatbestand der zurückflutenden archetypischen Bilder aus. Denn auch die Götter sind nichts anderes als numinose Mächte, die Gestalt gewannen durch die Projektionen der Archetypen des kollektiv Unbewußten. Spricht doch auch der bedeutende Kulturphilosoph Leopold Ziegler («Menschwerdung», Olten 1948, S. 21, 27) «von einem Einbruch des frühmenschlich-vorwissenschaftlichen Bilderbewußtseins in unsern eignen ausgelaugten Seelenraum» und meint, daß «heute die aus dem Seelenraum abtrünniger Völker verbannten Bilder überall an die Pforten des ihnen verschlossenen Bewußtseins pochen» als heilsame Gegenbewegung gegen die Entbildung (Entbilderung) der Christenheit und damit des abendländischen Gesamtseelentums.

Die Astrologie beruht auf einem Bilderdenken, das aus einem vorwissenschaftlichen Erfahrungsbereich gewachsen, das aber in vielen Zeitaltern immer wieder mit wissenschaftlicher Systematik gekreuzt worden ist. Aus diesem Bilderdenken erklären sich die Götternamen der astrologischen Planeten, so auch die Tier- und Menschenbilder der Tierkreiszeichen und ebenso die menschlichen Typeneigenschaften, die den Planeten und den Tierkreiszeichen, durch die Jahrtausende hindurch nur auffallend wenig variierend, zugeschrieben werden. Diese Einsicht wird bestätigt durch eine Bemerkung C. G. Jungs, wenn er in Anknüpfung an Gedankengänge des Paracelsus sagt: «Er schaut die dunkle Psyche wie einen Sternenhimmel, dessen Planeten und Fixsternkonstellationen die Archetypen in ihrer ganzen Luminosität und Numinosität darstellen. Der Sternenhimmel ist ja in der Tat das aufgeschlagene Buch der kosmischen Projektionen, die Wiederspiegelung der Mythologeme, eben der Archetypen. In dieser Anschauung reichen sich die beiden antiken Repräsentanten der Psychologie des kollektiv Unbewußten die Hand.» (Der Geist der Psychologie, Eranos-Jahrbuch 1946, S. 435.)

Darum ist auch das Horoskop selber, in dessen zwölffach gefächerten Kreis sich alle Elemente der Astrologie auf kleinsten Raum innig geschwistert versammeln, nicht nur ein Gebilde mathematischer Berechnung, nicht nur das Gesamthimmelsbild einer Geburtsstunde, sondern auch das archetypische Gesamtbild einer Menschenseele. Wie alle unterteilten Kreissymbole wird es von der Tiefenpsychologie zum Typus der «Mandala» gerechnet – jener ursprünglich religiösen tibetanischen Meditationsbilder von Kreisform, die Jung in den Traumsymbolen ebenso wie in jeder religiösen Ganzheitssymbolik wiederentdeckt hat. Darum vermag Jung in bezug auf das Horoskop zu sagen: «Wir haben erstens die ganze Mandalasymbolik dreier Erdteile zur Verfügung, und zweitens speziell die Zeitsymbolik des Mandala, wie sie sich unter dem Einfluß der Astrologie besonders im Westen entwickelt hat. Das Horoskop selber ist ein Mandala (eine Uhr) mit dunklem Mittelpunkt, eine linksläufige ‚circumambulatio‘ mit Häusern, und Planetenstufen. Die Mandalas der kirchlichen Kunst, insbesondere die Fußbodenmandalas vor dem Hochaltar oder unter der Vierung, benützen häufig den Tierkreis (der ja dem Horoskop zugrunde liegt) oder die Jahreszeiten» (Psychologie und Alchemie, S. 284).

Die Lehre von den Archetypen und ihrer Projektion in die untere und obere Natur, die Anschauung von der Zeitsymbolik des Horoskopes würde aber für eine psychologische Deutung der Astrologie nicht ausreichend sein, wenn nicht noch ein weiteres Prinzip, den Kreis rundend, hinzuträte. Es handelt sich um das Phänomen der Synchronizität, der Gleichzeitigkeit nur äußerer, oder innerer und äußerer Abläufe, der zeitlichen Gleichgeordnetheit von Innen- und Außenwelt, von Welt- und Seelenraum. Auch zu diesem Phänomen aus dem Umkreis astrologischer Erfahrung, das seelische Vorgänge erst in die Objektebene rückt, ist C. G. Jung vorgedrungen. In seinem Vortrag «Der Geist der Psychologie», (Nachwort mit Anmerkungen des Atomphysikers Prof. Pauli, Zürich), beschäftigt er sich mit diesem Problem (Eranos-Jahrbuch 1946). Jung kommt darin zu der Überzeugung, daß man die Archetypen, als die Bewirker der seelischen Ordnungen und Bilder «nicht mit Sicherheit als psychisch bezeichnen kann». Andererseits gelangt er zu der Annahme «einer für die Erklärung der Psyche unerläßlichen Verbindung derselben mit dem objektiven Raum-Zeit-Kontinuum», sowie zu der Deutung des Phänomens der Telepathie (des sog. Hellsehens über Zeit und Raum hinweg) als eines synchronistischen Randphänomens. Daraus ergibt sich für Jung die Hypothese «von einer Psyche, welche irgendwie die Materie berührt, und umgekehrt eine Materie mit latenter Psyche, von welchem Postulat gewisse

Formulierungen der modernen Physik nicht mehr allzuweit entfernt sind (Eddington, Jeans, u. a.)».

«Bestehen diese Überlegungen zu Recht», fährt Jung fort, «so würden sich daraus folgenschwere Schlüsse für das Wesen der Seele ergeben, indem dann deren Objektivität nicht nur im engsten Zusammenhang mit den physiologischen und biologischen Phänomenen, sondern auch mit den physikalischen stünde, und zwar, wie es scheint, zu allermeist mit denjenigen der Atomphysik» (Eranos-Jahrbuch 1946, S. 490). Mit diesen Anschauungen eines Psychologen und eines Physikers von der Synchronizität des Seelischen mit den Abläufen der gesamten Ding- und Elementenwelt ist zum ersten Male die Brücke von der heutigen Naturwissenschaft zur alten Entsprechungslehre der Astrologie geschlagen, die schon längst als eine kosmische Psychologie erkannt worden ist. Und das will besagen: als eine Typologie menschlicher Seelenlagen und seelisch bestimmter Verhaltungsweisen, ausgedrückt durch entsprechende kosmische, astrale Symbole. In diesem Seelischen aber und der ihm innewohnenden Synchronizität mit dem Weltganzen liegen die Antriebskräfte des individuellen Schicksals.

2.

Auch in alten Zeiten war die Astrologie – sobald sich erst in Griechenland das Individualhoroskop durchgesetzt hatte – eine Form der Schicksalspsychologie. Daß die Alten für sie andere Mittel gebrauchten, nämlich mythische Bilder, hing mit der andern Bewußtseinslage des Altertums zusammen. Denn ist der Mensch zwar sich durch die Jahrtausende hindurch gleichgeblieben – gewandelt aber hat sich die Art seines Bewußtseins und die Mittel, mit denen er seine Einsichten zum Ausdruck bringt. Die Astrologie als Schicksalspsychologie stellt heute die gleichen Grunderfahrungen des Seelischen und Schicksalshaften dar, wenn auch mit Mitteln einer veränderten Bewußtseinslage. «Erkenne dich selbst, so erkennst du den Gott» stand einst über dem Tempeltor zu Delphi. «Erkenne dein Schicksal, dann wirst du dich selbst erkennen», könnte für heute der gleiche Gedanke «übersetzt» werden. Denn «der Mensch und sein Schicksal sind eins» (Hans Künkel). Oder mit andern Worten: unser Schicksal, das sind wir selber, das ist unsere Gesamtseele, objektiviert in Raum und Zeit – das ist die Sichtbarwerdung unserer seelischen Struktur und deren Kräfte, auseinandergefaltet im physikalischen Raum und im Ablauf der Geschichte. Das Schicksal ist darum der Spiegel des verborgenen Innern – an ihm vermag der Mensch sein Wesen zu erkennen. Somit ist im Schicksal jeder Zufall ausgeschlossen. Was wir tun, wie wir auf die Umwelt reagieren, wie diese auf uns reagiert, wie wir wählen, die Art unseres Schöpfertums, mit dem wir Impulse in die Welt senden, die Art unserer Negationen oder unseres Versagens, unserer Komplexe und Verdrängungen, ist durch unsere Seelenstruktur bedingt. Es wird uns darum nicht ein Schicksal von außen auferlegt, sondern es ergibt sich aus der Art unserer Gesamtstruktur. Das Schicksal ist darum immer gerecht, mag es auch manchmal drückend oder sinnlos wirken – es ist doch immer das genauestens zu uns passende. Schicksalsdeutung ist deshalb Wesensdeutung – und aus einer vollkommen verstandenen Wesensdeutung muß sich im Grundsätzlichen auch das Schicksal ablesen lassen.

Der ungarische Psychologe Szondy geht in seiner «Schicksalspsychologie» und seiner analytischen Methode des «Schicksalstestes» sogar noch einen Schritt weiter, indem er die Genen und Chromosome des Generationsstoffes in die Analyse des Schicksals miteinbezieht. Er glaubt nachweisen zu können, daß in unsern Antrieben und Handlungen (Wahl, Entscheidung) weitgehend die Ahnen, ihre Typen und ihre Probleme mitwirken – daß demnach unser Schicksal in seinen Wahlhandlungen großenteils schon vorgeburtlich vorgezeichnet ist.

Sein Schicksal ändern könnte man darum nur, wenn man fähig wäre, seine Seelenstruktur zu ändern. Dazu sind wir aber nicht geschaffen – vielmehr ist der Mensch bestimmt, diese Struktur zu erfüllen im Rahmen eines höchsten Lebenssinnes, der nicht in unserm Belieben liegt, sondern der uns gegeben, geoffenbart ist. Denn wir haben uns nicht selber geschaffen – unser So-sein, mit seiner eigentümlichen Mischung von Kräften und Spannungen, von Begrenzt- und Freisein, ist uns mit auf den Weg gegeben – von diesen «Gaben» hängt unser Schicksal ab. Wir sind gefügt – und Fügung waltet über uns. Es ist aber auch nicht so, daß wir mit einem blinden Wurf «ins Dasein geworfen» wären, wie die Existenz-Philosophie dies deutet. Denn der Mensch ist nicht nur gefügt, er ist nach dem Schöpfungsbericht der Bibel auch «gesetzt», (I. Mose 2, 8: Gott setzte den Menschen in den Garten Eden). Und das will besagen: der Mensch ist auf einen bestimmten Ort in die Welt gestellt – nicht in die Welt schlechthin, sondern an einen nur für ihn bestimmten Ort. Und er ist mit einer Sendung an diesen Ort gesetzt (1. Mose, 2, 15: damit der Mensch den Garten bebaue und bewache). Aus Fügung, Setzung, Sendung – baut sich eine Menschenseele und ihr Charakter, und davon ausgehend, ihr Schicksal auf. Und die Quelle dieser dreifachen Be- und Gestimmtheit des Menschen ist der alle Schicksale zusammenschauende, alle Fügungen verknüpfende Wille Gottes – seine Vorsehung.

Es sind darum zwei Standpunkte der Betrachtung möglich: man kann wie die Alten das Menschenschicksal als von außen, d. h. oben, durch Sterne oder durch die in ihnen wirkenden Götter, Sterngeister oder Engel bewirkt ansehen – oder als von innen als durch seelische Mächte, Strukturen, Archetypen bewirkt. Beide Betrachtungsweisen sind möglich, je nachdem ein Zeitalter oder ein Mensch mythisch oder psychologisch denkt. Aber man muß sich klar sein, daß wir in beiden Fällen mit der Methode nur die Sekundärursachen des Schicksals erreichen können – während die primäre – das primum mobile Dantes – sich jenseits des Stern- und Seelenbereiches erstreckt. Ob wir Planetensymbole für seelische Kräfte verwenden, oder in den Planeten seelische Kräfte und Eigenschaften schauen, hat alleine in der Art unserer Bewußtseinslage seinen Grund, die eine mythisch-bildhafte oder eine begrifflich-psychologische sein kann. Und schließlich haben beide Recht, denn das Ineinanderwirken beider Standpunkte ergibt erst die komplexe Deutung des von innersten seelischen Antrieben bewirkten, aber mitten in den ihnen verwandten Kosmos sich ausprägenden Schicksals.

Die grundlegende psychologische Zusammenfassung des Menschen erfolgt nach dem Prinzip der Typenteilung – in der Psychologie ebenso wie in der Astrologie. Ein Typus ist eine noch unindividuelle Zusammenfassung einander verbundener Charakter- oder Konstitutionseigenschaften, die eine bestimmbare äußere Erscheinung oder eine geprägte seelische Haltung des Menschen ergeben. Durch einen solchen Typus wird aktiv ein bestimmtes Verhalten des Menschen der Umwelt gegenüber, wie auch reaktiv eine Verhaltungsweise der Umwelt in bezug auf den Typus gekennzeichnet – dies ergibt das einfachste Gerüst von Schicksalswirkungen. Von den Astrologen wie von den Psychologen wurden von altersher verschiedene Typenreihen aufgestellt. Da ist die antike Reihe der Temperamente: der Sanguiniker, Choleriker, Phlegmatiker, Melancholiker. Da gibt es die

Typenpaare des Realisten und Idealisten, des Optimisten und Pessimisten, oder nach C. G. Jung: des Introvertierten und des Extravertierten. Da sind die Naturelltypen Huters: Ernährungs-, Bewegungs- und Empfindungsnaturell. Oder die Konstitutionstypen Kretschmars: Astheniker, Athleten, Pykniker – die Lebensformtypen Sprangers: der theoretische, ökumenische, praktische, soziale und religiöse Typus. Und je nach der Art des Gesichtspunktes sind noch viele Sonderungen und Zusammenfassungen der Menschen in Typen möglich. Uns interessieren hier insbesondere jene, die der Systematik der Tiefenpsychologie C. G. Jungs entstammen, da sie eine ganz besonders große Verwandtschaft mit den astrologischen Typen aufweisen.

Die beiden Grundtypen in der Bewegung des Libido entsprechen der

Introversion und Extraversion
(Einwärtswendung) (Auswärtswendung)
der psychischen Energie

Die Tierkreiszeichen, die Grundlage der astrologischen Typologie – eine an den Himmel projizierte Charakterkunde – lassen sich gemäß ihrem innern Charakter nach diesen beiden Grundtypen bestimmen.

extravertiert	introvertiert
männlich	*weiblich*
Widder	Stier
Zwillinge	Krebs
Löwe	Jungfrau
Waage	Skorpion
Schütze	Steinbock
Wassermann	Fische

Es ergibt sich bei dieser Einteilung, daß die extravertierten Zeichen alle zugleich als männlich charakterisiert sind, wie die introvertierten als weiblich. Erstere sind in Übereinstimmung von männlich und extravertiert mehr willensbetont bewußt, aktiv, ausdrucksstark und selbstbehauptend. Letztere als weiblich und introvertiert mehr triebhaft und unbewußt, passiv und eindrucksstark.

Als eine zweite Typenreihe gelten in der Tiefenpsychologie die vier psychologischen Grundfunktionen: Denken, Intuieren, Fühlen und Empfinden, die im sogenannten «psychologischen Kreuz» in eine jeweils polare Beziehung zueinander gesetzt sind:

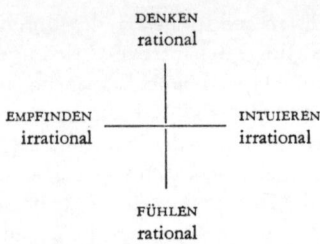

```
                    DENKEN
                    rational
                       │
                       │
EMPFINDEN              │              INTUIEREN
irrational  ───────────┼───────────   irrational
                       │
                       │
                    FÜHLEN
                    rational
```

Denken und Fühlen werden als rationale Funktionen bezeichnet, weil beide mit Wertungen arbeiten: Das Denken wertet durch die Vermittlung der Erkenntnis vom Standpunkt «wahr-falsch», das Fühlen durch die Vermittlung der Emotionen vom Standpunkt «Lust-Unlust». Empfindung und Intuition gelten als irrationale Funktionen, weil sie unter Umgehung der Ratio nicht mit Urteilen, sondern mit bloßen Wahrnehmungen ohne Bewertung arbeiten. Die Empfindung nimmt die Dinge in ihrer Realität wahr, die Intuition aber durch innere Wahrnehmung (Ahnung) die Möglichkeiten, die in den Dingen ruhen.

Diesem psychologischen Kreuz entspricht nun das kardinale Kreuz, das sich senkrecht und waagrecht im Tierkreis ergibt, wenn das Zeichen Widder, wie in folgender Figur, den Ascendenten bildet.

Betrachtet man diese vier kardinalen Zeichen ihrem Charakter nach, so ergibt sich zwangsläufig ihre Verwandtschaft und ihre innere Zuordnung zu den vier psychologischen Typen. Der Widder als ein feuriges, vitales, männliches, ganz auf das Reale und Konkrete gerichtetes Zeichen entspricht dem Empfindungstypus, von dem Jung sagt, daß er durch das Objekt determiniert werde. «Diejenigen Objekte, die die stärkste Empfindung auslösen, sind für die Psychologie dieses Typus ausschlaggebend. Das Empfinden ist daher eine vitale Funktion, die mit dem stärksten Lebenstrieb ausgerüstet wird» (Psych. Typen, S. 520).

Das weibliche Wasserzeichen Krebs entspricht dem Gefühl, das nach Jung ein Befühlen des Objektes nach traditionellen oder allgemein verbreiteten Wertmaßstäben darstellt. Das Traditionsgebundene und zugleich Anschmiegende des Krebs, sein sich Einfühlen und Anpassen in jede Lebenslage – das Schwankende und doch in sich selber Beständige des Wassers wie des Mondhaft-Weiblichen, denn der Krebs ist vom Mond beherrscht, das alles steht in Übereinstimmung

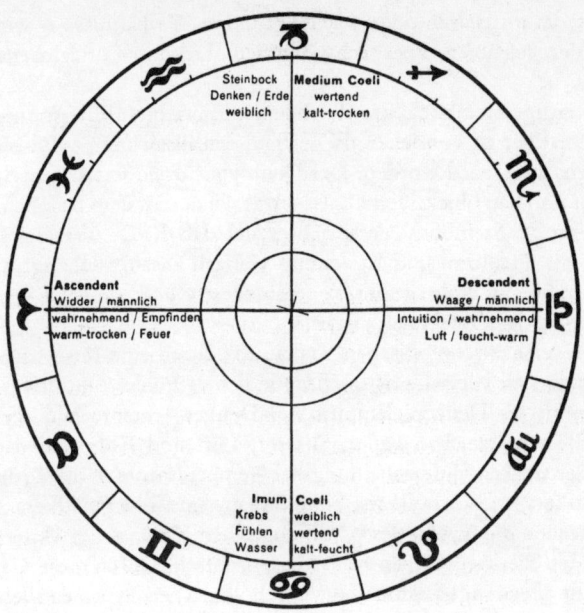

mit dem psychologischen Typus des Fühlens, dessen ausgesprochenste Vertreter sich nach Jung beim weiblichen Geschlecht finden. Der Ausgleich im Sozialen und die Harmonie im Geselligen, die der Fühltypus anstrebt, steht in Übereinstimmung mit dem wässrigen, anschmiegenden Charakter des Krebses.

Die Waage als extravertiertes Luftzeichen wirkt beweglich und auf alle Reize ansprechend, aber bei keinem verweilend, jeden Reiz durch einen Gegenreiz ausgleichend; anteilnehmend, ohne das Ich in Kontakt zu bringen, voll Einsicht und Anpassungsfähigkeit. Im Negativen unbeständig und haltlos bis zur nervösen Übererregbarkeit besitzt der Typus dieses Zeichens im Positiven durch seine Sensibilität hohe Einfühlungsgabe. Dieser Charakter entspricht durchaus dem Intuitionstypus, der durch bloßes Anschauen und unbewußtes Wahrnehmen zur Erfassung der im Objekt ruhenden Möglichkeit durch die Ahnung gelangt. Da dieser Typus nicht an der Erfüllung, sondern an den Möglichkeiten fruchtbar wird, ist er immer auf der Suche nach solchen und meidet darum stabile oder wohlbegründete Verhältnisse – wie dies auch der sensiblen, aber schweifenden Art des Luftzeichens entspricht.

Der erdige Steinbock, das Zeichen der Einsiedler, Philosophen und Mathematiker ist von jeher als Zeichen des abstrakten, gefühlsarmen Denkens angesehen worden. Der Denktypus orientiert sich nach dem Objekt und den objektiven Daten – was wiederum dem Sachlichkeitscharakter des Steinbocks entspricht. Auch daß die Denkart des Denktypus mit Tradition und Erziehung vielfach zusammenhängt, macht ihn dem Steinbock verwandt, der konservativ und real nach Verwirklichung in der Objektwelt strebt.

Diese vier psychologischen Typen, die durch eine Mischung ihrer Elemente sich vervielfältigen (Empfindendes Fühlen, Intuitives Fühlen, Intuitives Denken, Empirisches Denken) entsprechen aber den vier Elementarzeichen Feuer, Wasser, Luft und Erde und dadurch auch der antiken Unterscheidung der Temperamente in die Typen des Cholerikers, Melancholikers, Sanguinikers und Phlegmatikers. Auch entsprechen die Typen des psychologischen Kreuzes der Unterscheidung der Tierkreiszeichen nach Geschlechtern. Durch diese vielfältigen Entsprechungen nehmen die psychologischen Typen an allen Ausdruckswerten des Tierkreises teil.

Nicht nur die vier kardinalen Zeichen des Tierkreises, sondern alle zwölf sind ein Ausdruck seelischer Situationen und Zustände und deren Gesetze. Wird doch durch den Tierkreis ein Weg bezeichnet, der Weg der Sonne, die in einem komplexen Sinne das Ich des Menschen vertritt. Dieser, in der Jungschen Psychologie analog Individuationsweg genannt, bildet sich ab in den Planetensymbolen, als den Herren der verschiedenen Tierkreiszeichen. Der Individuationsweg, oder der Weg der Menschwerdung, ist der Weg der Selbstverwirklichung, unter der Voraussetzung der Treue zum eignen Gesetz. «Individuation bedeutet zum Einzelwesen werden, und insofern wir unter Individualität unsere innerste, letzte, unvergleichliche Einzigartigkeit verstehen, zum eignen Selbst werden» (Wirklichkeit der Seele, S. 190). Der Weg dieser Entwicklung der Persönlichkeit führt zu ihrer Ganzheit. Und dazu will die Psychologie ebenso anleiten wie die Astrologie durch das Horoskop, das über das «Erkenne dich selbst» einen Individuationsweg für den Horoskopeigner bildet.

Die Planeten sind der Ausdruck für die Elemente des Individuationsweges, die in der Zwölfheit des Tierkreises kosmisch und seelisch repräsentiert werden.

Die Sonne, als Fixstern ruhendes Zentrum unsres Universums, in ihrer Bedeutung: männliche Aktion aus der Mitte und auf ein zentrales Ziel gerichteter sonnenhafter Wille, ist das Symbol für das psychologische Ich, das in der Ganzwerdung der Persönlichkeit durch den Individuationsweg (den Weg der Sonne durch den Tierkreis) zum Selbst werden soll. Und da sie psychologisch das Symbol für das Bewußtsein als Gegensatz zum Unbewußten darstellt, vermag ihre Kraft Unbewußtes ins Bewußtsein zu heben. Der Archetypus des Sonnenhaften erscheint als König.

Der Mond hingegen vertritt die Gesamtheit der unbewußten Seelenkräfte, die Triebe, und entgegen der Selbstbestimmtheit der Sonne die Fremdbestimmtheit der Seele durch ein sich Anschmiegen an Gegebenheiten. Er verkörpert innerhalb des Jungschen Individuationsweges das Prinzip der Persona, die das Ich wie eine dunkle Hülle umgibt und von der Objektwelt trennt. «Die Persona ist ein Funktionskomplex, der aus Gründen der Anpassung oder der notwendigen Bequemlichkeit zustande gekommen, aber mit der Individualität nicht identisch ist. Er bezieht sich ausschließlich auf das Verhältnis zu den Objekten, nach außen» (Psych. Typen, S. 664). «Die Persona ist ein Kompromiß zwischen dem Individuum und der Sozietät über das, als was einer erscheint.» Sie ist ein Ausschnitt aus der Kollektivpsyche – wie ja auch der Mond die Massen, das Volk, die Gemeinschaft und die Beziehung des Ich zu diesen vertritt. Im Gegensatz zum zentralen Ichbewußtsein der Sonne vertritt der Mond die Empfindungen der Massen, oder negativ die Massenpsychose. Dem Mond entspricht auf der Ebene der Archetypen die magna mater.

Der Saturn bedeutet im Gegensatz zur Sonne, die das Unbewußte ins Bewußtsein hebt, den Hemmenden, der die Quellen der Tiefe verschließt, der zwischen Bewußtem und Unbewußtem scheidet. Er ist im Bilde der Überlieferung der Hüter der Schwelle, oder psychologisch ausgedrückt: der Hüter der Bewußtseinsschwelle. Er veranlaßt ebenso eine psychische Zensur des Unbewußten, wie im negativen Fall eine neurotische Verdrängung. Er ist aber nicht nur der Hüter des Bilderschatzes des Unbewußten, sondern auch der Erzeuger jener Bild-Vorstellungen, die von der Sonne ans Licht gehoben werden. Als der Hemmende staut er die psychische Energie, so daß sie sich verdichtet und zu schöpferischen Impulsen fähig wird und dadurch die Voraussetzungen für die Ausprägung der Individualität geschaffen werden. Ihm entspricht unter den Archetypen der alte Weise.

Der Jupiter vertritt im Gegensatz zur introvertierten Selbstbewahrungstendenz des Saturn das Prinzip der Selbstöffnung – ohne ihn wäre kein psychoanalytischer Prozeß möglich. Er macht die Seele fähig zur Hingabe, zur Annahme und Aufnahme. Durch seinen Sinn für Recht und Unrecht hört er die Stimme des Gewissens, die von Saturn repräsentiert wird. Er nimmt ihr Gericht an: so gelangt das Ich, durch Einsicht in die Notwendigkeit, in den Besitz seiner Möglichkeiten und seiner Fülle. Und dadurch vermögen sich die Wachstumskräfte der Seele zu entfalten. Als sein Archetypus erscheint der Priester.

Merkur, der Mittler, vermag es sodann, der Fülle des Jupiters, wie auch «Vater und Mutter», Sonne und Mond, die Welt- und Seeleneltern zu einer heiligen Hochzeit und zur Zeugung des «neuen Lebens» zu einen. Das nach allen Seiten bewegliche Quecksilber, das Elemente von sol und luna in sich trägt, ist sein Ausdruck unter den Metallen. Darum wird er als hermaphroditisch angesehen, wie auch als das Prinzip des vereinigenden Symbols. Sein Archetypus ist das Kind, das Produkt der von ihm bewirkten Einigung: das Kind, an dem beide Eltern teilhaben. «Als kleiner Stern in Sonnennähe ist er das Kind von Sonne und Mond.» Er vertritt ein geistiges Prinzip, das als einziges zwischen den Elementen der Welt und der Seele vermitteln kann. Ja, er ist der Geist selber, das Symbol jenes göttlichen Wortes, das ebenso in die Seele hineinzeugt, wie es aus ihr geboren wird.

Der Mars ist der Repräsentant der enthemmten aktiven Triebenergie, die Kraft des Scheidens, Unterscheidens, des Aussonderns und Verbrennens, zeugend durch Vernichtung, eine notwendige Stufe in jedem Akt des Individuationsweges, denn er führt durch Selbstkritik, als einem Akt der Selbstverbrennung, die Reinigung des Ich herbei. Sein Archetypus erscheint als der Krieger.

Die Venus mit ihrer verbindlichen Haltung mildert die drängende Unmittelbarkeit des Mars durch das Gefälle der Form, durch Gestaltung des Erlebten. Dadurch wird der seelische Prozeß sichtbar, entstehen dem Ich die Kontakte mit der Umwelt – sie bindet den Trieb in Form. Ihr Archetypus bildet sich ab in der Frau mit dem Spiegel.

Der Uranus ist das Symbol für die Psychologie wie auch für den Psychologen, den artifex. Ihm sind blitzartige Einblicke in einen Gesamtzusammenhang gegeben, gerade wegen seines diskontinuierlichen Denkens. Er fördert, aber er forciert auch den Individuationsprozeß, indem er das Sonnenprinzip des Ich in die hellste Beleuchtung stellt. Er fördert darum die Bildung des Charakters und des Selbstes – isoliert aber auch zugleich dieses von der Umwelt, für die er andererseits ein fast unbegrenztes psychologisches Verständnis aufbringt. Sein Symbol ist der Blitz – seine Kräfte Intuition und Erleuchtung. Ohne einen gut aspektierten Uranus, oder entsprechenden Aspekten im Horoskop, ist für einen Menschen weder ein wesentliches Verständnis der Astrologie noch der Psychologie möglich.

Der Neptun vertritt den höheren Eros, in dessen Atmosphäre und Schwingung das vollendete Selbst eingebettet ist. Es ist jene Liebe aus wahrer Freiheit, die sich allem hingibt, ohne sich selbst zu verlieren, die höchste Sprosse auf der sinnlich-geistigen Liebesleiter Platos – als ein Abbild jener Liebe, die kreisen macht die Sonne des Ich um das Urlicht der ewigen Mitte – um Gott. In ihm ist der psychologische Weg der Individuation vollendet, wie auch der Erkenntnisweg, die circumambulatio des Horoskopes.

Der Sinn des Lebens ist erkannt – das Ich aus Bewußtem und Unbewußtem zu einer Einheit und Ganzheit geworden. Und wenn auch ein solch gewandelter Mensch «noch in den untern Stockwerken leidet», wenn er auch auf der Dingebene an sein Schicksal gebunden bleibt, so wird er doch, den Sinn dessen verstehend, was er tut, «ein höherer Mensch werden, der das Christussymbol verwirklicht» (C. G. Jung, Geheimnis der Goldenen Blüte, S. 72). Denn das Horoskop, ein Mittel der Bewußtwerdung, ist nicht nur eine Fessel, durch die der Mensch an sein Sosein gebunden ist – sondern ein Erkenntnisgang, durch den der Mensch sein Ich erkennt und durchschaut, bis es ihm zu einem zwar dunklen Gefäß für ein lichtes Göttliches wird.

Dieser Versuch, Astrologie und Psychologie zu synchronisieren, greift nur eine Möglichkeit unter vielen auf – um deutlich zu machen, daß die Astrologie seit jeher, und heute in einem vertieften Sinne, unter den Aspekten kosmischer Symbole eine komplexe Schicksalspsychologie darstellt.

VIII

DAS WELTJAHR

Die Zwölf, der Königsweg der Sonne.

Zwölffach ist der Sonnenweg, zwölffach das Jahr geteilt: zwölfmal kehrt der Mond, in einem Monat die Erde umkreisend, während eines Jahres zur Sonne zurück, und die Sonne durchwandert von Neumond zu Neumond je ein Zwölftel ihres Jahreskreislaufes. Denn zwölfe sind die Stationen der Sonne in den Tierkreiszeichen, in ihrem Wandel am Himmelsdamm, der Ekliptik, die wie ein schräges Band am Himmel um die Erde geschlungen ist (siehe Umschlag). In jedem Monat leuchtet, gewissermaßen vom Glanz der Sonne getroffen, ein Tierkreiszeichen aktuell auf und andererseits «färbt» sich die Sonne durch dies Tierkreiszeichen und seinen Charakter. Dieser Anstieg und Abstieg der Sonne durch die Tierkreiszeichen prägt sich physikalisch im Wechsel der vier Jahreszeiten, aber auch als Wandel der Jahreszeiten der Seele, des «Seelenjahres» aus. Gesundheit und Krankheit, Sinnlichkeit und Geistigkeit, periodische Geburten- und Todeshäufungen werden bestimmt von der alljährlichen Sonnenbahn, von ihrem Lauf durch die «Zwölfe».

Und weil sie alles beherrscht und von nichts beherrscht wird, weil sie zentral und als Fixstern Mittelpunkt unseres sichtbaren Himmelssystems ist, weil sich um sie wie in einem Reigen die Wandelsterne Merkur, Venus, Mond (Erde), Mars, Jupiter und Saturn bewegen, ist die Sonne «König» an unserem Himmel, jener König Helios der Alten, und Sinnbild alles Wandellosen, Lichten, Schattenlosen, Königlichen, ja des Göttlichen selber.

In jeder Ebene, physikalisch, biologisch und geistig, ist die Sonne Lebensspenderin. Sie belebt mit ihrer Wärme und erleuchtet alles mit ihrem Licht – leiblich wie geistig. Sie ist durch ihre ausstrahlende Kraft das aktive, «schöpferische und männliche» Prinzip im Kosmos – und da sie alles bewirkt, ohne auf geschöpflicher Ebene bewirkt zu werden, verkörpert sie das Prinzip der Freiheit und des Wählenkönnens.

Auf der Zwölfteilung ihres Weges beruht auch die Grundstruktur des irdischen und menschlichen Lebens. Dieser zwölffache Rhythmus der Lebensspenderin, und die zwölffache Typologie, die sich daraus herleitet, ist das innere Maß aller großen vitalen oder geistigen Zyklen, eines Jahres, eines Weltjahres – eines Aeons oder einer Geschichtsperiode.

In Zwölfheiten ist darum Raum und Zeit durch den Königsweg der Sonne geprägt: die Erde, die Menschengemeinschaft, der natürliche «untere» und der geistige «obere» Himmel. Wo Licht, Geist und Gestalt erscheinen, herrscht die Sonnenzwölf. Auch die ewige, himmlische Stadt, das «neue Jerusalem» der Offenbarung des Johannes, ist völlig durchtränkt vom Wirken der Zwölfheit. Denn dies würfelförmige Gebilde, das einzig erleuchtet ist von der Sonne des Heils, dem leuchtenden Lamm (Off. 21, 23), ist zwölfgeteilt durch die «zwölf Grundsteine» mit den Namen der zwölf Apostel (des Lammes), durch ihre 12 Tore und die 12 Perlen, aus denen sie bestehen, und den 12 Engeln, die sie bewachen, und durch die Namen der 12 Stämme, die an ihren Mauern angeschrieben sind. Die Raumausdehnung dieser «Stadt» beträgt nach jeder Richtung 12000 Stadien. Das Maß der Mauern erscheint als die Quadratzahl von 12, nämlich 144 Ellen – genannt das Engelsmaß. Diese Totalität der Zwölfheit im Bezirke der Himmlischen Stadt soll den vollkommenen Zustand einer geistigen Urschöpfung, wie den Endzustand einer erlösten Schöpfung zur anschaulichen Darstellung bringen. Denn die Zwölf ist die Zahl runder Vollkommenheit und der Ganzheit. Gewiß lesen wir das Gesetz und das Prinzip dieser alles durchwirkenden Zwölfheit zuerst am sichtbaren Himmel und an der sichtbaren Welt ab. Jedoch «diese sichtbare Welt», sagt Origenes im Kommentar zum Hohelied (Hoheliedkommentar 3, GCS VIII, S. 208) «enthält einen Unterricht über die unsichtbare Welt, und der irdische Bestand faßt in sich gewisse ‚Gleichnisse der himmlischen Dinge‘, damit wir von den Dingen, die unten sind, aufsteigen können zu denen, die oben sind, und aus den Dingen, die wir auf Erden sehen, etwas erspüren und begreifen können von denen, die im Himmel sind.» Darum sind am sichtbaren Himmel, am Königsweg der Sonne, in den Elementen des Tierkreises Maße und Zahlen der oberen Welt ablesbar – und in der «mittleren Region» ‚dem Kosmos‘ ebenso jene der «unteren» Welt, insofern sie geistig der Erscheinungswelt eingeschrieben sind.

Die Maße des Sonnenweges werden aber in der Menschen-Welt

vor allem sichtbar in Gestalt und Gliederung des «Heiligen Volkes».
Herausgesondert aus der Vielzahl der Völker, teilt und fügt es sich
in die 12 Stämme, die zu ihrem Schöpfer und Signator, dem lebendigen Gott, in einer ähnlichen Beziehung stehen wie der Tierkreis zur
Sonne: das Zwölfstämmevolk bildet auf Erden organisch die Zwölfheit des siderischen, wie des «überhimmlischen» Himmels ab. Darum
ist auch das apokalyptische Weib am Himmel (Off. 12, 1), Symbol
der alten und Vorbild der neuen Heilsgemeinde, die den Messias gebiert, bekränzt mit 12 Sternen, den Urbildern des Tierkreises.

Doch auch der irdische Raum ist im Abbild himmlischer Ordnung
zwölfgeteilt. So wurde erst durch die Landnahme des Zwölfstämme-
volkes Palästina zum «Heiligen Land». Denn durch seine Unterstel-
lung unter die Zwölfheit ist es zum Abbild der «himmlischen Stadt»
geworden. Und wie diese ihren Mittelpunkt in Gott und dem leuchtenden Lamme besitzt, so das Heilige Land den ihren im Tempel zu
Jerusalem, wo Gott im Allerheiligsten – wie oben so auch unten – auf
Cherubinen thront. Aus dieser Bezogenheit galt Jerusalem wie einst in
Israel, so auch im christlichen Mittelalter als die geistige Weltmitte –
als Vorbild und Keim einer Weltordnung, der einmal die ganze Erde
unterstellt sein wird, wenn Gott auf ihr alles in allem und sein Wille
ungehemmtes und ungetrübtes Lebensgesetz auf ihr geworden sein
wird.

Die Zwölfheit in der Geschichte

Nicht nur die Himmel oben und Volk und Raum unten sind durch
die Zwölfteilung des Tierkreisweges der Sonne signiert und charakterisiert, sondern ebenso auch die Geschichte als Rhythmus des gesamtmenschlichen Handelns im Ablaufe der siderischen Zeit. Die Geschichte als die Vermenschlichung der Zeit bedeutet ihre Durchdringung mit menschlichen Impulsen und mit den Elementen der menschlichen geistigen Freiheit. Andererseits finden alle geschichtlichen Abläufe und Entscheidungen in einem vorgegebenen, vorgeformten Rau-
me statt, eben in jenem, den der Rhythmus und die Typologie des Sonnenlaufes hervorruft. Alle zeitlichen Abläufe ereignen sich biologisch,
physikalisch und geschichtlich in Gruppierungen und Epochen, seien
es nun die Dreimonatsgruppen der vier Jahreszeiten, die Siebenreihen
der Lebensalter, die organischen Stilperioden der Kunstgeschichte
(Romanik, Gotik, Renaissance usw.) oder die sogenannten Epochen

der Weltgeschichte. Jedes Jahr mit seinen zwölf Monaten stellt ja im Kleinen eine solche Epoche dar. Aber es ist darüber hinaus Vorbild für noch größere Epochen – von altersher kennt die Menschheit Zeitalter und Weltalter. So teilt die griechisch-römische Antike den Kreislauf der gesamten Erd- und Menschengeschichte in das goldene (paradiesische), silberne, kupferne und eisern-harte – manchmal auch noch in das hölzerne – Zeitalter ein. Die altjüdische kosmische Chronologie kennt sieben Weltzeitalter oder schemitta, als letztes den Weltsabbath oder das messianische Jahr. Für die Inder vollzieht sich die Weltentfaltung in vier Weltzeitaltern: Krtayuga, Tretayuga, Dvaparayuga und Kaliyuga, als eine Entwicklung der Welt in absteigender Linie, so daß das letzte Weltzeitalter als das dunkelste erscheint. Innerhalb der griechischen Kultur war Heraklit einer der ersten, der sich eingehender mit dem Umfang und den Teilungen der Weltperioden befaßte. Der Zeitraum der Weltperiode eines «großen Jahres» umfaßt nach seiner Anschauung 18 000 Sonnenjahre. Ein solches großes Jahr bedeutet gewissermaßen eine vollkommene Drehung des Weltganzen, das an seinem Ende zu einem neuen Anfang, einem neuen großen Jahr gelangt. Jedoch den Zusammenhang von Weltzeitalter und dem Zwölferrhythmus des Tierkreises überlieferten vor allem die Priesterweisen der Religion Zarathustras in Persien, aus deren Priesterschaft die «Magier» des evangelischen Berichtes über den «Stern von Bethlehem» stammten.

Das «große Jahr» in der Astrologie wird nach der Überlieferung Platons, der darüber von den Ägyptern unterrichtet wurde, auch das große «platonische Jahr» genannt. Es umfaßt etwa 26 000 Jahre als einen vollkommenen menschengeschichtlichen Kreislauf, der darnach in unabsehbarer Weise von neuem beginnt. Nach Berossos, dem Übermittler der babylonischen Astrologie an die Griechen, ist das Weltjahr denselben atmosphärischen Zuständen unterworfen, die sich im natürlichen Jahr als Auswirkung der Jahreszeiten zeigen. Denn auch das große platonische Jahr besteht aus zwölf kleinen Weltjahren, analog den Monaten des Sonnen-Jahres, die wiederum jeweils etwa 2 100 Jahre umfassen. Schon darum ist die Abfolge des großen wie der kleinen Weltjahre durch einen Wechsel von jahreszeit-ähnlichen Perioden gekennzeichnet.

Das Phänomen des astrologischen Weltjahres ist astronomisch gegründet auf der Tatsache der sogenannten Präzession, das heißt: des

Vorrückens des Frühlingspunktes der Sonne durch die Tierkreiszeichen. Diese Präzession ist die Folge einer langsamen, kreiselförmigen Bewegung der Erdachse, wodurch der Frühlingspunkt, d. h. der Schnittpunkt von Äquator und Ekliptik, der im irdischen Jahr kalendarisch auf die Frühjahrs-Tag- und Nachtgleiche am 21. März fällt, im Laufe von etwa 2100 Jahren sich an der Ekliptik rückwärts um ein Tierkreiszeichen verschiebt, um umgekehrt wie im irdischen Jahr, mit den Fischen beginnend und mit dem Widder endend, nach 26000 Jahren zu seinem Ausgangspunkte zurückzukehren. Diese Bewegung beträgt in einem Jahre $^5/_6$ Bogenminuten und in 72 Jahren, einem vollen Menschenalter, einen Grad. Das Phänomen der Präzession war wohl schon den Babyloniern bekannt, aber erst der griechische Astronom Hipparch von Samos (um 180 v. Chr.) hat es erstmalig in allen Konsequenzen erkannt und festgestellt, daß sich dadurch die Tierkreiszeichen nicht mehr mit den Tierkreissternbildern decken.

Ein kleines Weltjahr von 2100 Jahren, d. h. der Zeitraum, in dem der Frühlingspunkt der Sonne in einem Tierkreiszeichen weilt, stellt demnach ein Zwölftel des großen dar und ist wie dieses eine in sich geschlossene Epoche von einheitlichem Charakter. In einem vollen Periodenablauf von 2100 Jahren vollzieht sich das Erblühen und Vergehen einer ganzen Kultur – aller künstlerischen Stilmöglichkeiten in typischer Entfaltung, der Auf- und Untergang von Völkern und Reichen, wie auch das Zutagetreten der dem Menschen typischen Bewußtseinshaltungen innerhalb des Religiösen. Hinter all diesem Wandel aber waltet eine einheitliche Geisteshaltung, die dem ganzen Menschengeschlechte in einem solchen Weltjahre eigen ist und die in Übereinstimmung steht mit dem Charakter des Tierkreiszeichens, in dem sich der Frühlingspunkt der Sonne jeweils befindet.

Aus diesen Voraussetzungen ergibt sich das Gesetz vom Weltjahr: Jedes Weltjahr bildet auf allen Ebenen des Seins eine geistige Einheit, geprägt durch die Impulse des Tierkreiszeichens, in dem sich der Frühlingspunkt der Sonne auf seiner Wanderung befindet – eine geistige Einheit, die sich im Laufe von 2100 Jahren in einem jahreszeitartigen Ablauf wandelt, bis sich die Tendenzen des betreffenden Weltjahres an seinem Ende auflösen und in langsamer Überschneidung dem Geist-, Lebens- und Formimpuls des nächsten Weltjahres Platz machen.

Da wir jedoch geschichtlich nur etwa 6000 Jahre menschlicher Hochkultur ins Bewußtsein heben können, so kommen für die eigentliche Deutung praktisch nur die drei letzten Weltjahre in Frage. Diese sind die des Stieres, etwa von 4350 v. Chr. bis etwa 2250 v. Chr., die des Widders von 2250 v. Chr. bis 150 v. Chr. und das der Fische von 150 v. Chr. bis in unsere Tage sich erstreckend. Freilich schwanken in den verschiedenen Berechnungen die Einsatzpunkte der Zyklen um 100 bis 200 Jahre, was aber praktisch ohne Belang ist, da die Übergänge der Weltjahre als lebendige und nicht nur rechnerische Einheiten ohnedies fließend sind. Eine Gruppe von Forschern und Denkern – so z. B. H. Künkel, Edg. Dacqué, C. G. Jung – sind freilich der Überzeugung, daß sich der Übergang vom Fische- zum Wassermann- Weltjahr in der Mitte unseres Jahrhunderts vollziehe.

Das Stierweltjahr (4350 bis 2250 v. Chr.) war demnach erfüllt von den Tendenzen des Tierkreiszeichens Stier, das von der Venus beherrscht ist, und das den Ausdruck für eine innige Anhänglichkeit an alles Irdische und eine Neigung zu allem erdhaft Konkreten und Plastischen im Leben und in der Kunst darstellt. Die machtvollen und hoheitsvollen Formen der aus Erde errichteten babylonischen Tempeltürme und die aus Stein zu einem lapidaren Weisheits-Zeichen getürmten ägyptischen Pyramiden, können als Wahrzeichen dieses Zeitalters gelten. In diesem liegen die Wurzeln der klassischen Astrologie, die freilich damals eine von Priestern verwaltete astrale Religion gewesen ist. Die Grundlagen jener menschlichen Lebenssymbolik, auf der auch noch die Sprache der Evangelien fußt und ohne welche ihre Tiefenschichten nicht zu verstehen sind (siehe hiezu: Leopold Ziegler, «Menschenwerdung») sind in der Stierzeit von den Priesterweisen, denen damals die eigentliche Führung des äußeren und inneren Lebens zukam, entwickelt worden. In jener Zeit sind auch die Anfänge der so erdnahen und nach Harmonie strebenden (mehr von der weiblichen Haltung des Umfangens, als der männlichen des Analysierens) chinesischen Weisheit zu suchen, die uns nur in der späten Fassung des Laotse und des Kungtse überliefert ist. Für die Chinesen und Ägypter, deren Volkstypen im Stierzeitalter geprägt wurden, ist eine innige Verbindung mit dem Tod und der Erde kennzeichnend – ihre Totenstädte sind größer als die der Lebenden – nichts wird aufgegeben, alles wird sorgfältig bewahrt. Die großen Mutterkulte empfingen in jener Zeit ihre grundlegende Formung. Und in diesen galt der Stier in seiner erdhaften Kraft und Schönheit als der bevorzugte Ausdruck des Göttlichen. Die ursprünglich kultischen Stierspiele leiten sich aus dem Mythos jener Zeit her. Mutterkulte jedoch, in denen die alliebende, alles ernäh-rende, gebärende Kraft der Erde zur Gestalt und Herrschaft drängt, sind aber immer mit einer ebenso ausgesprochenen Grausamkeit ver-bunden – die Erdmutter verschlingt die Geschöpfe auch wieder, die sie aus ihrem Schoße geboren hat. Gerade bei den höchsten Kultur-völkern jener Zeit, den Chinesen, den Sumerern, den Ägyptern, spielten die Menschenopfer, vor allem im Totenkult, eine eindrückliche Rolle. Andererseits ist im Stierzeitalter der Mythos und der Kult der kos-mischen Madonna, der Himmelskönigin, zur Entfaltung gelangt.

Erst durch die Tendenzen des Widderzeitalters (2250 bis 150 v. Chr.) wandelte sich diese religiöse und soziale Erdverbundenheit. Am Beginn der Widderzeit steht als Sinnbild derselben der Vater neuer Völker, Abraham, der aus den Erdbindungen der Stierzeit symbolisch dadurch heraustritt, daß er auf göttliches Geheiß seine Heimat Ur in Chaldäa, eine der wichtigsten geistigen Zentren der Stierzeit, verläßt und als Nomade in die Fremde zieht. Er wird der letzte, dem ein Men-schenopfer noch mit gutem Gewissen möglich gewesen wäre, und der erste, durch den die neue Form des Opferdienstes, des Tier- und ins-besondere des Widderopfers vollzogen wird (die «Opferung Isaaks», 1. Mose, 22, 1–15). Der Widder wird zum Opfertier dieser bewegli-chen, ganz besonders von Völkerstürmen durchbrausten Weltzeit. Aber noch bis weit in die Widderzeit hinein hatten die Führer des Volkes gegen Reste des Stierkultes und damit gegen eine überwundene Gesinnung, Lebenshaltung und Gottbeziehung zu kämpfen (das «Gol-dene Kalb» in der Wüste, der Stierkult im Reiche Israel).

Die Widderzeit war im Gegensatz zu den seßhaften, erdverbunde-nen und traditionshütenden Völkern der Stierzeit von drängenden, beweglichen Impulsen erfüllt – Mars, der Krieger und begehrlich Zeu-gende, regiert in diesem Zeichen. Die Völker waren nun entweder von revolutionären Impulsen erfüllt – alle bisherigen weise und machtvoll gefügten Ordnungen umstürzend zugunsten einer höchsten und opti-mistischen Hoffnung: der Erlösung hier auf Erden, in Fleisch und Blut, und mit Macht und Glanz. Oder sie waren als seefahrende Nationen bewegliche Händlervölker, wie die Kreter, Phönizier, Syrer, Kartha-ger, Etrusker und Griechen. Doch das zweite Motiv, das das Handeln in jener Weltzeit befeuerte, war der Drang nach Herrschaft. Nicht mehr Priesterkönige wie in der Stierzeit, sondern gewaltige Kriegs-fürsten regierten die Völker – nicht in Weisheit ward der Ruhm gesucht, sondern in Macht und sinnlichem Glanz. Eine unbedenklich genießende, alles Sinnliche als höchstes Gut bejahende Erotik erfüllte die Gemüter, die Mythen, die Dichtungen. Die kriegerische Grausamkeit des Alten Testaments, oder der Homerischen Epen, und die so umfassende Sorge um die Gestaltung des Geschlechtlichen in den fünf Büchern des Mose, ist ein Zeugnis für die Gesinnung dieser Weltzeit. Kühn, pionierhaft, vorwärtsdrängend, ehrgeizig sind die Idealtypen der Zeit – der Wettkampf im Sport, in der Kunst, in der Politik steigert sich zur höchsten Intensität.

Nicht zufällig galten die beiden großartigsten Gestalten des Zeitalters als die «Gehörnten»: Moses und Alexander der Große – beide Krieger – der eine im Dienste seines Gottes, der andere im Namen einer Kultur. Und zudem galt Alexander als der Sohn des widderhörnigen Gottes Jupiter Ammon. Auch die Entstehung der griechischen, indischen, chinesischen Philosophie, die auf dem optimistischen, hellen, widderhaften Selbstvertrauen jener Geister basiert, fällt sinngemäß in die Epoche der ausgehenden Widderzeit, in der im Gegensatz zu der mehr kollektiven «erdigen» Seelenhaltung der Stierzeit das drängende Selbstbewußtsein des Individuellen hervortritt. Der Geist der Stierzeit sagt «Wir» – jener der Widderzeit «Ich».

Mit dem Widder-Tierkreiszeichen ist ein Weltzyklus, ein großes platonisches Jahr von 26000 Jahren, an seinem Ende angelangt, die Sonne hat es im Rückwärtswandern ihres Frühlingspunktes durchschritten, und mit dem Eintreten in das Fischezeichen (um 150 v. Chr.) beginnt ein neues großes Weltjahr – eine Weltwende allergrößten Ausmaßes. Nun wird alles neu werden. Die Fische sind ein Zeichen allumfassendster, alliebender Natur – ihr Geist ist ganz auf das Du ausgerichtet. Der Jupiter als ihr Herrscher verkündet ebenso Friede und Menschenliebe, inbrünstige Hinwendung zum Göttlichen – wie Mars als Herr des Widders Krieg, Selbstsucht und brünstige Liebe zum Diesseits verkörpert. Die Fische sind ein innerliches Zeichen – ihre Farbe ist das Blaugrün tiefen Wassers im Gegensatz zum blutfarbenen Rot des Widders. Und noch nie in der Geschichte der Menschheit hat die Idee des Mönchtums und der Ehelosigkeit, oder die priesterliche Haltung der Nächstenliebe, der Gedanke der Gottesherrschaft und seine Abwandlung in der Theokratie der Kirche, die aus der Menschheit ein einziges geistiges Reich zu schaffen strebt, in den Menschen so tief Wurzel gefaßt wie im Weltjahr der Fische. Die Bedeutung der Körperwelt tritt zurück, und das Verlangen, das Unsichtbare, Jenseitige zu schauen und zu empfinden, steigert sich zu einem allgemeinen Lebensgefühl. Der Drang nach dem Grenzenlosen wird zum Signum einer neuen Kultur: die gotischen Dome sind der intensivste Ausdruck dafür. Nicht mehr die höchste Gestaltung des sinnlich Schönen, sondern eine geistige Schönheit wird gesucht, und anstatt einer Ausbildung und Auslebung aller sinnlichen Kräfte, tritt das Seelische, das Innerliche als höchster Wert hervor. Die Seele wird zum ersten Male in der Geschichte der Menschheit als das alles bildende, alles umfangende Prinzip des Menschlichen, als das der Vergöttlichung Fähige, zum Leitstern des Zeitalters.

Freilich, mit der Renaissanceepoche im letzten Viertel des Fischezeitalters tritt die Gegenbewegung ein. Wie das Wort es besagt, vollzieht sich in jener Zeit eine Wiedergeburt, und zwar von Widderimpulsen: jener hohen, sich göttlich dünkenden Sinnenhaftigkeit des Widders und sein bis zur Empörung eigenständisches Denken und Forschen. In dieser Wiedergeburt melden sich aber schon, erst noch verhüllt, dann aber seit der Französischen Revolution immer deutlicher und herrischer hervortretend, die Impulse des werdenden Wassermann-Zeitalters, das ebenso im Gegensatz zu dem der Fische stehen wird, wie dieses als der Gegensatz zur Widderzeit erschien. Und der Rationalismus der letzten Jahrhunderte, mit seiner die Fischegläubigkeit auflösenden Tendenz, bildet den Übergang zur leidenschaftlichen Intellektualität des Wassermannzeichens.

Damit sind wir in unserer Gegenwart angelangt. Wir besitzen in der astrologischen Typologie wohl ein Mittel, jeden Seelen- und Erdenzustand im allgemeinen deuten zu können. Aber da wir selbst in den Beginn des neuen Zeitalters verwickelt sind, als Leidtragende und Süchtige vorerst, verfügen wir noch nicht über Kontrollen für die aus der astrologischen Typologie gewonnene Deutung der neuen Zeit. Daß wir aber an der Scheide zweier Zeiten stehen, ist wohl die Ursache unserer Zerrissenheit. Zudem wird das beginnende Zeitalter schon dadurch ein Doppelgesicht aufweisen, da der alt überlieferte Saturn wie der neuentdeckte Uranus die Herren des Wassermannzeichens sind. Daraus erklärt sich die uranische Begierde nach immer Neuem, Unerhörtem und Hochoriginellem und zugleich die saturnische Gebundenheit an Uraltes, das Hochintuitive und das zäh beharrende Denken, das wie in der Einleitung angedeutet, den Menschentypus der neuen Zeit kennzeichnen wird. Das kühn Pionierhafte des Mars wird sich mit geschärfter Urteilskraft paaren in der Uranuswirkung und diejenige des Saturn wird tiefen Ernst mit einem erneuten Verständnis der Tradition einen. Doch obwohl der Wassermann als ein Zeichen ausgleichender Brüderlichkeit gilt, wird es keine weiche Stimmung sein, die im neuen Zeitalter herrscht. Im Gegenteil, der Mensch wird hart und kühn sein, er wird die Gefahr, ja sogar die Grausamkeit lieben. Ganz neue Einsichten werden aufblitzen und neue Methoden, die völlige Herrschaft über den Stoff zu gewinnen, werden gefunden werden. Aber nun wird nicht mehr die Seele den höchsten Wert bilden, dem alle Kräfte des Menschen sich unterzuordnen haben, sondern der Begriff der «Wirklichkeit» wird alle denkerischen, sozialen und ethischen Kräfte in seinen Bann ziehen. Nicht mehr die warme Innigkeit und Innerlichkeit des hingebungsvollen Fischetypus wird die Erde gestalten, sondern die kühle, harte Arbeit des Forschers, der für seine Forschungen, wie der Staatsmann für seine Ideen, Millionen Menschen in den Tod schicken wird – um für Millionen Lebensraum und Glück zu schaffen. Und zugleich werden die Völker zur Menschheit heranreifen – doch nicht genährt von den Kräften der Mutter Erde, wie in der Stierzeit, sondern beherrscht und gelenkt von einem hochgespannten und kühn erkennenden männlichen Willen, von großen Einzelnen, die um so mehr Individuen sein werden, wie der Großteil der Menschen in ein Massendasein absinken wird. Denn wir sind mit den Fischen und dem anbrechenden Wassermann wie mit dem um 4100 herannahenden Steinbock, in die Winterzeit des um 150 v.Chr. begonnenen platonischen Weltjahres von 26 000 Jahren eingetreten. Doch Gott kann in keiner Weltzeit seiner Schöpfung ferner oder näher sein. Jede Schöpfungsform und jeder Periodentypus ist ein Mittel seiner Auswirkung und ein Weg zu ihm. Mögen darum auch die Formen unserer Anbetung in den Weltperioden wechseln – die Wahrheit ist geoffenbart und sie wird sich nicht ändern.

EPILOG

«Erhebet eure Häupter...»

Mensch sein heißt eines Schicksals teilhaftig zu sein. Denn erst am Schicksal entfaltet sich das Menschsein – in der Begegnung, in der Umarmung und am Widerstand der Welt. An seinem Schicksal wird der Mensch seines Menschseins- und -sinns erst bewußt – erkennt sich Adam, der Doppelmensch, in seiner Einzigartigkeit und Größe – und zugleich in seiner Begrenztheit. Und so sich selber wahrnehmend, erkennt er, aus der Versunkenheit in seine Unbewußtheit auftauchend, und aus seiner Selbstliebe erwachend, das ewige Du, das ihn mit sieben Augen anblickt (Sacharia 4, 10), und das ihn durch seine sieben Geister ruft und begnadet. Aus der Selbstumarmung des «schlafenden» Menschen wird sodann die Gottesumarmung des «erwachten» Menschen, dem sich das Herzens-Auge eröffnet hat. Auf diesen aber wartet seit je und je unter den «Bäumen des Paradieses» (Off. 22, 2) das hochzeitliche Mahl, jenes Bundes- und Liebesmahl, das einst der Herr und seine Engel unter den Bäumen des Haines Mamre mit Abraham, dem Begnadeten, geteilt hatten (Gen. 18, 22).

Welches aber ist der Weg zu dem Paradieses-Haine und zu dem Hochzeitsmahle? – Dieser Weg heißt Schicksal – aufgetragenes und empfangenes Schicksal – das Geschickte göttlicher Schickung: das Pfund, mit dem der Beschenkte zu wuchern, aber auch das Kreuz, das er zum Gerichtsorte zu tragen hat. Im Feuer der Schicksals-Prüfung reift der Mensch seiner letzten und anfänglichen Bestimmung entgegen, reift der Mensch zur Gotteserkenntnis, zur Gottesliebe, und als Braut des göttlichen Bräutigams, zur heiligen Hochzeit heran. So ist Schicksal Kreuz und Gnade, Stachel des Schmerzes und Berufung zugleich. Doch sein Schicksal schafft der Mensch sich nicht selber – er tritt es an – er findet es vor. Wie ein Königskind wird er vom ganzen Kosmos und seinen Hierarchien mit Gaben ausgestattet und beschenkt; es legen ihm die Weltkräfte ihre Angebinde in nie wiederholbarer Mischung in Leib und Seele. Sie machen ihn zum Herrn über einen kostbaren Schatz – freilich über einen ganz bestimmten, ihn bestimmten und bestimmenden, den er nicht zu wählen hat: er ist der Verwalter eines ihm vorbestimmten Erbes.

Die Hierarchien der Weltkräfte erscheinen uns im Bild der sieben

Planeten, der Archetypen aller stoffbestimmenden Kräfte des geschaffenen Alls. Und wie die Engel im Hinblick auf das letzte Ziel
des Menschen ausgesandt sind zum Dienst an Jenen, die das Himmel-
reich ererben sollen, so ist die Siebenheit des Himmels ausgesandt
zur Bildung des natürlichen Menschen und seines Schicksalsleibes.
Wer aber ist der Herr dieser Hohen Sieben? – Es ist jener, der die
sieben Sterne in seiner Rechten trägt (Off. Joh. 1, 16) und aus dessen
Mund das zweischneidige Schwert des richtenden und begnadenden
Wortes hervorgeht und der jedem Schicksalsträger zuruft: «Ich weiß
deine Werke und deine Arbeit und deine Ausdauer, deine Liebe und
deinen Glauben...» (Off. Joh. 2, 2 und 2, 19).

So hält und lenkt und mischt und scheidet Einer für einen jeden
diese sieben Sterne, die Elemente unsres Geschickes. Aber eben dieses, durch das der Mensch zur menschlichen und göttlichen Wirklichkeit heranreift, ist ein Kreuzweg, ist «flammend Leid», stellt einen
jeden in die Hamartia, in die Drangsal. Denn ein Geschick tragen,
heißt Leid tragen, heißt im beständigen Ungenügen sich nach Vollendung sehnen – in der Lust nach immer höherer Lust, im Schmerz
nach Leidlosigkeit, in der Sünde nach Reinheit. Seines Schicksals
inne werden, heißt in der Sehnsucht stehen – in einem beständigen
Advent – in jener Hoffnung, die der Seher Hölderlin ausspricht: «Was
hier uns fehlt, wird dort ein Gott ergänzen.»

Doch dieses Sichstrecken nach dem, was vor uns liegt, nach dem,
was einst sein wird, gilt nicht einem unerfüllbaren Trugbild. Denn
es ist verheißen, daß sich ein jedes Geschick vollenden, erfüllen soll,
in Fülle enden soll. «Die mit Tränen säen, werden mit Freuden ernten»
– ja alle Tränen, die der scharfe Schmerz des Schicksals, das prüfende
Königwasser Gottes für den Goldgehalt der Seele, dem Menschen
entlockt, sollen getrocknet werden. Denn Er, der Hüter und Sender
der Sieben Sterne, «wird alle Tränen abwischen von ihren Augen und
der Tod wird nicht mehr sein, und kein Leid noch Schmerzensschrei»
(Off. Joh. 21, 3). Dann wird aber auch das die Tränen Verursachende,
das Schicksal, nicht mehr sein – jenes Vielfältige und Zwiespältige, das
dem Menschen Reiz und Stachel bedeutet. Jedoch bleiben wird der
glänzende Morgenstern, das Licht des Lebens und der Welt, und mit
Ihm wird bleiben der wiedergeborene und verklärte Mensch. Aber das
Schicksal wird vergehen, denn es ist ein Vergängliches, es ist Vorüber-
gang und Transitus. Und mit ihm werden vergehen die sieben Plane-

ten und alle Sternkräfte des Kosmos – sie, die Mischer und Befehlsübermittler allen Geschickes. Doch wann wird der Untergang der Schick-
salssterne, von Sonne, Mond und Sterne sich vollziehen?

Dann, wenn sich erfüllen wird das Wort der frohen Botschaft:
«... Wenn die Sterne vom Himmel fallen und die Kräfte in den
Himmeln erschüttert werden» (Mark. 13, 25). In jenen Tagen des
Drangsals «werden Zeichen sein an Sonne, Mond und Sternen, wird
große Angst unter den Völkern sein wegen des wilden Rauschens des
Meeres und der Fluten, und die Menschen werden verschmachten vor
Furcht und Erwartung der Dinge, die da kommen werden über die
ganze Erde; denn die Kräfte des Himmels werden erschüttert werden»
(Lukas 21, 25. 26) (Tafel XII).

Keines Menschen Bildkraft kann im einzelnen sich ausmalen, was
dann sein wird. Doch eines wissen wir: es ist uns verheißen, daß die
Sterne, und ihr Inbegriff, die sieben Befehlsübermittler, dann nicht
mehr sein werden. Wird dann wieder Weltnacht herrschen, wie einst,
da die Finsternis über der Urflut lag und Gottes Geist zeugend über
den Wassern brauste – damals, bevor noch das gute Urlicht den reinen
unabgeteilten Lichtkosmos bildete (Genesis 1, 2–4)? Nein – denn das
Ende mündet nicht in den Anfang, und die Schöpfung wird nicht von
ihrem Urheber rückgängig gemacht werden – auch dann nicht, wenn
sich alles Schicksal auflösen wird. Vielmehr ist uns gesagt, daß in jener «Zeit» eine neue schicksalslose Schöpfung – in der man nicht frei
und nicht gefreit wird – aus dem Untergang der alten, schicksals-
durchfurchten, hervorgehen wird, eine Schöpfung, die eine geformte
Vieleinheit bilden wird gleich einer Stadt. Aber dieser verwandelte,
geistdurchwaltete Kosmos bedarf zu seiner Erleuchtung nicht mehr
der Sterne und ihres schicksalsverursachenden, Geburten und Tode
bewirkenden Kreislaufes. «Diese Stadt bedarf nicht der Sonne und des
Mondes, daß sie in ihr scheinen, denn der Lichtglanz Gottes erleuchtet
sie – und die Völker werden in ihrem Licht wandeln –... und es wird
keine Nacht mehr geben.» (Off. Joh. Kap. 21 und 22).

Dann wird mit den Sternen auch alles Wissen von den Sternen enden. Himmel und Erde werden vergehen – und damit wird auch alle
Gnosis von Himmel und Erde erlöschen. Wer sich aber bewährt hat
im Gericht des Schicksals – in dieser Prüfung, wie durch Feuer hindurch, bedarf nicht mehr der Zeichen der Sterne, denn er wird schauen
das Angesicht des Ursternes, des glänzenden Morgensternes, der

«Leuchte der Stadt», welche ist die ewige Liebe, die bewegt die Sonne wie die Sterne.

Doch Tag und Stunde, wann die Kräfte des Himmels werden erschüttert werden und Zeichen sein werden an den zu Zeichen gesetzten Sonne, Mond und Sterne, weiß niemand – auch kein Prophet. Darum prüfe ein jeder die Zeichen der Zeit – was sie künden, und wie weit schon die Stunde genaht ist, da die Engel ausgesandt werden, die Ernte zu sammeln.

Gott schafft die Welt nach Maß und Zahl. Miniatur aus einer französischen Bible moralisé des 13. Jahrhunderts. Die abgebildete Miniatur entstammt dem ersten Kapitel der Genesis. Der Kodex, eines der schönsten illuminierten Bibelwerke des Abendlandes, befindet sich in Wien, Nat. Bibl., Cod. 2554.

Mikrokosmosmensch aus einem Kodex der Regensburger Prüfeninger-Schule um 1160. Die Texte dieser Miniatur sind wörtlich entnommen dem Elucidarius des Honorius von Autun (Migne, P. L. 172, S. 1116, de hominis formatione et quomodo sit parvus mundus). Honorius ist wiederum abhängig von den Gedanken des Kirchenvaters und christlichen Kosmologen Isidor von Sevilla (geb. 560). In dieser Miniatur repräsentiert der menschliche Leib als Mikrokosmos den Makrokosmos. Gemäß den Inschriften entsprechen die Füße der Erde, die Knochen den Steinen, die Nägel des Körpers den Bäumen, die Haare dem Gras, der Bauch dem Meer; die Brust entspricht der Luft, das Haupt gleicht dem Himmelsgewölbe, seine sieben Öffnungen entsprechen den Planeten.

Die vier Elemente, in den Ecken des Bildes, sind durch Spruchbänder mit dem «Menschen» verbunden. Die Inschriften erklären: «Vom Feuer hat der Mensch das Gesicht, von der oberen Luft (aer superior) das Gehör, von der unteren Luft (aer inferior) den Geruchsinn (auch Hildegard kennt eine obere, dynamisch gespannte und eine Erdluft), von der Erde den Tastsinn, vom Wasser den Geschmack.» Der Kosmosmensch des Honorius ist noch nicht Ausdruck astrologischer Systematik, sondern geht auf ältere Anthropos-Ideen zurück. Er liegt aber ähnlichen Darstellungen der Herrade von Landsberg und der Hildegard von Bingen zugrunde.

Kosmosmensch der Hildegard von Bingen: «Der Schöpfer, Makrokosmos und Mikrokosmos», Miniatur des 12. Jahrhunderts aus dem Hildegardkodex der Bibliotheca governativa in Lucca, Cod. 1942, Bl. 9, r. Erklärung des Bildes siehe S. 56 ff.

gardkodex der Bibliotheca governativa in Lucca, Cod. 1942, Bl. 9, r. Erklärung des Bildes siehe S. 56 ff.

TAFEL IV

Der Tierkreismensch. Miniatur aus dem Stundenbuch des Herzogs von Berry, 15. Jahrhundert. Die künstlerisch vollendetste Darstellung des Tierkreismenschen im späten Mittelalter. Im äußeren, mandelförmigen Band der Jahreskreislauf mit den Tierkreiszeichen. In der Mitte der männlich-weibliche, d. h. hermaphroditische Kosmosmensch, dargestellt als Zwilling, dessen Glieder mit den Tierkreiszeichen signiert sind. Siehe P. Durrieu: Les très riches Heures de Jean des France, Duc de Berry (Paris, 1904).

TAFEL V

Stich von Raphael Morghen nach Leonardo da Vincis Abendmahl. Aus Gründen, die auf den schlechten Erhaltungszustand von Leonardos Fresko zurückzuführen sind, mußte zur Verdeutlichung der im Text erwähnten Gegebenheiten auf diesen Stich von Morghen zurückgegriffen werden. Das Abendmahl, eine der erhabendsten Schöpfungen abendländischen Kunstschaffens, befindet sich in der mailändischen Kirche Santa Maria delle Grazie. Es ist ein Fresko, in Öl gemalt, deshalb wohl auch seine Anfälligkeit, die schon 50 Jahre nach dem Tode des Leonardo bezeugt ist. Eine Erklärung des Bildes befindet sich auf den Seiten 87 ff.

TAFEL VI

Das ptolemäische Weltbild der Antike, des Mittelalters, wie auch Dantes. In der Mitte die Erde als Ort und Element. Sodann die Sphären der weiteren Elemente oder Qualitäten: Wasser, Luft, Feuer. Anschließend die Sphärenkreise der Planeten: Mond, Merkur, Venus, Sonne, Mars, Jupiter, Saturn. Der Fixsternhimmel der Tierkreisbilder, der Kristallhimmel und das primum mobile. Diese gesamte Kosmoswelt ist umfangen vom eigentlichen geistigen Himmel mit Gott-Vater als Mittelpunkt, umgeben von den Heiligen und den Chören der Engel, deren neunfache Stufung am Rande eigens verzeichnet ist. Aus der ersten lateinischen Ausgabe der «Schedelschen Weltchronik», Nürnberg 1490.

TAFEL VII

Kupferstich von Albrecht Dürer: «Melencolia I». Erklärung im Kapitel «Astrologie in der Kunst», S. 83 ff.

TAFEL VIII

Titelbild eines Werkes des englischen Arztes und Rosenkreuzers Robert Fludd von 1619. Der Mensch als Mikrokosmos im Kräftefeld der kosmischen und himmlischen Mächte, überstrahlt vom Lichte der Dreieinigkeit.

Titelbild zum Werke des Jesuiten Athanasius Kircher: Ars magna lucis et umbrae, Amstelodami 1671. Kircher war der umfassendste Polyhistor des 17. Jahrhunderts: Mathematiker, Physiker, Arzt, Archäologe, Theologe, Kenner der alten Sprachen. In der Ars magna ist S. 382-423 ein klassischer astrologischer Traktat enthalten. Das Bild zeigt das komplexe allegorische Weltbild des Barock. Der Himmel, das Licht, erscheint als kosmischer Großmensch, signiert mit den Tierkreiszeichen – in seiner Hand der Merkurstab mit den sieben Planeten. Die Sternen-Nacht reflektiert in ihrem Mondspiegel das Licht des Himmels und wirkt mit ihm auf das Wasser (Schale, links unten) und auf die Vegetation (Garten). Das Licht des Tages aber setzt sich unmittelbar in Erkenntnis um – sei es durch die Erleuchtung der Sinne (sensus) oder des Innern des Menschen (Spiegel in der Höhle). Die geistige Antriebskraft des «Himmelslichtes» entstammt der auctoritas sacra, die wiederum ihr Licht unmittelbar von Gott (symbolisiert im hebräischen Gottesnamen in den Wolken) erhält. Die geistige Quelle der Nacht ist hingegen die tätige (schreibende) Vernunft (links oben) und die nächtliche Weisheit der Eule.

Himmlische Medizin und Kosmosmensch, aus Kircher: Ars magna lucis et umbrae. Der Mensch, geistig gelenkt von Gott (durch die Hand aus den Wolken), leiblich bestimmt durch die Planetenkräfte. Darstellung der Korrespondenzen von Organen und Gliedern zu den Tierkreiszeichen, sowie über diese zu den ihnen unterstehenden Krankheiten und den ihnen entsprechenden pflanzlich-chemischen Heilmitteln. Die medizinische und pharmazeutische Entsprechungslehre des Paracelsus hat weitgehend auf dies Schema eingewirkt.

Nativitätenkalender des Leonard Reymann 1515, Titelholzschnitt von Erhard Schön. Gesamtdarstellung der astrologischen Elemente: In der Mitte die Erde, um sie die Felder der sieben Planeten mit ihren Zeichen und Symbolen. Im nächsten Kreis die 12 Tierkreiszeichen. Im nächsten die 12 Felder der Schicksalsauswirkung oder die 12 «irdischen Häuser»: Geburt, Mittel (Geld), Verwandte, Heim und Erde, Kind und Spiel, Krankheit, Ehe, Tod, Weltanschauung, Beruf und Erfolg, Freiheit und Freundschaft und schließlich Gefangenschaft und Ende. Das Ganze überragt von Gott, der Kosmos, Mensch und Schicksal in seinen Himmelsmantel einhüllt.

Das Ende aller Zeit (La défaite du temps). Miniatur aus dem Petrarca-exemplar Ludwigs XII. von Frankreich (Bibl. Nat. Paris, ms. fran. 594, fol. 375). Die vier Pferde des Sonnenwagens, die Tageszeiten, die die Sonne wie eine Monstranz an der Himmelsfeste des Tierkreisbogens vorbeiziehen, und so den Kreislauf der Jahre, die Zeit, bewirken, stürzen – der Sonnenwagen steht still. Dies geschieht durch den Posaunenschall der Engel, die damit die Ankunft Christi in den Wolken des Himmels zum Gericht ankünden. Mit seiner Wiederkunft bricht die Ewigkeit ein und wird die Zeit vernichtet. Auch alle Schicksalsbewegung hat damit ein Ende. Die Erde gerät in Aufruhr, denn nun sind die Kräfte des Himmels erschüttert (Mark. 13, 25). Die Menschen und Tiere fliehen in großer Angst (Luk. 21, 25) und suchen Zuflucht – die Toten auferstehen. Damit ist das Ende der Zeit, des Schicksals, der Sternenwelt angebrochen.

LITERATURVERZEICHNIS

Allan, Leo: Astrologische Lehrbücher. Leipzig 1920.

Andreae, J. v.: Fama und Confessio Fraternitatis. Neudruck Berlin 1913.
Chymische Hochzeit Christiani Rosenkreuz. Straßburg 1616.

Anwander, Anton: Wörterbuch der Religion. Würzburg 1948.

Aquin, Thomas von: Summa contra gentiles. Leipzig 1935.

Bartscherer, Agnes: Zur Kenntnis des jungen Goethe, Dortmund 1912.

Bavink, Bernhard: Ergebnisse und Probleme der Naturwissenschaften.
Leipzig 1941.

Bayer, K. Th.: Die Grundprobleme der Astrologie. Leipzig 1927.

Bingen, Hildegard von: Schriften. Leipzig 1922.

Boll, Franz: Astronomische Beobachtungen im Altertum. Neues Jahrbuch
für klass. Altertum, 20. Jahrgang, Band 39/40. 1917.
Aus der Offenbarung Johannis. Leipzig 1914.

Boll / Bezold: Sternglaube und Sterndeutung. Leipzig 1926.

Bouché-Leclerque: L'astrologie grecque. Paris 1899.

Candi: Anregungen zu radiästhetischen Studien. Zürich 1948.

Cardanus, Hieronymus: Selbstbiographie. Jena 1914.

Carion, Joh.: Bedeutnus un offenbarung warer himlischer influenz. Nürnberg 1531.

Choisnard, P.: La méthode statistique et le bon sens en astrologie scientifique.
Paris 1930.
St. Thomas et l'influence des astres. Paris 1933.

Dacqué, Edgar: Urwelt, Sage und Menschheit. München.
Das verlorene Paradies. München 1938.
Das Leben als Symbol. München 1928.

Desbarolles: Les Mystères de la main. Paris 1856.

Dessauer, Friedr.: Mensch und Kosmos. Olten 1948.

Dupuis, Chr. Fr.: L'Origine de tous les cultes. Paris 1794.

Eranos-Jahrbücher. Zürich 1933–1947.

Fankhauser, Alfred: Magie. Zürich 1934.
Das wahre Gesicht der Astrologie. Zürich 1932.
Horoskopie. Zürich 1937.

Feerhof, Fr.: Die medizinische Astrologie. Leipzig 1920.

Fließ, W.: Das Jahr im Lebendigen. Jena 1910.
Vom Leben und vom Tode. Jena 1919.

Fludd, Robert: Philosophia sacra et vera christiana seu Meteriologia Cos-
mica. Frankfurt 1626.

Glahn, Fr.: Erklärung und systematische Deutung des Geburtshoroskopes.
Uranus-Verlag 1924.

Goldberg, Oskar: Wirklichkeit der Hebräer. Berlin 1924.

Gundel, W.: Sterne und Sternbilder im Glauben des Altertums und der Neuzeit. Bonn 1922.

Hartlaub, G. F.: Giorgiones Geheimnis. München 1925.

Heindel, M.: Botschaft der Sterne. Leipzig, Astrol. Bibl. Bd. 13.

Henseling, Rob.: Umstrittenes Weltbild. Leipzig 1939.

Heyer, Karl: Das Wunder von Chartres. Basel 1938.

Hofmann, Paul H.: Der mittelalterliche Mensch. Gotha 1922.

Hommel, E.: Untersuchungen zur hebräischen Lautlehre. Leipzig 1917.

Jakob, Joh.: Die Grundlagen unserer naturwissenschaftlichen Erkenntnis. Zürich 1948.

Jeremias, Alfred: Handbuch der altorientalischen Geisteskultur. Leipzig 1926.

Joel, C.: Der Ursprung der Naturphilosophie aus dem Geiste der Mystik. Jena 1926.

Jung, C. G.: Psychologische Typen. Zürich 1921.

Alchemie und Psychologie. Zürich 1944.

Symbolik des Geistes. Zürich 1948.

Jung-Kerényi: Das göttliche Kind. Amsterdam 1940.

Das göttliche Mädchen. Amsterdam 1940.

Kayser, Hans: Akroasis, die Lehre von der Harmonik der Welt. Basel 1946.

Kellner, Otto: Charakterkunde und Astrologie. Leipzig 1927.

Kepler, Joh.: Tertius interveniens, das ist die Warnung an etliche Theologos. Frankfurt. a. M. 1610.

Kerényi, Karl: Die antike Religion. Amsterdam 1940.

Pythagoras und Orpheus. Amsterdam 1940.

Kircher, Athanasius: Ars Magna Lucis et Umbrae. Amstelodami 1671.

Klöckler, Frh. v.: Astrologie als Erfahrungswissenschaft. Leipzig 1927.

Kobelinski-Ellis, L.: Christliche Weisheit. Basel 1929.

Krafft, K. E.: Traité d'Astrologie-Biologie. Bruxelles 1939.

Krämer, Richard: Schöpfer Himmels und der Erden. Zürich 1944.

Kritzinger, H.: Mysterien von Sonne und Seele. Berlin 1922.

Todesstrahlen und Wünschelrute. Leipzig 1929.

Kugler, F. X.: Sternkunde und Sterndienst in Babel. Münster 1907–1924.

Kühr, E. K.: Psychologische Horoskopdeutung. Wien 1948.

Künkel, H.: Schicksal und Willensfreiheit. Jena 1924.

Die Sonnenbahn. Jena 1926.

Leonardo da Vinci, Der Denker, Forscher und Poet. Jena 1906.

Libra, C. Aqu.: Astrologie, ihre Technik und Ethik. Amersfoort 1915.

Kosmos und Mikrokosmos. Amersfoort 1923.

Metman, Philipp: Mythos und Schicksal. Leipzig 1936.

Mrsic, W.: Astrologie als Weltanschauung. Leipzig 1925.
Nova Acta Paracelsica, Jahrbuch der Schweiz. Paracelsus-Gesellschaft 1945–48, Basel.
Panowsky-Saxl: Dürers «Melencolia 1». Leipzig 1923.
Peuckert, W. E.: Pansophia. Stuttgart 1936.
  Die Rosenkreuzer. Jena 1928.
Pfaff, J. W.: Astrologie. Nürnberg 1816.
Ptolomäus, Claudius: Handbuch der Astronomie. Übers. von Karl Manitius. Leipzig 1912.
Rahner, Hugo: Griechische Mythen in christlicher Deutung. Zürich 1945.
Ricciotti, G.: Das Leben Jesu. Basel 1949.
Ring, Thomas: Das Lebewesen im Rhythmus des Weltraums. Stuttgart 1939.
  Romantische Naturphilosophie. Jena 1926.
Schiaparelli, G.: Die Astronomie im Alten Testament. Gießen 1904.
Schmaus, Michael: Von den letzten Dingen. Münster 1948.
Schmitz, Oskar A. H.: Der Geist der Astrologie. München 1922.
Schwab, Fr.: Sternenmächte und Mensch. Lichterfeld 1923.
Sementovsky-Kurilo, N.: Mensch und Gestirn. Zürich 1946.
Sindbad und *A. Weiß:* Bausteine der Astrologie.
  Die astrol. Elemente.
  Die astrol. Tektonik.
  Die astrol. Synthese. München 1925 ff.
Speiser, Andreas: Die mathematische Denkweise. Basel 1945.
Strauß, A. H.: Die Astrologie des Johannes Kepler. München 1926.
  Der astrol. Gedanke in der deutschen Vergangenheit. München 1926.
Strebel, J.: Gesamt-Ausgabe der Werke des Paracelsus. St. Gallen 1947.
Stromer-Reichenbach, Frh. v.: Historionomie. Konstanz 1924.
Surya, G. W. und *Sindbad:* Astrologie und Medizin. Lorch 1933.
Troels-Lund: Himmelsbild und Weltanschauung. Leipzig 1913.
Volney, C. Fr.: Die Ruinen, Leipzig, Reclam.
Werle, F.: Wesen und Ethik der Astrologie. Leipzig 1924.
  Künstlerhoroskope. München 1926.
Winkel, Erich: Naturwissenschaft und Astrologie. Augsburg 1930.
Wolfer-Sulzer, Lucie: Das geometrische Prinzip der griechisch-dorischen Tempel. 1939.
  Pythagoräische Töne. 1944.
Wolff, H.: Grundlagen der Astrologie. München 1921.
Ziegler, Leopold: Menschwerdung. Olten 1948.
  Überlieferung. Leipzig 1936.

Seitdem dies Buch zum ersten Male an die Öffentlichkeit gelangt ist, ist der Kampf um die Wiederkehr der Astrologie weiter fortgeschritten. Denn notwendigerweise mußte das große Überlieferungsmaterial erst einmal aufgearbeitet und zugänglich gemacht werden, bevor man es auf neue und kritisch gesichtete Weise in die Bewußtseinslage eines anhebenden neuen Zeitalters zu integrieren vermag. Auf diese Weise steigt der versunkene Kontinent der kosmischen Psychologie und Symbolik unaufhaltsam und konsequent aus der Tiefe, in der er über die Jahrhunderte hin bewahrt wurde, wieder in das schöpferische und aktive Bewußtsein. In diesem Prozeß einer Renaissance des astrologischen Weltbildes wirkt sich allerdings auch eine Scheidung der Geister aus. Denn im Laufe der Jahrhunderte ist die kosmische Weisheitslehre, wahrscheinlich die älteste der Menschheit, in populär-abergläubische Mantik abgesunken. Es ist darum notwendig, zu scheiden, was priesterlicher Herkunft ist, was dem von den Wissenden sorgsam behüteten Geheimwissen zugehört, von dem, was gleichsam durch Raub und Mißbrauch in die Hände der bedenkenlosen Ausbeuter gelangt ist. Die Wiederkunft der Astrologie ist innig verbunden mit der Reinigung von ihr wesensfremden Elementen. Ein Prozeß, der notwendig ist, da sich heute schon wieder Schmarotzer die Weisheit ihrer unauslotbaren Tiefe zunutze machen und auf diese Weise ihr Bild und ihre Bedeutung verstellen.

Jedenfalls kann beobachtet werden, daß in unserem Jahrhundert, in dem offensichtlich nach dem Zusammenbruch eines Weltbildes, das viele Jahrhunderte geprägt hat, ein neues, menschheitlich gültiges im Entstehen begriffen ist, in dem auch die astrologische Symbolik als Ferment wirksam ist. Ja, vielleicht kann erst jetzt, im Zeitalter der Atomphilosophie, die translogische Denkweise der Astrologie völlig verstanden werden. Denn in dieser wissenschaftlichen Methode schließt sich die älteste, archaische, urtümlich geistig-sinnliche Erfahrungsweise von Welt und Leben zusammen mit künftigen Denk- und Vorstellungsweisen, die sich heute in ihren ersten Anfängen bemerkbar machen. Die Astrologie ist darum ein Element der künftigen Geistesverfassung der Menschheit. Um aber dieses zu verstehen, ist der Rückblick auf ihre bisherige Verfassung notwendig – denn das Rad der Entwicklung muß sich nach rückwärts drehen, um den Weg nach vorne, in die Zukunft, zu gewinnen.

Aber die Wiederkehr der Astrologie wirkt sich bis in die Mitte der Geistesblüte der Menschheit aus – nämlich bis in die Gestaltung und das Verständnis des christlichen Glaubens. Schon heute läßt sich beobachten, wie allmählich die Lehre der Kirche durch die sich legitimierende astrologische Denkweise umgeprägt wird. Zu den großen Verlusten der kirchlichen Lehre gehörte in der Epoche der sich ausbreitenden Aufklärung der Verlust der Dimension des Kosmischen. Und eben diese spielt in der Heiligen Schrift eine mitbestimmende Rolle. Dadurch ist ein geradezu falsches Bild der Natur in der kirchlichen Überlieferung und in der Schul-Theologie entstanden. Die Gläubigen, die dies instinktiv empfunden haben, haben auf diese Verengung der Glaubenslehre mit Mißtrauen und schließlich weitumher mit Abkehr von der Gemeinschaft reagiert. Es ist darum Pflicht der Glaubenslehrer, die zur Dürre entartete Glaubenslehre in Wort und Ritus wieder mit Sinnenkräften und -bildern, mit der Fülle des Schöpfungsganzen zu durchwirken. Eine wesentliche Methode hierzu ist uns in der kosmischen Signaturenlehre der Astrologie gegeben. Dies ist nach dem Ende der Antike bereits im Mittelalter auch den christlichen Weisheitslehrern einsichtig geworden, so z. B. Thomas von Aquin oder dem Reformator Melanchthon. Beide verstanden die Astrologie als Mittel der Glaubensverkündigung zu nützen.

Freilich ist durch die Aufklärung das Band der Einheit von Glaubenswahrheit und Astrologie zerrissen worden. Aber seit dem Beginn dieses Jahrhunderts hat sich vieles und wesentliches ereignet, um die kosmische Weisheit wiederum in das Verständnis und in die Verkündigung des Glaubens einzugliedern und um den Glauben unter astrologischen Aspekten zu deuten. Einige Beispiele hierfür seien erinnert. Da sind vor allem die Werke des »Fürsten der deutschen Astrologen« Thomas Ring, vor allem seine vierbändige »Astrologische Menschenkunde«, in welcher er Natur- und Geisteswissenschaft meisterlich zu verbinden weiß. Nicht weniger zukunftsweisend ist das Werk des jüngst verstorbenen Fritz Riemann »Lebenshilfe Astrologie« (München 1976) und das kleine, aber durch seine christlich-kosmische Synthese wegweisende Werk des Paters Gerhard Voss O.S.B. aus dem

Kloster Niederalteich »Astrologie christlich« (Regensburg 1980), das zu seiner theologischen Legitimierung das Imprimatur seines Abtes aufweist. Ebenso hinzuweisen ist auf das zweibändige Kompendium von Arthur Schult »Astrosophie« (Bietigheim 1971). In diesem Zusammenhang ist auch des Verfassers dieses Buches eigenes Werk »Durchbruch zur Zukunft – der Mensch im Wassermannzeitalter« (Bietigheim 1971) zu nennen, als Beispiel für die Aufschlüsselung des Kommenden in allen Lebens- und Geistesbereichen.

Diese Werke zeigen Stufen einer erneuten Bewußtwerdung der kosmischen Symbolik und zugleich ihre Umschmelzung im Rahmen des neuen, werdenden Weltbildes und Glaubensbildes an. Aber sie zeigen auch an, daß die Stunde ihrer erneuten Wirksamkeit gekommen ist – daß aber ihr neues Verständnis nicht unbesehen aus der Überlieferung übernommen, sondern erarbeitet werden muß.